亲子教育丛书

JIAO HAIZI
Xuehui Xuexi

# 教孩子学会学习

最好的教育是教孩子学会自我教育
最好的教学是教孩子学会学习

潘国兴　著

教育科学出版社
·北京·

责任编辑　李正堂
版式设计　沈晓萌
责任校对　曲凤玲
责任印制　曲凤玲

**图书在版编目（CIP）数据**

教孩子学会学习／潘国兴著．—北京：教育科学出版社，2011.3
（亲子教育丛书）
ISBN 978-7-5041-5600-6

Ⅰ.①教… Ⅱ.①潘… Ⅲ.①学习方法—儿童教育：家庭教育 Ⅳ.① G791 ② G78

中国版本图书馆 CIP 数据核字（2011）第 041363 号

亲子教育丛书
**教孩子学会学习**
JIAO HAIZI XUEHUI XUEXI

| | | | |
|---|---|---|---|
| **出版发行** | 教育科学出版社 | | |
| **社　址** | 北京·朝阳区安慧北里安园甲9号 | **市场部电话** | 010-64989009 |
| **邮　编** | 100101 | **编辑部电话** | 010-64989445 |
| **传　真** | 010-64891796 | **网　址** | http://www.esph.com.cn |
| **经　销** | 各地新华书店 | | |
| **制　作** | 北京金奥都图文制作中心 | | |
| **印　刷** | 保定市中画美凯印刷有限公司 | **版　次** | 2011年4月第1版 |
| **开　本** | 160毫米×230毫米 16开 | **印　次** | 2011年4月第1次印刷 |
| **印　张** | 27 | **印　数** | 1-6 000册 |
| **字　数** | 317千 | **定　价** | 38.00元 |

# 自 序

少年儿童像早晨初升的太阳，未来是他们的，但未来是一个无法确定的舞台，会有无法预计的际遇。未来需要我们用智慧去驾驭际遇，而智慧缘于我们对学习的反应程度和对知识的领悟程度。说白了，不学习就不可能有智慧，没有智慧就不可能驾驭自己的未来。对于未来，预言家们说：“走向大灾难，还是走向黄金时代，应由我们抉择。”“完全新型的教育形式能够提供致富的钥匙。”为人父母，谁都不愿自己的孩子走向灾难，而都希望他们走向黄金时代。为了孩子的未来，就必须教孩子学会学习。

“孩子们的学业竞争越来越激烈，不学会学习就落后”的现实，让我们想到须教孩子学会学习；“就业竞争日益激烈，终身学习的历史性潮流的兴起”，让我们想到须教孩子学会学习；“最好的教育是教孩子学会自我教育，最好的教学是教孩子学会学习”，这一科学的论断，让我们想到须教孩子学会学习；“将来的文盲不是没有文化的人，而是不会学习的人”的伟大预言，让我们想到须教孩子学会学习；“人是一个未完成的动物，只有通过经常地学习，才能完善自己”的自知之明，让我们想到须教孩子学会学习……诸多因素汇成了一股巨大的心流，有如狂潮巨浪不时地激荡着我们的心灵，让我们一次又一次地想到：一定要教孩子学会学习！

怎样才能教孩子学会学习？要回答这个问题，需从三个方面去思考。一是孩子该学什么；二是父母该教什么；三是怎样才能使孩子学会学习。

孩子该学什么？学习就是掌握知识，训练技能，培养能力，这是一个认知的过程。在认知维度，知识被分为事实性知识、概念性知识、程序性知识和元认知知识四种类型。在认知过程维度，认知过程由低级到高级被分为记忆、理解、运用、分析、评价和创造六种水平。这也就是孩子应该学什么的理论依据。我们知道，这六种水平的能力也就是中考、高考考的内容。这并不是巧合，而是考试专家根据认知规律和培养目标制定的。这些内容在中考、高考又被概括成基础知识、技能、能力三大块内容。考基础知识，就是检查教学大纲所要求的知识掌握的程度；考技能，就是考对于运用基础知识解题的基本能力；考能力，就是考分析、评价和创造的程度。这是意外的收获，在回答了孩子该学什么的问题的同时，也明确了升考的学习方向。

该教给孩子什么？联合国科教文卫组织把学会学习作为学会生存的手段，世界掀起了学会学习的热潮，并且流派纷呈。但可以归结为两个流派：一个是方法派；另一个是心理派。与方法派主张相应而来的是，学习方法指导类书籍席卷全球；与心理派主张相应而来的是，以“成功心理学”为代表的劝导类用书大行其道。但也有人说：“世界上没有最好的方法，只有最适合自己的方法。”这一异议泼了方法派的冷水；持唯物主义观点的人对心理派另有看法。应该说，这两个流派自有特色，各有千秋，帮了不少人学习的忙。

但冷静思考、分析那些异议，觉得确有道理。方法、策略可以归结为智力因素，心理、习惯属于非智力因素。一派只从智力因素考虑，另一派只从非智力因素说事，这样就难免有失偏颇。此事让我思考、苦读多年，求索两全其美的新路。于是经常揣摩、反复推敲：一个人能力的基础是技能，技能的基础是知识，获取知识靠的是方法（认知策略），认知策略的正确靠元认知（知道自己在干什么），元认知的基础是人的品质，而品质包含了智力因素和非智力因素，可见学习品质是这两个因素的交会点。由此可以得到一个假设：如果抓住了这个交会点，就可以让智力因素、非智力因素同时落到实处。进而可以得出结论：要教孩子学会学习，就得把着力点放到培养孩子的学习品质上。

怎样才能教孩子学会学习？若用一句话回答就是：培养孩子、的学习品质。

培养孩子的学习品质，就一定要了解他们的需要，发挥其主动性。著名心理学家马斯洛说过，“人是不断需要的动物”，有生存、安全、爱、尊重和自我实现这五个层面的需要。印度著名诗人、文学家泰戈尔说过：“儿童的天性渴望爱，渴望与人和自然交流，有自我表现的冲动。”孩子的天性就喜欢学习（除非外力阻挠他）。心理咨询专家贺淑曼教授说过：“在智慧活动中，智力因素决定一个人能干不能干；非智力因素决定一个人肯干不肯干；至于干得好不好是由智力因素与非智力因素共同决定，对一般人来讲主要由非智力因素决定。”孩子的天性决定他肯干，爱好学习；同时，地球人都知道：孩子们越来越能干。培养学习品质就是从智力因素、非智力因素双管齐下教孩子学会学习。如果措施得当，那结果一定能使孩子高兴、大人如愿。

当然，培养孩子的学习品质不是一件简单的事，也不是一朝一夕的事，我们只能根据孩子所取学段年级的实际情况，客观地建构一个学习品质培养的方案。如：孩子处于上学的起始阶段，就应该按照“专心听课，用心思考；踊跃发言，大胆提问；勤记笔记，灵活记忆；认真阅读，规范写算；规整课业，自主学习；坚持朗读，自觉日记；注重能力，主动复习；科学调适，自如应试”，这八个环节系统地做好落实工作。抓落实工作中要把学习内容放到听、说、读、写、算、记、用、悟“八字训练”中去实施。如孩子已处于初、高中的后两年甚至是最后的复习迎考阶段，那只能从实际出发：把上述八个方面作为查找孩子学习障碍的标准，而把重点放在落实“注重能力，主动复习”及“科学调适，自如应试”上，或更直接地放到落实“把握规律学会学习”上，甚至就直接实施“学会独立学习五要点”，以求得立竿见影的效果。但无论哪种方式都应该尽力体现本书“学习品质立意，两条腿走路”的意图：在紧跟老师学习的同时尝试独立学习，在实践中锻炼学习能力，提升学习品质，学会独立学习。

2010年11月19日

# 目 录

## 一、专心听课，用心思考

### （一）专心听课



### （二）用心思考

## 二、踊跃发言，大胆提问

### （一）踊跃发言



### （二）大胆提问



## 三、勤记笔记，灵活记忆

### （一）勤记笔记



### （二）灵活记忆

## 四、认真阅读，规范写算

### （一）认真阅读



### （二）规范写算



## 五、规整课业，自主学习

### （一）规整课业



### （二）自主学习



## 六、坚持朗读，自觉日记

### （一）坚持朗读

# 一

# 专心·听课，用心·思考

# （一）

# 专心听课

专心，《现代汉语规范词典》是这样解释的：“专心：用心专一。词例：专心听课。句例：成绩下滑就因为学习不专心。”这不仅告诉我们专心的含义，还给我们留下了“专心在学习中非常重要”的感觉。专心，在学习中有没有这么重要呢？我们的这一感觉对不对呢？它该不该让我们留下这一感觉呢？我觉得，这就是作为主流社会法定工具书——《现代汉语规范词典》的高明之处。其高明，先是一石三鸟：释义、举例、引人关注；再是暗示，不言而喻的高明教育手段；然后引起你的思考。

专心，就是心理学中说的：集中注意。对于注意，许多名人都有过深刻的论述。俄国教育家乌申斯基说：“注意是心灵的天窗，只有打开注意力这扇窗户，智慧的阳光才能洒满心田。”意大利著名教育家蒙台梭利说：“聚精会神的状态比知识更重要。”美国的成功学大师拿破仑·希尔说：“打开人类通往财富、荣誉、健康以及世界所有各种伟大发明之友的神奇钥匙是‘专心’。”我国著名数学家、中科院院士、2009 年度国家最高科学技术奖获得者谷超豪先生说：“对于如何提高学习效率这个问题，我的回答是：首先要专心……另一个重要点是持之以恒。”专家的论述、实践的体验告诉我们：注意是智力活动的组织者和支持者，注意力是学习力大厦的基石。为了加深理解、便于记忆，我们就把专家们的论述归纳到一首“专心歌”里：

注意阳光入天窗，聚精会神心亮堂；
专心持恒效率高，学习智慧露锋芒。

这是我把“专心听课，用心思考”排在“八大学习品质”之首的原因。

听，是人生学习的起点，又贯穿于人生的全过程。听觉能力是听课能力的基础，是视觉、听觉、动觉“三大信息加能力”之一，为人父母者必须一开始就充分注意孩子听力的培养。日本著名教育家木村久一说：“语言训练是最有效的开发孩子大脑的方式……对孩子的语言能力训练要从幼儿的听力开始。”教育家的科学论断，不仅指明了语言训练是开发孩子大脑的手段，还指明了语言能力训练的途径和要求。有心的父母肯定非常注重其中的“从幼儿的听力开始”，这实际上是告诉我们，孩子的听力训练宜早不宜迟，俗话说的“要想孩子读书好，听力训练须趁早”是很有道理的。

## 1.注意是认知的前提，专心是学习顺利的保证

学年开学第一周的周末，几位家长与以往学年的家长一样，不约而同地问起了许多关于注意力的问题。我挤时间约他们聊天，为他们解忧排难。首先劝告他们，孩子刚上学或者学期刚开始，注意力难以集中是常见的事，不能大惊小怪造成孩子的恐慌心理；再告诫他们也不能掉以轻心，放任自流养成注意力不集中的坏习惯；然

后解答他们提出的问题，给他们讲一些相关的故事，让他们从中悟出道理和办法。后来问的人多了，提出的问题也多了。为了让碰到同类情况的家长们有所借鉴，我把解答过的问题整理成文，以供参考。

### （1）专心，在孩子学习中到底有多重要

专心就是集中注意力，没有注意力就像心灵的天窗没有打开，智慧的阳光就进不来，这就是说没有注意力便没有学习。我国一些传统的故事足以说明专心在孩子学习中的重要性。

《孟子》中记载的“弈秋教棋”的故事：

**经典故事**

弈秋是我国古代很出名的棋师，他教两个学生下棋。学生甲专心致志地听课，的确做到了眼观、耳听、用心思考，领会了怎样进攻，怎样防守，如何致胜，很快把老师的棋艺学到手了。学生乙则不是这样，他虽然表面上也正襟危坐，似乎也在听课，可是他心不在焉。“一心以为有鸿鹄将至，思援弓缴而射之”，结果可想而知，什么也没学到。

《荀子·劝学》中说：“蚓无爪牙之利、筋骨之强，上食埃土，下饮黄泉，用心一也。”《荀子·解蔽》中说，爱好写字的人很多，而唯独仓颉成为发明家，这是因为他用心专一；爱好种庄稼的人很多，而唯独后稷成为传人，这是因为他用心专一；爱好音乐的人也很多，而唯独夔能成为传人，也是他用心专一的缘故；爱好道义的人很多，而唯独舜成为突出的代表，这也是用心专一造成的结果。

荀子是我国战国时期儒家最后的代表人物，他创立了被称为“孙氏之儒”儒家支派，与以“孔儒正宗”自居的“思孟一派”相对

立。两派虽然对立，而且有过许多论辩的荀子与孟子，但他们对专心在学习、做事乃至做人中的重要性的认识，却是非常的一致。他们都认为：专心在学习中是最重要的。

提出“罢黜百家，独尊儒术”的汉代大儒董仲舒说：“目不能两视，耳不能两听，手不能两事。”德国的尼采说：“始终全神专一的人，可以免于一切困境。”美国的爱默生也说过：“全神贯注于你所期望的，必如所期。”其实“全神专一”、“全神贯注”的专心就如聚光镜，它能把分散的阳光聚集到一个点上，让热量作用于同一个点上发热，甚至燃烧。水滴石穿，也能说明这个道理，一滴水力量虽小，但它总在一个地方用功，时间长了石头也会被滴穿。同样的道理，不管学习的人能力强弱，只要他上课能专心听课，课后能专心作业，并在困难的地方多用功，学习就一定能很快的进步。

(2) 作为父母，对孩子的注意力不能盲目要求

什么叫专心？我们平常讲的专心，心理学上叫集中注意力。注意力包含了两层意思：一是人的心理活动选择、集中于某一个方向或对象上，就像你看到花朵而不看它的刺；二是人的心理活动集中在对象上的强度或紧张度，如聚精会神、全神贯注、专心致志的等词所形容的程度。

学习是一种智力活动，这个智力包括：观察力、记忆力、思维力、想象力和注意力五个要素。注意力是智力的前提与基础，故有识之士都认为：注意力是学习力的基石，是保证学生顺利学习的重要前提。注意力是智力活动的组织者和维持者，组织者不组织就不可能有活动；维持者不维持，活动就会混乱，混乱就不可能有好的效果。所以学习成绩好与学习成绩差的学生，最明显区别之一就是上课专心与否。

“小猫钓鱼”的故事很能说明这个问题。

**经典故事**

小猫刚把钓鱼钩放到水中，见蝴蝶来了，就去捉蝴蝶。当它看到老猫钓上了一条大鱼，它又去提起钓竿。不料，蜻蜓又向它飞过来了，它又放下钓鱼竿去捉蜻蜓去了。当老猫又钓上一条大鱼时，它又回来钓鱼了。就这样来来去去，最后不仅鱼没钓着，就是蝴蝶、蜻蜓也都没捉住，就像不专心学习的孩子一样两手空空的。而老猫却不同了，它把钓鱼钩放入水中后，先是坐稳了，再是凝神屏气，然后目光不离下钩的水面，真是心不两用、目不两视、用心专一，所以它能钓上一条又一条的大鱼，它的丰硕成果完全可以与学习专心的孩子媲美。

领会了故事寓意的同时，我们先应很好分析一下其中的原因，再汲取其中的教训，然后改进我们的工作。其中原因，一是小猫本来就小，年龄小体力柔弱、心理稚嫩坐不稳；二是平日里老猫没有训练小猫，至少没有让它养成专心的习惯。所以，平心而论，我们不能用老猫的标准来要求小猫，更何况就是小猫们也不是一个样的。以上所述，其道理与对待孩子学习的道理是相通的，所以，一定要做到具体情况具体分析，不同对象不同对待。

孩子幼小的时候，由于体力的柔弱，因而他的注意集中的能力也是很弱的，随着年龄的增长与体力的日益强大，注意力集中的能力也不断增强。所以，对不同年龄的孩子注意力集中的要求应该是不同的。孩子注意的强度很难说清楚，也只能用一些词来形容、定性；但注意的长度，大体上是可以量化的。根据心理学家测试，人的注意平均长度大体上是：2 岁 7 分钟，3 岁 9 分钟，4 岁 12 分钟，5 岁 14 分钟，6 岁 20 分钟，小学生 15 ~ 25 分钟，中学生 25 ~ 35

分钟。这也是一般情况下的大概的时间。对此，我们做父母的一定要注意两点，一是要把它当成时间要求的上限；二是一定要根据孩子的身体素质、精神面貌、训练程度等相关情况具体对待。至于孩子精神振奋、兴趣所致忘记了时间概念，那该另当别论。

### （3）注意力被分散会产生哪些不良的后果

“打开心灵的天窗阳光才能洒满心田”，“提高学习效率首先要专心”，老猫专心致志钓鱼收获甚丰，这一切是可以说明集中注意力的重要与好处。印度的第二智慧书《薄伽梵歌》中说：“当放逸平静出现之后，各种痛苦则会全部消除。这种心境平静的人，智慧很快就会显露。无专注则无平静，无平静者何谈幸福？因为诸根如若躁动，心将随之波动不安。波动之心会夺走智慧，犹如风卷水中之船。”《薄伽梵歌》是著名的智慧书，短短的几句话就把专注的好处、不专注的坏处讲清楚了，而且把其前因后果及专注与智慧的利弊关系也讲得很清楚。不专心的危害，只要稍为联系一下生活实际，就会不胜枚举。听课不专心学习就会退步；考试不专心就会出错；走路不专心就会失脚；开车不专心就会出事故……所以，也就留下了一些以分散对方注意力为手段而取胜的有趣故事。

“猴子下棋”的故事中说：

**经典故事**

从前，有一对仙人夫妻常常在山顶下围棋，旁边有一棵大树，大树上住着一只猴子，它长年累月专心地看这对仙人下围棋，看着看着终于练出了高巧的棋艺。不久这只猴子便下山到处找人挑战，竟连一流的围棋高手也成了它的手下败将。猴子非常得意，而且越来越狂妄。这件事让国王觉得太没面子，于是他下了一道诏令：

“战胜猴子者得重奖。”那些围棋高手们都不敢应战，但是有一位大臣却说自己绝对有把握取胜。国王很是高兴。比赛那天，大臣在自己的面前放了一盘大桃子，说是给自己的点心。比赛中，大臣全神贯注地下棋，而猴子不时地看着这盘大桃子，有时还禁不住流下了口水。结果可想而知，猴子输掉了棋赛。大臣不仅赢了棋赛，而且受到了国王的嘉奖，说他抓住了猴子爱吃桃子的本性，分散了猴子的注意力，智取巧胜，人才难得，官升三级。

“画挂歪了”的故事中说：

**典型案例**

一家公司的老总被一场旷日持久的谈判累晕了，谈判不得不暂时中止。董事长前去看望在医院打吊瓶的总经理，不仅听了他的汇报，还耐心地听他谈了苦衷。董事长临走前安慰总经理说：“只要你晚上休息好，明天一定能把事情谈下来。”第二天，谈判继续进行。谈着谈着，总经理发现乙方代表注意力不怎么集中，没过多长时间对方竟然接受了与昨天基本相同的条件，双方在协议上签了字，并盖上了大印。在送走客人以后，总经理带着疑问回到了谈判的会场，发现了自己谈判时座位背后墙上的两幅画歪了许多，画中桌子上的花瓶就像要滑下来似的。这时，年轻的总经理想起了《哈佛 MBA 经理手册》，想起了“谈判是一种心理战”警语，也想起了“人的注意力在一时之间，只能集中在一件事情上——一心不能二用”的话。想到这里，总经理深有感慨地说：“商场如战场，姜还是老的辣！”话音刚落，只见董事长进来笑着说：“嫩姜也会老起来的，把墙上的画挂端正了吧。”

猴子因为专心以致棋艺超群，又因为想吃桃子分心而输了棋赛；乙方的谈判代表因为专心而把对方的老总谈晕，也因为被分心而失去应有的坚持。两个故事一样的道理：专心得益，被分心就深受其害。可以设想，聪明的家长听了这两个故事后，不仅会寻找机会，把故事讲给孩子听，而且还会告诫孩子：做事、学习不仅要自觉集中注意力，还要防止别人有意无意地分散自己的注意力。或许更聪明的家长听故事受启发后，联系到孩子学习环境的布置，以不分心、无干扰为原则，为孩子提供一个清静、简洁、舒心的学习环境，让孩子在称心的小房子里集中注意力，专心致志地搞好学习。

## 2. 古今中外成功者专心的典范

在与家长和孩子们的谈话中发现，大人小孩都喜欢听故事。故事中有榜样，故事中有智慧，故事中有深刻的道理。故事的内容让人结合经历自己去体验，在自我体验中内化，在内化中自我教育，在感悟中提高。在专心、专注话题的讨论中穿插结合一些成功人士的故事，让人在听故事的愉悦中自悟，效果倍增。

要学习成才，要成就一番事业，因素是多方面的，但其中很重要的一点就是专心。专心就是集中力量，目标既定就不再犹豫，就不再分散精力。目标专一，才能集中精力，才会越干越好，才会一天天接近目标。人的生命、精力都是有限的，如果三心二意，精力分散，终将一事无成。专心源于目标，痴迷因为酷爱。“性痴则其志凝，故书痴者文必工，艺痴者技必良。”专注执著于某一追求，耐得住寂寞，不觉苦累，愈挫愈勇。专一到放弃其余，甚至废寝忘食，也会乐在其中。

古今中外成功者几乎都是专注的典范，他们都有一个共同的特点，但细细品味他们又有各自的特点：或专注，或专攻，或钻研，或沉醉，或痴迷，可谓自有特色，各有千秋。

（1）专注型的泰勒斯、陈景润

**名人链接**

古希腊哲学家、科学家泰勒斯，他兴趣广泛，对天文学、数学、气象学都有研究。有一天，他正在抬头眺望天空，走着走着，没注意到眼前有一个又大又深的水坑，由于他高度专注天空，一点也没有意识到水坑的存在，于是一脚踩空，掉了进去。幸亏有人从旁边经过，及时地去救他。当把他救起来的时候，泰勒斯说："明天会下雨。"果然，第二天真的下起了雨。为此，许多人嘲笑他，把他当做笑话来传说："泰勒斯虽然知道天上发生的事情，但他却看不见自己脚下的东西。"事情过了2000多年后，哲学家黑格尔为此事说了一句非常深刻而有趣的话，他说："只有那些永远躺在坑里，从不望高空的人，才不会掉进坑里。"

专注天空，忘了其他，认识天上的事，却看不见脚下的水坑，这似乎是可以理解，嘲笑他或许因为哲学门派之争，或许因为他是大哲学家小事也会引起大家的关注。2000多年后，如果不是黑格尔重提此事，我们就不一定知道还有这件事。但当代，陈景润摘取"皇冠上的明珠"的故事已成为人们的美谈，几乎被当成专注的典型，成为家长教育孩子专注的教材：

**名人链接**

“哥德巴赫猜想”是数学“皇冠上的明珠”，陈景润为了摘取它，规定自己每天凌晨3点钟起床学外语，每天去图书馆阅读相关书籍。他往往沉浸在数学符号的海洋里，忘记了时间，忘记了吃饭。中午，图书室里的人们都自觉地离开了，管理员叫过“关门了”也就把门锁上了，谁知陈景润还有滋有味地一心钻在数学里。大家走了，门被锁上了，门又打开了，人们回来了，但陈景润还是不知道。几次被锁在图书馆里面，不知道当然也就算了，即使知道了也只是毫不在意地微笑一下。陈景润也有像泰勒斯被传为笑话的故事。有一次，陈景润一边走路一边专注地思考，迎面碰上了树干，还以为撞上了人，连声说“对不起”。

陈景润从一个不能胜任教学工作的教师到摘取“皇冠上的明珠”的数学家，很关键的一点就是，他用专注铺就了成功之路。

（2）专攻型的画家黄永玉、作家黎锦熙

**名人链接**

现代著名画家黄永玉画的荷花，有独特的风格，深受称道，广受欢迎。但很少有人知道他是怎样练出来的。他画了多少写生稿，自己也计算不清。有一回，他叫儿子数一数究竟画过多少稿子。儿子一捆一捆地抱出来，每捆100张，总共有80捆之多。黄永玉不乏风趣地说：“这叫荷花八千。”

黄永玉经过20多年刻苦写生，精心临摹，并反复钻研画荷花的技巧，吸收各位名家的长处，融会各大家优点于一身，因此，画技有了长足的进步，以至后来画荷花成了他的看家本领：立马可等，一挥而就，并独具风韵，神形俱丰。

**名人链接**

我国著名的语言学家、教育家黎锦熙先生，他在一生的工作和学习中，养成了勤于动笔的好习惯。拿写日记来说，他从12岁开始，一直写到89岁临终前夕，近80年，从未间断，积数十本之多。这些日记已成为珍贵的史料，反映了几十年来国内外政治、经济、文化等方面的变化发展，记载了他个人的工作、学习、生活情况。黎先生写的卡片数量非常惊人，单为编撰大辞典就收集整理了300多万张。他一生的著述，已出版的就有400余种，涉及语言、训诂、文字、教育、目录、历史、文学、地理、哲学、佛学等方面。十年浩劫中，他受到迫害，在极端困难的情况下，仍写了30多种学术论著。他说自己的一生是：“任重能背，道远不退，快快儿地慢慢走，不睡。”近80年都为著书立说专攻，一生“快快儿地慢慢走”为著书立说前行，才有400余部著作，这就是他专攻的成果。

（3）沉醉型的王羲之和牛顿

**名人链接**

王羲之为了揣摩各种字的间架结构和笔势，经常是吃饭想着字，走路想着字，坐着在衣襟上画字，晚上睡觉醒着时又在被子上或在自己身上画字。时间一久，衣襟、被子都被他画烂了。由于画字时思想专一，常常闹出笑话来。有一次，书童叫他吃饭，叫了多次不见其动静，那书童就将一盘馒头和一碟蒜泥放到他的写字桌上，催了一遍又一遍。可王羲之写字越写越上瘾，嗯嗯几声应过书童后，手里仍然挥毫不停。书童无奈只得去报告王夫人。王夫人来到书房，只见王羲之坐在那里，右手拿笔写字，左手抓着馒头，蘸着墨汁吃得津津有味，还边咬边说："好吃，好吃。"

王羲之沉醉于学书法，误把墨汁当蒜泥被传为笑话，但也正因为沉醉于书法他才成"书圣"。成为了"书圣"，笑话也成了美谈，让我们笑得开心，笑得轻松。但牛顿因沉醉而闹的笑话，却让我们笑得心酸，因为他的沉醉让他失去了爱情。

**名人链接**

牛顿好不容易结识了一位姑娘，并且向她求婚。有一次，他们外出散步，开始，牛顿也含情脉脉地拉着姑娘的手，可是没过多久，他的思想不由自主地想到了正在研究的一个课题，一个疑难问题占据了他的脑袋。这时，他想起了吸烟，吸烟前捅烟斗的习惯做梦似的驱使着他，让他下意识地把握着的手指当做捅烟斗的通条，直往烟斗里塞。那位姑娘痛得大叫不已，牛顿这才大梦初醒地说："啊，亲爱的，饶恕我吧。看来我是一辈子要打光棍了。"尽管姑娘当时饶恕他了，可是以后再也没有答理牛顿，爱情终成泡影。

牛顿由于全身心地投入到科学事业上，所以他终身未娶，让我们难免惋惜和同情，但是更重要的是他对科学作出了巨大的贡献，不仅让当代崇敬，也让千秋万代的人们景仰。

(4) 痴迷型的贝多芬和爱迪生

也许大家知道贝多芬振奋人心的《英雄交响曲》、《第十二交响曲》，并为他青年耳聋、英年早逝深感惋惜，可能还不知道他"没吃饭，就算账"的故事。

**名人链接**

有一天，贝多芬带着一身雨水走进一家饭店，想找点东西充饥，但他一坐下来便把吃饭的事给忘记了，他好像回到了自己的家，把饭桌当成了钢琴，十个指头在饭桌的边沿上抚弄，似乎按着一个个发出动听音响的琴键。他歪着头侧着耳，好像听到了美妙的乐章。饭店的伙计们见他如痴如醉地沉浸在创作的激情中，不敢上前问他吃点什么。过了好一会，贝多芬等把自己构思的乐章推敲完毕以后，突然抬起了头，把跑堂的喊过来说："算账吧，多少钱？"小伙子忍不住笑出声说："先生，你还没吃什么东西，怎么就付钱呢？"贝多芬这才恍然大悟，意识到自己还饿着肚子，于是点了一个菜，要了点主食，美美地吃起来。

如痴如醉，废寝忘食使不幸的贝多芬成为伟大的音乐家，同样也使不很幸运的爱迪生成为大发明家。

**名人链接**

1871年圣诞节，爱迪生举行婚礼。许多亲戚、朋友都来祝贺他。在满屋宾客的一片喧闹声中，他悄悄地对新娘说："玛丽。对不起，我有要紧事，得离开你一下，吃晚饭时再见。"爱迪生说完就向他的实验室奔去。然而，吃晚饭的时候谁也找不到这位新郎。直到半夜时分，一个工人发现他在实验室摆弄他的自动电报机。爱迪生听到有人叫他，才连忙抬头看时钟，时针已经指向了凌晨1点了。他才大吃一惊地说："糟糕，糟糕！玛丽还在等着我吃饭呢！"

读了这许多的故事，让我们进一步认同这样的论断：想知道能学会，喜欢的能学好，痴迷的能学精。

### 3.孩子注意力出现问题，家长要冷静分析，正确对待

本想饭后茶余，乘凉闲话，帮邻居、亲朋解答教育孩子中碰到的一些实际问题，不料他们的兴致越来越浓，所以不仅问题的数量越来越多，而且问题也问得越来越深。问题中饱含了家长的急切、担忧和期盼。我这个教育战线的老兵，也只能热情招架，尽力而为。家长刨根究底，我也只好深掘精挖。

孩子上幼儿园的瑞瑞妈妈的谈话中，流露出了孩子是否患了多动症的疑虑；孩子上小学一年级的佩佩妈妈，急切地要了解不专心

的具体表现；孩子上初二的萌萌妈妈担心儿子被分化下来，很关心注意力问题的性质……我把有代表性的问题和答案整理如下：

### (1) 学习不专心的表现与后果

“注意力不集中，上课分心”危害不浅，逐渐被诉诸困难生的问题之首，许多研究人员对小学、初中学生的注意力问题作过调查与研究，并仁者见仁、智者见智列出了许多典型的表现。尽管见解不同，说法不一，但基本上集中于上课、作业、读书及做事的一些表现上，大致可归纳为以下10点。

①上课坐不稳，小动作做不停。不断地转头注目于上课内容以外的事情，毛手毛脚，像只小猴；东张西望，像要寻找猎物的小狗。

②人在神薵，心不在焉。大有“鸿鹄将立，思援弓缴而射之”杂念；课间活动余兴尚浓，玩过的事情盘旋脑际；下课后怎么玩的计划又在心底萌芽。

③抓耳挠腮，心思徘徊。课堂外一有响动，就反应强烈，长时间回不来神；课堂内同学有点小动作，他就尽收眼底，欣赏也好，反感也罢，兴趣一下就上来了。

④学习不上心，不能听指令。特别是老师布置阅读一段文章时，另有所思，别有所行，我行我素，以致在老师讲解相关内容时，又不能合拍。

⑤一遇作业，事情就多。这里找找，那里摸摸，莫名其妙，心无着落。铅笔没削好，橡皮不见了；作业本找不着，未动手心先恼。

⑥作业不多，好事多磨。别人10分钟能完成的作业，他磨磨蹭蹭,20分钟甚至30分钟也完不了；口渴了想喝茶，甚至要求上厕所；种种事情冒出来，一点不觉得奇怪。

⑦作业马虎，只为应付。人在做作业，心里想着玩，好不容易做完作业，不愿再多看一眼，更谈不上检查，至于是做对了还是做

错了那是老师的事。

⑧读书不看字，口眼不一致。读书本应该是眼看、口读、心想，但不专心的人看字只看个大概，就像人们说的“小和尚念经，有口无心”。

⑨做事无目标，骑驴走着瞧。大目标记心间，小目标作台阶，目标明确，才能干劲倍增，也必能用心专一。如果没有目标，就不能用心专一，结果自然是“和尚撞钟，四大皆空”。

⑩蜻蜓点水，虎头蛇尾。吃着碗里看着锅里，心思徘徊，神魂不定；这里弄一下，那里搞一会，心血来潮，热火朝天，三分钟热度一过，那就是别人的事。

以上10点，就像挡在心灵窗口最大的10朵乌云，遮蔽着智慧的阳光，不让洒进孩子的心田。如果智慧的阳光长期照不进心田，可想而知，愚昧、昏暗、无知就会占据心灵。也可以设想，心底没有阳光、没有光明的人生是不可捉摸的，是家庭、学校、社会都不能接受的。

注意力不集中，做事不专注，学习不专心的危害小则影响进步，大则败坏事业。

**名人链接**

据史书记载，楚霸王项羽年少时学习用心不专一，学书识字没多久就失去了兴趣，要求学剑术，练剑时间不长又要学兵法了。其叔父项梁对此大为恼火，然而项羽的回答却是振振有词、凌云壮志，他说：“学书识字，能认会写自己的名字就足够了；剑术再精，也不过是‘一人敌’的本事，也微不足道；要学就学‘万人敌’的本领。”这番话打动了项梁，于是又开始给他传授兵法。起初，项羽也学得挺有兴致，孰料时间一长，他又老毛病复发，依然浅尝辄止，结果没有一样能够坚持到底。项羽少年时代养成的坏毛病给他日后的“霸王事业”埋下了深深的隐患。

项羽在楚汉战争中最终败北，性情浮躁、缺乏恒心、谋略不足是其重要的原因。至此我们也许甚为感慨：“不专心，危害可谓大矣！”

(2) 正确对待孩子注意力方面出现的问题

家长一旦发觉孩子出现问题，就应该既要警觉又要冷静，耐心地寻找机会，在与孩子交流、沟通的过程中多倾听，在孩子的言谈中寻找根源。

如果是环境问题，首先应作具体的分析，到底是家庭环境还是邻里环境？是社区环境还是社会环境？如果是家庭环境，那父母要从自身做起，检查自己的家与“充满爱心，民主平等，乐观上进”距离有多大；如果是邻里环境或社区环境，那就要学学孟母对环境影响的认识。

“孟母三迁”的故事中说：

**名人链接**

孟子年幼丧父，全靠母亲一人抚养成人。被后世称为“亚圣”的孟子，也并不是天生的圣人。他甚至比一般孩子还要调皮、淘气。起初，孟家住在公墓附近，孟子经常看到的是丧葬的事。他便与邻居小朋友一起学着玩挖坟、抬棺材、哭丧、埋死人一类的游戏。孟母感到这样下去对儿子的成长不利，于是把家搬到一个新的地方去住。不料，新居靠近集市，孟子成天接触是一些逐利的商人，聪明的孩子学得也快，他又学着商人玩起做生意的游戏。孟母又觉得这样的地方对孩子成长也不利，于是再一次把家搬到一所学校的旁边住。学校讲究的是礼仪，看见的是读书人，听见的是琅琅的读书声。没过多长时间，孟子也开始演习礼仪，并要求读书。孟母高兴地说："这才是适合我孩子居住的好地方。"

孟母三迁，精心选择环境，精心教育，才能让孟子专心致志地读书，才有以后的"亚圣"。

离孟子的时代，时间已过2000多年，今天的父母为孩子选择住地，可能没有那样方便了，但是毕竟科学发达了，许多聪明的家长为孩子选择环境，考虑的内容比孟母要多得多了，自然环境、家庭环境、社会环境无不谨慎对待。他们知道，我们大脑的工作效率与环境有着密切的联系，良好的学习环境可以使用脑效率提高15% ~ 30%。许多家长把自己的经验汇总到一起，搞了个"四有一没有"：有新鲜的空气，有适中的光线，有适宜的温度，有合适的颜色，没有噪声。他们也知道色彩对于智力开发、注意力集中有很大的帮助，平淡的色彩和图画难以引起孩子注意力的集中。所以，他们在培养孩子观察力和注意力的游戏中，尽可能为孩子准备一些色彩丰富，容易引发想象力的相似图，孩子在寻找不同点时才不觉得枯燥乏味，会有兴致勃勃地投入和较长时间的坚持。这看起来似乎简单，其实就是"弗力查价测定"的运用。弗力查价测验的结果是：在绿色植物的环境里人们大脑皮质的活动中，即注意力集中等活动水准，要比在没有绿色植物环境里高得多。所以，多让孩子接近大自然，不但能让孩子身体健康、心灵震撼、思维活跃，也能让他在轻松愉快中提高注意力。

如果是家教缺失所致，哪怕是最忙、最难，也要补补家教这个“心的教育”这一课。“业以人为本，人以心为本，心以德为本，德以善为本”。这根本的根本如果缺失了，无论如何，或早或迟都会有麻烦。所以，孩子知识的缺陷不一定要补，随着年龄增大他自己会补上，而心的教育的缺失，一定要下定决心及时补上。这方面，孟母也给我们做了很好的榜样。

“刈织劝学”的故事：

**名人链接**

孟子长到十几岁时，又老病复发，贪玩，读书不专心、没有恒心，甚至逃学。这使孟母深感忧虑和焦虑。一天，孟母见孟子没到放学时间就回来了，便把孩子叫到织布机前，让儿子看着她织布，织着织着，孟母突然拿起一把剪刀，嚓、嚓、嚓把已经织的较长的布匹剪断了。少年孟子大惊失色，站在一旁发愣，母亲便对儿子说：“孩子啊，你不好好读书，半途而废，不就等于我把这匹没有织好的布割断了吗？一个人不专心读书，做事没有恒心，那是什么事也做不成的啊！”孟子如遭当头棒喝，大梦初醒，从此以后再也不逃学了，而且书越读越好，也越读越有劲头，越读越有兴趣。

试想，如果当年的孟母不下狠心，没有决心补上家教这一课，而像当今有些家长，一味地就事论事，只补文化知识这一课，那么中国的儒家文化中就会少一个亚圣，就会少了一个智辩大儒，甚至儒家文化也难以传承。

如果是孩子身体的原因，那就要主动为他开脱责任，用同情、谅解去感动他改变；如果是因为人际关系造成心理障碍，那不仅要关心体贴地劝导他，还要能设身处地、推心置腹地理解、排解他的苦衷，并要明确表明相信他能克服困难，走过坎坷。如果是习惯问题，那就要想办法，耐心地帮助他改变坏习惯，养成好习惯，哪怕一朝一夕难以见效，也要抱定“父母心”坚持去做，因为这的确是长久之计。

(3) 孩子坐不稳，注意力不集中，是否患了多动症

对于这个问题，问得比较多的，往往是孩子刚上学的家长，其中特别是孩子刚上幼儿园的家长。因为他们在与老师的接触中，老师讲的多是孩子注意力不够集中的问题，所以在他们的谈话中隐含了一种忧虑：孩子坐不稳，注意力不集中，是否患了多动症？面对这一比较专业的问题，开始，我只能谨慎地对待。一边尽可能地为孩子开脱，给家长以安慰；一边偷偷地收集有关文献资料来学习，逐步地对这个问题有了比较正确的认识，如今不仅搞清楚了这方面的基本问题，而且也证明了我当初的做法是完全正确的。

这方面我特别要感谢北京师范大学心理学院教授、博士生导师、全国学习障碍研究会副会长、北京市健康人格学会会长、国际学校心理学会会员的刘翔平先生，是以他们为主的相关研究与论著，才让我们有所借鉴。

一方面随着人们对竞争问题实质性认识的加深，越来越多的家长忧心忡忡，担心自己的孩子输在起跑线上，所以特别关心孩子的学习。关心孩子学习，自然要多联系老师，但反馈意见中往往有孩子的“不够专心”的问题。另一方面，在一个崇尚学习的现代社会，

注意力缺损多动障碍几乎被视为孩子学习的“头号杀手”，而人类对注意力认识的历史却很短，从英国斯蒂尔医生报告的第一例多动症开始，至今也不过100年，人们普遍关心这个问题还只有20来年的时间。目前我国，许多家长已经开始重视注意力缺损多动障碍问题，但孩子的活泼好动、天真烂漫，使得家长犹如雾里看花，真假难辨。忧心忡忡的家长多么希望有人借他一双慧眼，但慧眼只能家长在自己的家教实践中练就。面对这一概念的复杂性，给家长一定的帮助是必要的。为此尽可能地给家长一些建议，提供家长注意防止偏差，以免造成一些见病乱投医的损失。

对于这个问题，最要紧的是要防止注意力障碍的神秘化和扩大化。孩子不专心听课，不认真做作业，学习时注意力不能集中的原因是多种多样的，其中绝大多数与多动症没有关系。有的是听不懂老师讲课的内容，单凭稚嫩的意志又支持不住；有的是智力过剩，听课只是小菜一碟，把剩下能量用来做点另类的事；有的是思想上跟老师有点芥蒂，老师站到教室门口就开始反感，这样听课自然就坐不稳；有的因为老师讲课形式单调，难以把幼小的心灵吸引住；有的或者对把他长时间晾在那里不满，有意无意地开起了小差。对于孩子在课堂上的表现，不能单听某一位老师的印象与反映，即便他所有的老师都有同样的反映，也不能轻易地下这个结论。因为这里面可能还有刚上学的适应性问题，有暂时性身体发展阶段的原因，也可能因为治病后药物刺激的暂时影响等。

为了使家长心中有数，现将中华医学会《中国精神障碍分类方案与诊断标准》和美国精神病学会编制的《精神障碍诊断和统计手册》呈现于下。

中国编制的《精神障碍分类方案与诊断标准》(第二版修订中)：

1. 起病于学龄前期，病程至少持续 6 个月。

2. 症状标准：至少需具备下列行为中的 4 条，其症状的严重性才可不同程度地影响学习和适应环境的能力。

(1) 需要静坐的场合难以静坐，常常动个不停；

(2) 容易兴奋和冲动；

(3) 常常干扰其他儿童的活动；

(4) 做事粗心大意，常常有始无终；

(5) 很难集中思想听课、做作业或其他需要持久注意的事情；

(6) 要求必须得到立即满足，否则就会产生情绪反应；

(7) 经常话多，好插话或喧闹；

(8) 难以遵守集体活动的秩序和纪律；

(9) 学习困难，成绩差，但不是智力障碍所引起；

(10) 动作笨拙，精巧和协调动作较差。

3. 排除标准：不是由于精神发育迟滞、儿童期精神病、焦虑状态、品行障碍或神经系统疾病引起。

美国编制的《多动症的诊断标准》中的“注意缺陷”部分：

A1　下述注意缺陷症状中至少有 6 项，至少已持续 6 个月，达到适应性不良的程度，并与发育水平不相称。

注意缺陷：

(1) 在功课、工作或其他活动中，常常不能注意细节或常常发生由于粗心大意所致的错误。

（2）在作业或游戏中，常常难以保持注意力。

（3）别人与他说话时，常常似乎不留心听。

（4）常常不能听从指导去完成功课、家务或工作任务（不是由于违抗行为和对指导不理解）。

（5）常常难以安排好作业或活动。

（6）常常回避、讨厌或勉强参加那些要求保持精神集中的作业（如家庭作业）。

（7）常常遗失作业或活动所需的物品（例如玩具、作业本、铅笔、书本或工具）。

（8）常常因外界刺激而分散注意力。

（9）常常在日常活动中忘记事情。

但是，参考归参考，在没有专业界定之前家长不要自己妄下结论。退几步说，就是专业界定下结论了，家长也要冷静。据说大发明家爱迪生、大科学家爱因斯坦小时候也曾和“多动症”结过缘。当然，变坏事为好事是要下一番工夫的。家长首先要学学爱迪生和爱因斯坦的妈妈，把这两位伟大母亲的亲情、耐心作为自己的榜样；其次，要化压力为动力，要下更大的决心，采用更多的办法，更加关心、爱护、体贴自己的孩子，用真情、关爱去感动，用身教垂范去带动、用以物寓教去说动，用严格训练去促动，用训练意志去制动，以共同游戏等培养好习惯成自动。如果家长能够坚持这六个“动”，并且能根据自己孩子的特点再加上几个“动”，坚持七个动、八个动，把那讨厌的“多动”变主动；和孩子心连心、手牵手一起走过风，走过雨，前面一定就是一片艳阳天。

### （4）即使别人说你的孩子“多动症”，做父母的还得往好处想、往好处说

**典型案例**

有一位母亲，第一次参加儿子幼儿园的家长会，老师当着大家的面对她说：“你的儿子有多动症，每堂课只能坐一分钟就动起来了。你带儿子去医院治疗一下。”这位自尊心很强的母亲忍不住流下了眼泪。但是，开完家长会回到家里，她却面带笑容平静地面对孩子。儿子看母亲两眼红红的，就问是不是老师批评自己让妈妈伤心哭了。妈妈却说：“老师说，我的儿子每天都在进步，过去每次只能坐一分钟就乱动，现在能够坚持三分钟了。妈妈因此高兴得流泪呀。”孩子听了也很高兴，当天晚上吃饭不仅坐稳了，而且吃得也比平常多。

到小学快毕业的时候，这位母亲又去参加家长会，老师对她说：“你的儿子上课坐不稳，可能智力有问题，你最好带儿子去医院检查一下。”这位母亲又是伤心又是流泪，但她咬住牙硬是没有哭出来。回到家中，她依然面带笑容地对孩子说：“今天我很高兴，因为老师在家长会上表扬了你，说你人很聪明，坐稳的时间也更长了，只要继续努力，将来是很有希望的。”孩子虽然将信将疑，但很高兴，第二天起床也早了，衣服也穿得比平时整齐，上学也更主动。

儿子初中快毕业的时候，母亲再次参加了家长会，老师打趣地跟这位母亲说：“你的儿子其他都好动，就是脑袋不好动，成绩太差了，恐怕连一般的高中都考不上。”但是，这位母亲回到家中调整好心态，认真地对孩子说：“老师对你的发展后劲很看好，认为

今后的三个多月，只要你刻苦努力，又注意学习的方法，一定能考上一所好的高中。”孩子看到妈妈的认真劲也没多说，只是咬了咬牙。但是没过一个月的时间，老师说他真的进步多了。

饱含智慧、耐心、坚强的母亲、坚持鼓励终于唤醒了孩子的良知。几年后的一天，儿子郑重地送给母亲一封挂号信。打开信，母亲开始还不敢相信自己的眼睛，当她确认是清华大学录取通知书的时候，忍不住哭出了声。儿子也忍不住激动，扑到妈妈的怀里哭着说：“我知道自己从小是个很不争气的孩子，同学瞧不起我，老师经常批评我，讨厌我。只有妈妈你耐心地教育我，鼓励我，相信我。谁也不相信我是考清华的料，但我为了不让妈妈的爱落空，硬是去拼出来的。”

看了这个故事，我想不用多说，聪明的家长自会悟出其中的道理，并且会正确地对待可塑性极大的孩子身上许多问题，同样会表现出父母的智慧、耐心与坚强。

### 4. 专心和专注是可以培养的

孔子很重视培养学生专心的学习品质，而且寻找机会带着学生去读生活这本无字的大书。

**名人链接**

有一次，孔子带着学生在楚国采风，天太热，他们坐在一座凉亭里歇息。学生们看到一个驼背的老人举着一根竹竿在捕

驼背老人捕蝉

蝉，竹竿尖顶上粘着树脂，很有黏性，只要竹竿头一抖动，他都能粘一个准一个，学生们看了觉得真神了。

孔子有意识地让学生去向老人求教捕蝉的秘诀。老人微笑着说："这一点也不稀奇，关键是靠平时注意练功夫。蝉是很机灵的，稍有动静就飞走了。这你就要苦练抓竹竿的动作，日复一日，直到在竹竿顶上放两颗弹珠不会掉下来，我才去捕蝉。我现在已经练到放五颗弹珠也不会掉下来了，所以捕蝉的时候，长竹竿就像自己的手一样灵活，一伸手就能拿到。我能这么快活，是因为我练习的时候，总是一心一意的，天塌下来也打扰不了我的专注。我的注意力从不分散，眼睛里除了蝉的翅膀，就什么也没有了。"

看着学生们听得惊呆的样子，孔子又以得意门生颜回为例说事："一箪食，一瓢饮，住陋巷，回也不改其乐。贤哉回也……"以颜回为榜样激励大家，读书、做事一定要注意力集中、目标专一、锲而不舍。

驼背老人捕蝉的故事说明：精准的手艺来自于一心一意地苦练，从另一个侧面也可以说：专心和专注是练出来的。纪昌学射箭的故事更能说明这个道理。

**经典故事**

甘绳是古代的射箭高手，他拉满弓还未发射，鸟兽便都趴下了。有个叫飞卫的人拜甘绳为师，学习射箭本领，结果技艺超过了师傅甘绳。有个叫纪昌的人知道飞卫的箭射得特好，就要拜飞卫为师，跟他学射箭。飞卫说："你先学不眨眼的功夫，然后才能再谈学射箭。"

纪昌回到家里，仰卧在妻子的织布机下，眼睛注视着梭子。就这样整整两年后，即使锥尖将刺到纪昌的眼皮，他也不会眨眼。他把这件事告诉了飞卫，飞卫说："功夫还不到家，还要学会看东西，能把小的看大了，把微小的看成显著了，然后再来告诉我。"

纪昌想尽了办法，最后想到了用牦牛的细毛系着虱子悬在窗户上，从南面来练习看。10天过后，虱子在纪昌眼中渐渐变大；三年后，感觉虱子就像车轮那样大了。于是他就用燕国牛角装饰的弓，北方蓬秆造成的箭，射向虱子，正穿透虱子的中心，而拴虱子的牛毛却没有断。他把射箭的结果告诉了飞卫，飞卫高兴地拍着纪昌的肩膀说："好样的，你已经掌握了射箭的技巧了。请你记住：最高级的技术都是靠专心致志练出来的。"

这两个故事告诉我们两点：一是本领是靠专心致志地苦练练出来的；二是专心、专注的学习品质也是在训练的过程中提升的。

### 5. 如何培养孩子专心的品质

在一次与教师的谈话会中，一位教师很客气地请教一个问题：

我想超越自我，该怎么办？

面对这一意外的问题，我一时无言以对，借着喝口茶的时间我想出了一个办法，用故事来解围。一个故事是：青蛙跳进了一口不深的枯井，起初它满足于井里的生活，可是时间一长它就想跳出来。但因为它急于跳出来，总是站着跳，折腾得鼻青脸肿后，突然想起了小时候妈妈的教导，它就按“要想跳得高，先要蹲得低”的办法去练，结果没练多长时间，它就跳出来了。

另一个故事是：乌龟虽然偶尔赢得了比赛，但它心里比谁都清楚，自己跑不过兔子。于是有一天见了兔子，乌龟就很谦虚地问兔子：“请问兔子先生，有没有办法让我跑得与你一样快？”兔子说：“有啊，有两个办法。”乌龟高兴地说：“那就请你快点给我说说吧！”兔子说：“第一个办法，你要多锻炼，争取早日在龟中胜出；第二个办法，你要更加刻苦地坚持修炼，直到使自己变成兔子。”

没想到这两个应急的故事，却意外地赢得了热烈的掌声。事后，我想当时虽然没有正面回答问题，但故事让他们悟出了同样的道理，这就叫做“踏破铁鞋无觅处，得来全不费工夫”。但是，在家长面前我却怎么也轻松不起来，更想不出省事的办法来。虽然他们问的是同一个问题“如何培养孩子专心的品质”，但是他们孩子的年龄不一样，有的是中学生，有的是小学生，有的是上幼儿园或还未上幼儿园，有的还未出生。面对家长的问题不能不回答；面对不同家长的提问，不能用同一个答案去回答；更不能用“长寿秘方——坚持呼吸”之类的笑话去忽悠。

怎么办？不回答吧，面对家长的热情与信任，怎么交代？回答吧，又不是三言两语能够说得清。几经推敲，还是具体问题具体分析，即根据孩子的年龄把它分成四个问题来解决。

### (1) 胎教培养孩子专心的品质

孩子从被称为“孩子”的时候起，有人甚至说从单细胞变成多细胞的时候起，小生灵就开始被母体心脏跳动的声音吸引着，母亲心脏的律动自然地培养着孩子专心的品质。也有人说，随着家长望子成龙、望女成凤之心的日益急切，一心想让孩子先赢在起跑线上，于是就开始对他日后的求知活动奠基——培养其专心的品质，胎教也就应运而生。对于胎教，家长们的看法可能还很不一致，所以很有必要了解一下胎教的历史和现状。

#### 1）胎教的悠久历史与科学的实践及理论

《颜氏家训·教子篇二》说：“古者圣王，有胎教之法，怀子三月，出居别宫，目不斜视，耳不妄听，音声自卫，以礼节之。”我国胎教的历史悠久，商周时代就有了实施胎教的思想。据历史记载，商朝周文王之母及周成王的母亲，在妊娠时都曾实施过胎教。秦汉时期的史籍《青史子》、《新书》、《大戴礼记》、《烈女传》等均有周后妃对胎儿实行胎教，因而培育出贤明的继嗣人的记载。《青史子》明确记载胎教之道，并明确指出这是周室的习惯。

《史记》中记载，中国古代第一位对儿子进行胎教的是周文王的母亲太任。《史记》中记载：“太任者，文王之母……太任之性，端一诚庄，维德之行。及其有娠，目不视恶色，耳不听淫声，口不出傲言，能以胎教。……文王生而明圣，太任教之一而识百。君子谓，太任为能胎教。”也就是说：太任是周文王的母亲，她诚实庄重，德行高尚。她怀孕的时候，眼睛不看有害的颜色，耳朵不听淫秽的声音，口不讲狂傲的话，能够用这样的方法对胎儿进行教育。文王一生下来就很聪明，太任教育他时，他能举一反三，触类旁通，学到了很多东西，有学问有地位的人都说太任善于胎教。

《大戴礼记》中记载：“周后妊成王于身，立而不跛，坐而不差，笑而不喧，独处而不倨，虽怒不詈，胎教之谓也。”这段话意思是：周成王的母亲妊孕周成王时，站不歪，坐不偏，端端正正；笑不大声，独处不骄傲，即使愤怒了也不骂人，这样就叫做胎教。

孟母是中国古代有名的民间教育家，她说：“吾怀妊是子，席不正不坐，割不正不食，胎教之。”这话的意思是：我在怀孩子（孟子）时，席子没放端正我不坐，肉切得不方正我不吃，就是要对孩子施行胎教。

汉代著名的唯物主义思想家王充，他对胎教也有过论述。他通过对母亲心理状态对胎儿的影响，以及母亲的道德性修养、性格爱好对胎儿的遗传作用等，提出了对胎儿实行教育的具体办法。

三国时的魏文帝曹丕，他对胎教的重要作用有其独特论述。他举例把周成王和汉昭帝在位执政时的政业功绩、寿命长短作为大小等几个方面进行了比较，强调胎教对培养性格、理想君王的重要作用。

古代教育家重视胎教的记载就更多，南北朝时的颜之推，在他的《颜氏家训》一书的教子第二篇中就列有“胎教之法”。南宋的朱熹，在教育专著《小学》中，就以“胎孕之教”为首论，认为人受教育应当从胎内开始，“古者妇人妊子，寝不侧，坐不边，立不跸，不食邪味，割不正不食，席不正不坐。目不视恶色，耳不听淫声。夜则令瞽诵诗，道正事，如此则生子形容端正，才过人矣。”这段话的意思是：对孕妇在饮食、睡眠、坐立、所看所听的内容都有一定的要求，就连晚上都要请那些诵《诗经》讲历史的盲人来对孕妇实行教育，这样生下来的孩子形貌端正，才能过人。

唐代药王孙思邈在《千金要方·养生论》中论述了胎教问题，对我国古代胎教的内容、方法及思想等产生了较深刻的影响。他提出：“儿在胎，日月未满，阴阳未备，腑脏骨节皆未成足，故自初迄于将产，饮食处居，皆有禁忌。”这是很有道理的，至今我们实行胎教还在强调这类问题。特别值得注意的是，孙思邈提出了要“弹琴瑟，调心神，和情性，节嗜欲，庶事清净”。在今天看来，这仍然符合科学要求。

唐宋以后，胎教理论的基本观点进一步明确，提出了“外象内感说”。外象，指的是客观存在的外部事物，内感，指的是孕妇对外界事物的主观感受和体验。所谓“外象内感”是说，外界事物会引起孕妇的主观感受，这种感受将影响胎儿的发育。这种理论是长期实践的经验之谈。从现代科学讲，胎儿和母体的联系主要是生理上的联系，胎儿所需要的营养全部来自母体。母体的生理状态和胎儿的发展紧密联系，孕妇情绪上的变化，也可通过生理的途径影响胎儿的生长发育。因此，调节孕妇精神，有利于胎儿的情绪稳定、身心快乐，增进胎儿健康。

2）现代的胎教继承和发展了古代胎教的理论

当代的胎教理论的发展和胎教的盛行，可能与《卡尔·维特的教育》一书有很大的关系。19 世纪的老卡尔·威特把并不聪明的儿子教育成天才，把他的经验写成了一本书。他在在书中说 :“为了能有一个健康的孩子，在妻子还未怀孩子之时，我们就开始充分注意自己的精神和体质……一旦妻子怀孕，就更应当过有规律的生活。不仅是妻子，我也毫不例外。我们安排了严格的作息时间，尽量做到早睡早起。”他还引用了意大利画家达·芬奇的话说 :“同一个灵魂支配着躯体……母亲的愿望对其腹中的胎儿不断产生影响……母亲的意志、希望、恐惧以及精神上的痛苦对胎儿的严重影响，大大超过对母亲本身的影响。”

1907 年，纽约召开了全美世界语大会，会上斯托夫人 5 岁的女儿维尼芙蕾特，用世界语和著名的语言学家马库罗斯基教授作了会话表演，引起了轰动。在各方的促动下，斯托夫人把她的教育理念、方法写成了书。她在书中说："我怀孕的时候，为了让未出世的宝宝将来具有爱美、爱正义、爱真理的精神和善良的品质，我特别注意读有益的书，想美好的事，听能使心情平静的音乐，和丈夫一起出去欣赏美丽的自然风光和艺术作品，并且常常行善事。我认为，只有这样，我的身心才能始终处于良好的状态中，才有可能生出一个健康、出众的孩子。"

现代教育对胎教越来越重视，研究的目的越来越明确，研究的方法也越来越高明。日本教育家井深大先生 1982 年在委内瑞拉卡拉斯国立妇产医院做过实验，证明胎儿有记忆能力。实验是这样进行的：把一个出生两天的婴儿放在床当中，母亲和护士分别坐在床的两侧，并同时轻轻喊婴儿的名字（当地孩子出生前就取好了名字），喊了几次后，婴儿将脑袋缓缓歪向母亲一边。再请母亲放低声音，护士提高声音，结果也一样。实验结果表明，婴儿听到呼喊后，都将头转向自己的母亲，说明婴儿和母亲有割舍不断的深厚情结，这个情结就是胎儿与母亲情结的再现。

#### 3）时下盛行的胎教方法

①音乐胎教法。音乐像铃木真一说的"世界上充满着无数的声音，但只有一种声音是最美好、最动人的，这种声音就是音乐。我们的世界正是因为有了音乐才变得更加美好。""诗言志，歌咏言，乐和声"，音乐怡情悦性，皆大欢喜，大受欢迎。另外，由于音乐的抑扬顿挫而最能吸引人的注意力，特别是时下流行使用的莫扎特、贝多芬的乐曲，让人振奋，令人欢乐。

②朗读胎教法。正像斯托夫人所说的：为了让孩子将来具有爱美、爱正义、爱真理的精神和善良的品质，我特别注意读有益的书。诗歌、散文、童话、故事，语言形象生动，语句简洁，文辞优美；或赏心悦目，怡情悦性；或寓意深刻，引人思考，能让"一个躯体

两灵魂”同时愉悦心灵，和谐共处，健康发展。

其实，胎儿早已接受了一种最好的胎教，这就是母亲心脏跳动的声音。他的注意力早已被母亲的心律所吸引，所以一般的孩子生来就有专心的品质。音乐胎教法和朗读胎教法只是作为一种补充，加强提升其专心品质的作用。至此，我们应该搞清楚，注意力是学习的前提与基础，所以，无论是母亲心律的胎教，或者是音乐胎教，或者是朗读胎教，都首先是专心品质的培养，其次才有智力发展的可能；而且也应该清楚，专心品质的培养不需要更多的方式与内容，只要教育者科学施教，教育、教学内容和方法能够吸引受教育者，那么受教育者专心的品质自然而然会在学习活动中得到提高。所以，整个胎教过程首先是专心品质培养的过程，这也包括孩子出生以后的教育也是这个道理。

教育、教学的对象年龄越小越要精心，胎教特别要强调注意几个问题，第一，胎教是为了胎儿愉悦心灵，健康发展，绝不能拔苗助长，急功近利；第二，胎教是为了提升胎儿的品质，特别是提升专心的品质，为发展智力打基础，而不是直接搞智力开发；第三，时间要适当，现在比较一致的看法是，怀孕 5 ~ 6 个月开始；第四，音量上须控制好，如声源不能靠胎儿太近，音量不能太大，以免造成不良影响。幼小的生命又小又嫩，所以胎教一定要慎之又慎。

### (2) 早期教育培养孩子专心的品质

法国教育家爱尔维修（1517 ~ 1571）曾经说过：“人生下来时都一样，仅仅由于环境，特别是幼小时所处的环境不同，有的人可能成为天才或英才，有的人则变成了凡夫俗子甚至蠢材。即使是普通的孩子，只要教育得法，也会成为不平凡的人。”瑞士教育家佩斯泰洛齐（1716 ~ 1827）发展了爱尔维修的理论，他认为教育极其重要，一则寓言表明了他的观点。“有两匹长得一模一样的小马。一匹交由一位庄稼人去喂养，但那个庄稼人非常贪得无厌，这匹小马还没有发育健全就被用来赚钱，最后，这匹小马变成了无价值的驮马。与上述这匹马命运迥异的是，另一匹小马托付给了一个聪明人，在他的精心喂养下，这匹小马竟成了日行千里的骏马。”两位教育家的理论开启了欧洲早教的新天地，并且推动了欧美、日本等国的早教热潮，形成了早教的成功链。

1）近代早期教育的成功链

一说到早期教育，稍微重视孩子教育的家长就会想到一个人的名字——卡尔·威特。这也毫不奇怪，因为他是一条早期教育成功链的开头。

**名人链接**

卡尔·威特是19世纪德国的一个著名的天才。因为他的父亲老卡尔·威特教育有方，他出生后从被认为有些痴呆的婴儿很快成为超常的儿童，八九岁时就能自由地运用德语、法语、意大利语、拉丁语、英语和希腊语6种语言，并且通晓动物学、植物学、物理学、化学，尤其擅长数学；10岁时进入哥廷根大学；14岁就被授予哲学博士学位；16岁获得法学博士学位，并被任命为柏林大学的法学教授；23岁发表《但丁的误解》一书，成为研究但丁的权威；以后，一直都在德国著名的大学里授课，在有口皆碑的赞扬声中活到83岁。

儿子出名以后，作为父亲的老卡尔·威特，把他的教育理念和经验写成《卡尔·威特的教育》一书。不幸的是此书没有被世人重视，以后几乎失传。后来，有人在哈佛大学的图书馆里发现了这一世界上唯一一本原作。赛德兹的父亲曾就读于哈佛大学，有幸读了《卡尔·威特的教育》以后，他按照书中方法教育儿子，以至儿子威廉·詹姆士·赛德兹15岁就考进哈佛大学。赛德兹1岁就接受启蒙教育；3岁就能用母语流利地读写；5岁时对人体结构发生了兴趣，开始学习生理学，不久后就在执业医生考试中获得了优秀的成绩；6岁那年的春天进了小学，上午9点钟他还是一年级的学生，可是到了中午他母亲去接他的时候，他已经是三年级的学生了，当年小学毕业。7岁时他想上初中，因为嫌他年龄太小，未能遂其心愿，他只好在家自学高等数学；8岁那年他终于上了中学，不仅成绩优秀，帮老师批改同学的作业，而且还参加了学校编写天文学、英法语和拉丁语语法的教科书。9岁、10岁这两年他在家自学，11岁进入哈佛大学；1914年，15岁的赛德兹考入哈佛大学研究生院，攻读博士学位。

因为5岁的维尼芙蕾特在世界语大会上出了名，她的母亲斯托夫人写了《斯托夫人自然教子书》。书中说道："在我向你们介绍我的教育方法和维尼傅雷特的成长故事之前，我必须提到卡尔·威特博士，可以说，他的教育思想从根本上影响了我的教育理念。"后来，这本书传入了日本，1917年，木村久一读了以后写了《早期教育与天才》，此书不仅轰动了日本，也引起了世界的关注。1999年，四川女孩刘亦婷被美国哈佛大学等4所名校同时录取，她的母亲刘卫华写了《哈佛女孩刘亦婷》，书中介绍，正是在为改革开放大声疾呼的解放运动中，她的父母才接触到欧美和日本的早期教育理论和方法，也才有可能通过从0岁开始的教育，为刘亦婷后来的发展奠定了基础。书中也讲道"河北人民出版社推出了一本功德无量的书——《早期教育与天才》……"

从这一早教的成功链来看，中国的早教似乎是舶来品，是从欧美、日本传进来的洋货。其实正好相反，早教发源于中国，是中国儒家文化的精华之一，风水轮流转，怎么转到海外去却无从考证。中国的早教，从汉朝司马迁的《史记》记载的周文王的母亲太任胎教开始，至今已有近三千年的历史。

早教方面比较系统的理论经典，最早可能要数南北朝时颜之推的《颜氏家训》。《颜氏家训·勉学篇八》中说：“人生小幼，精神专利，长成以后，思虑散逸，固须早教，勿失机也。”颜之推还非常推崇“教妇初来，教儿婴孩”的谚语，赞其“诚哉斯语！”其后中国早教的专著，成功的典型不乏其例。

2）早期教育成功的规律性特点

当然，此一时彼一时，彼一人此一人，任何的成功案例都不可能简单重复和复制。但是，做事特别是做同一类事情的道理是相通的。分析古今中外早教成功的案例，都离不了这样几个规律性的特点。

①明确早教的意义，正确的早教目的。几乎所有早期教育成功的家长，都把“塑心育人”放在首位，如老卡尔·威特在《卡尔·威特的教育》一书中写道：“在儿子的教育上，我特别下力气的，与其说是智育莫如说是德育……我只是想把儿子培养成全面发展的人，所以才挖空自己仅有的一点智慧，尽力把他培养成健全的、活泼的、幸福的青年”。写了《我的事业是父亲》的蔡笑晚，他的6个孩子中5个博士1个硕士。特别是他的小女儿蔡天西，14岁考入科大，18岁考入美国麻省理工学院读博士，22岁再获哈佛大学博士学位，成为哈佛最年轻的教授。他的子女的成才也首先得益于其“智力、意志、品德和气概四合一的教育”。被美国哈佛大学等4所大学同时录取的刘亦婷，她的成才也首先得益于其

母亲刘卫华制定的“素质优秀、人格健全、有能力创造幸福生活”的教育目标。

②做到了在适当的时候做适当的事情。也就是抓住像在《卡尔·威特的教育》《斯托夫人——自然教育法》《早期教育与天才》《赛德兹——全面教育法》《冯德全——早教方案》等书中讲到过的“最佳期”、“敏感期”、“成长期”、“关键期”等不同说法一个意思的高效期，进行不同时期、不同内容、不同方法的有效教育。

③亲情链接，寓教于乐。如《斯宾塞的快乐教育法》《华莱士——父母手记》介绍的方式、方法。

④欣赏鼓励，激发潜能。如《周红弘——赏识教育》。

⑤注意创设良好的教育环境。如“孟母三迁”，“卢梭的自然主义教育法”等。

这五大规律性的特点，也可以说是早期教育的五大原则。

### 3）不同年龄段孩子的早期教育的方式、方法

当代心理学，特别是发展心理学，对不同年龄的人们的特征作出区别。研究儿童发展的专家们一般都同意心理发展有几个不同的阶段。在2岁以前，儿童经过“感觉—运动”的探索而具有了因果关系的概念。2～7岁，儿童通过游戏、画图和语言，具有了使动作内向化和“分散”的倾向，因而发展了符号的功能。7～8岁，儿童便发展到第三个阶段，这时候，儿童具有了往返还原的运算能力。到11岁是第四阶段，这时候儿童已经掌握了根据假设进行推理的新形式（命题的推演：含义、演绎、辨明矛盾）。14～15岁时，心理活动就具有了真正实验的性质（可把各个因素分离开来，这些因素也可能变化，或系统化地结合起来）。最后，15～20岁，个人便开始专业化，构成反映个人才能生活计划。

“适当时候做适当的事情”的原则最具效能性，因为智能发展

以心理发展为基础，心理发展又以生理发展为前提，所以“适当的时候”即孩子的生理、心理条件具备的时候，也就是老卡尔·威特说的“智力曙光出现的时候”。如果施教的内容、方式、方法远远地超越孩子的身体、心理、智力的基础，那就是好心而做了错事，效率就无从讲起，如果远远落后于孩子的发展水平，那也是不被领情的事，效率自然会很低，而且孩子潜在能力会随着拖延的时间而递减。只有“适当的时候做适当的事”，在孩子智力曙光刚刚出现的时候，抓住敏感期，及时雨般地进行春风化雨式的教育。

对于早期教育，联合国科教文卫组织丛书《学会生存》一书中说：“早期教育主要是从事基础语言的学习，学会说话、识数、写字、视听技能等。”但孩子越小，其年龄特点就越明显，为了真正做到适当的时候做适当的事，就应该把早期教育分为1岁、2岁、3岁、4～6岁、小学低年级5个阶段进行论述。

①开发1岁的大脑从语言教育开始

1岁儿童，有一个从新生儿到婴幼儿的成长过程，这一过程就像破土而出的幼苗，柔弱、稚嫩，往往是吃饱了就睡，睡醒了就要吃，满意时脸上露出“天使的微笑”，不满意时皱起眉头就哭，一点情面也不讲。你别看他什么也不懂，实际上他情绪很丰富，根据情绪专家伊扎德的研究表明，人类婴儿在出生时，就展示了五种不同的情绪：惊奇、伤心、厌恶、最初步的微笑和兴趣。我国心理学家孟昭兰静等研究后指出：新生儿即已有兴趣、痛苦、厌恶和微笑等四种表情。所以，在孩子降生之初，我们就应该把他当成一个有情感的人，尊重他的情绪，尊重他的需要，这样才能开好一个教育的头。日本著名教育家木村久一说：“幼儿的语言教育是早期教育的第一步”，“开发孩子的大脑就是指尽早地开始对孩子进行语言教育”，“一个清晰的大脑，首先来源于清晰的语言”。但是这一阶段的教育不如称之为养育，而且要坚持“以养为主，育在其中”的方针。一方面注意培养其满足“七分饱，八分暖”的生活要求；另一方面尽可能地抓住机会，用对话的方式培养其专心的品质。

培养新生儿专心的品质，主要是根据他的表情所示的需要，采用相应的响动来吸引他的注意力。不管你认为新生儿有没有注意力，权且就当他有了，因为井深大等专家已经研究证明，新生儿不仅有注意力，而且还有记忆力，其中尤其是母亲的声音，所以，这一阶段担当哺乳重任的母亲是最好的教育者，“第一任老师”也就从这时候当起。具体的做法应该是：醒来哭了就喂奶，吃过不哭就对话，哄他笑，哄他玩，母子双双笑开颜。你也不用担心对话落空，因为目的是为了吸引他的注意，权当跟他玩，有些反应就达目的。

另外，还有许多可以使孩子注意力集中的方法，如有的母亲一手抱小孩，一手轻轻地摇小鼓；有的母亲把小孩仰放着，轻轻地给他敲小碟；有的母亲为了忙家务，就把小孩仰放到小床上，上面吊一个会转又会响的玩意儿……总之，办法很多，八仙过海可以各显神通，但目的只有一个：吸引孩子的注意力，培养孩子专注的品质。

但是，新生儿醒着的时间很短，所以，当你看到他不精神的时候就要哄他入睡。哄孩子入睡也是培养孩子专心品质的好机会，母亲哄孩子一定会发出一些声音，这些声音对孩子就是一种语言。教育家说：“所谓开发孩子的大脑就是指尽早地开始对孩子进行语言教育。”也许你会认为，孩子醒着时好玩，培养其专心品质有可能，哄睡觉时不一定有用。其实，哄孩子睡觉，让孩子在注意力集中的状态下入睡，不仅能提高睡眠的质量，更可贵的是无形中养成应对声音集中注意力的好品质，而且睡前集中没有后抑制作用，效率也会更高。

哄孩子入睡，不仅要轻轻地拍、轻轻地摇，还要轻轻地哼摇篮曲，最好是三个字又押韵，至于什么内容可以随便，只要温柔悦耳、口语化就可以，现成的或即时编的都行，能把他的注意力集中到你的响动上来就好。如："小宝宝，眯眯笑；要睡了，静悄悄；放开心，睡一觉……"但也不要太长，因为凡是哄孩子入睡的，一是声音要轻，几乎只有母子能听清的就可以；二是念起来轻松上口，听起来省力；三是反反复复，同样的内容重复几遍就会失去新鲜感，乃至厌倦不想听、不听，这就达到了催眠的目的。这里面的道理，有点像婆婆妈妈的老师，上课时，一点简单的内容，认为很重要，反反复复地讲，结果把一些想听的学生也讲困了，乃至睡着了一样。

六七个月的孩子有的已经能有意无意地会发出单音词，虽然语意不很清楚，但聪明的父母看到这是孩子有了表达的欲望，也是言语能力初露的曙光，于是顺水推舟地开始语言训练。这一时机利用得好，能够成为培养孩子专心品质很关键的一步。当然，这个时候与其说是语言训练，还不如说是语言的输入，因为这时的孩子还没有能力跟着学说话。但是"想教说话教听话，要教写字教涂画"，这个方法看起来有点歪打正着，但正是教不懂事的孩子的好方法。不过要注意三点，一是创设一种游戏的氛围，说到人就指向人，说到物就指向物；二是关注他的眼神，让他去看着你手指的事物的方向；三是尽量用普通话（为以后听录音、看动漫等打基础），语音清晰有韵味，语速缓慢，反反复复，不厌其烦。在室内，可以指着屋里的物件玩，如：我坐凳，你坐椅，面前是茶几，还有电视机……

在室外，根据眼前事物随机说，如：上是天，下是地，中间我和你；左边东，右边西，你我叫自己……要求只有一个，只要他注意力集中就好，不论他听没听懂权且就当他听懂，你要相信“付出就会有回报”的话。

六七个月以后，就可以增添一些新内容。如结合训练爬行动作进行专心品质的培养：让小孩趴到席子上，在他正前方放一个他喜欢的玩具。一边把他的注意力引向玩具，一边轻轻地对他喊：加油！加油！当孩子抓到玩具时喊：哦，成功喽！成功喽！这样的活动好处多多，既锻炼孩子的体力，又培养他的专注能力，还可以提高活动的兴趣。

② 2 岁开始教孩子读书

孩子 1 周岁以后到 2 周岁以前，培养孩子的注意力主要有这样几种方式，一是继续指认人与物；二是听故事、听读书；三是听音乐、听儿歌；四是看动画；五是练对话。

指认人物，先从爸爸妈妈开始，再到一起生活的爷爷、奶奶或外公、外婆等，然后再向外扩展。指认物件，从室内到室外，从身边到远处，抓住特点突出的物件，一样一样反反复复地说，只要孩子能听就说下去；一旦发现孩子兴趣衰减马上转移到别的物件上，以保持其兴趣为前提。

孩子认识了许多事物以后，聪明的家长就应及时地把他的注意力引到事物的关系上，开始讲一些关于小动物的故事，情节也要求很简单。有两种做法很可取，一种是家长自编一些孩子能听得懂的故事，可能的话把孩子编到故事里面，最好让他当故事的主人翁；二是用录音代替母亲口讲，但故事的内容要精心挑选，尽可能地用生动活泼的形式吸引孩子。

“要想有效地教育孩子，从 2 岁开始教孩子阅读是最好的方法。”

这是木村久一一再推荐的方法。把孩子带到书店幼儿图书角，帮他找几本他可能喜欢的让他挑，最后只给他买一本最喜欢的书。这样买回的书，孩子很可能就爱不释手，如果一次买好几本，孩子爱书的劲头就没那么足了。热情、兴趣就是施教的好时机，聪明的父母就抓紧同看小人书，孩子翻一页，大人讲一页。当孩子不翻书时，大人把故事情节连起来讲一遍，就暂放到一边，等到他兴趣再来时再讲。这样反复多次后，就拿这本书作为孩子睡前的读物，每逢他想睡觉时就给他读。逐渐地，孩子高兴在听读书中睡去，慢慢地就成为他的好习惯。有专家称这一办法是“培养天才的第一法”，美国的教育家提出要把睡前朗读坚持到孩子小学毕业。我想，我们还是保持平常心，因为做天才不容易也太麻烦，还是为提高孩子的专心品质而努力吧。

常给孩子讲故事、读书，好多的家长可能因种种原因难以做到，但聪明的家长办法总是很多的。有的把自己讲的故事录音备用，有的就拿 MP3、MP4 现成的音乐、故事来哄孩子睡觉，这虽然在亲情上稍微逊色一点，但在培养孩子专心听讲的品质上还是不错的。

随着孩子的长大，他的活动时间不断地增长，活动的内容和形式也应该不断丰富。所以，当孩子能在小椅子上坐稳十几分钟的时候，就可以给他看动漫。不过这时候的动漫要精心挑选，其中主体角色人数少，语言简单，语速慢，动作幅度大，行动缓慢，情节平和，背景色彩最好是蓝天上有白云，绿草地上有孩子喜欢的小动物。这一活动可以先反复看《天线宝宝》，开始时每次只看 5 ~ 10 分钟，慢慢延长，但以 20 分钟为限。如果《天线宝宝》之类看得有兴趣了，再扩展到《大头儿子》《猫和老鼠》等。

在孩子 1 ~ 2 周岁这一年里，指认人和物、听故事、听音乐、看动画等的活动，几乎都要同时穿插进行，还有一样活动一定要坚持着做，那就是亲子对话。亲子对话可以从最简单的会话开始，比如：要不要、好不好、去不去……只要孩子回答了一点就及时赞扬，因为教育小孩，你希望他往哪方面发展就朝哪方面表扬，坚持一个阶段以后，孩子就会成为你希望的那个样子。另一方面要有意识引导孩子发问，当孩子问话时，不仅要热情地回答，还要及时地表扬他问话的行动，以鼓励其问话的积极性。

③ 2 ~ 3 周岁是培养孩子习惯、品质的关键期

2 ~ 3 周岁的孩子，他的独立性明显增强，往往要挣脱母亲的怀抱，有人称这是孩子的第一个叛逆期。其实，这是孩子生命力增强了，自然要挣脱束缚。孩子能走了，你抱住他，他肯定要挣脱；孩子能跑了，你牵着他的手，他也会挣脱。有形的挣脱、无形的挣脱一直伴随着孩子成长的历程。哲人说得好：生活中要有一双发现的眼睛。做父母的要特别细心，善于发现。每当你看到孩子一些叛逆的现象，首先要想到，这是成长的表现，是可喜可贺的现象，要持乐观、欢迎的态度，积极正确去引导，热情主动地去规范。

孩子在 2 ~ 3 周岁时，表现出了活力增强、能力提高、活动量大大增加，人也懂事多了。所以，这是培养他健康身心、良好习惯、专注品质很关键的一年。这一年里，不仅要求提高前两年活动项目的要求，如：延长一点活动时间，增加一些活动内容，提高亲子对话的难度，动漫内容可以增加一些他终身受用的常识性的内容，如《洪恩宝宝看世界》等常识类动画片；另外，还要增加一些新的项目，如：拼凑积木、看图认字、游戏数数、观察比较异同……项目很多，但目标只有一个——培养专心品质，所以对活动质量不作评价，只要注意集中就继续活动，如出现注意游离状态就停止，一定

要让孩子保持新鲜感和浓厚的兴趣。

④孩子上了幼儿园，要配合培养他专心的品质

“三岁看大，七岁看老”的谚语敦促了不少年轻的母亲，让她们不敢松懈对孩子的教育与培养，所以，许多年轻的妈妈“第一任的老师”当得相当不错。但是，当孩子到了3岁，上了幼儿园，许多妈妈就以为3年领着孩子爬上了一个山冈，下一个山冈就由幼儿园老师带着他去爬了，好不容易等到了这一天，歇一口气吧。这种认识是完全可以理解的，特别是“养儿方知父母恩”的话会帮助我们理解，因为养儿很辛苦，特别是现代社会竞争激烈，压力大，养儿更加辛苦。

幼儿园的教育的确重要，正像“最重要的东西”的故事说的：

**典型案例**

1987年，75位诺贝尔奖金获得者在巴黎聚会。记者问其中一位获奖者说：“你在哪所大学、哪个实验室学到了你认为最重要的东西？”出乎意料，这位学者回答说：“是在幼儿园。”“在幼儿园学到什么？”记者不解地问。学者答道：“把自己的东西分一半给小伙伴；不是自己的东西不能拿；东西要放整齐；吃饭前先洗手；做错了事情要表示歉意；午饭后要休息；要仔细观察周围的大自然。从根本上说，我学到的东西就是这些。”

幼儿园是可以学到许多享用终身的好习惯、好品质。但是，歇口气的时候尚早，把孩子完全交托给幼儿园的老师还不现实，即使“全托”也“脱”不了。

聪明的家长不仅没有歇气，而是小班、中班、大班一直密切地联系老师，了解幼儿园的活动内容，加强亲子交流的活动，如：报告幼儿园的活动内容，汇报表演在幼儿园唱过的儿歌，亲子同玩幼儿园里玩过的游戏，教孩子讲故事、编故事、数数、算数、认字、写字……许多高明的家长则不止有一系列的配合活动，还有独创的加强活动，他们的这些活动都有明确的目标——为了培养孩子的人生好习惯，又特别注重孩子专心听讲等学习好品质的培养，为培养一个合格、优秀的准小学生而不懈地努力着。

(3) 学龄前期孩子注意力的培养

孩子上完3年的幼儿园就要转入小学学习，教育的着力点也从人生好习惯、求知好品质的培养，逐步转向学习兴趣与学习品质、能力的培养，让在幼儿园养成的人生习惯、学习品质成为支撑学习兴趣、好习惯的支柱。小学比起幼儿园，对孩子来说要求更高了，任务更重了，压力也更大了。新形势、新情况，必须要有新的对策。孩子上学，过去曾经有人要搞隆重的仪式：拜祖宗、拜孔子、拜先生。现代人讲实际不重仪式，但也得重视孩子的上学，因为这意味着孩子历时十几年乃至终身学习的正式开始。这是孩子学校生活的开头，也是父母做“学生家长”的开头。“雄关漫道真如铁，而今迈步从头越。”哲人有言：“好的开头等于成功了一半。”如何开好头，如何巧妙地去赢得成功的另一半？很值得探讨。

重视孩子的上学，不只是给孩子买新书包，甚至是买汽车接送，而更重要的是父母首先要树立正确的价值观，其次要建立科学的发展观，最后要确立正确的评价标准。所谓正确的价值观，就是父母首先要树立这样的观念：最好的教育效果是学会自我教育；最好的成绩是学会自己学习。有了正确的价值观，家长就能够站得高看得远，把心放在培养孩子的学习兴趣、学习品质上。所谓家长的科学发展观就是：不重分数，重进步；不唯眼前，重发展。对自己的孩子心里有底，相信他良好学习品质正在不断形成、日益提高，学习成绩的提高也自在其中。所谓正确的评价标准，就是：不唯做事，重做人；不唯结果，重过程。有了正确的评价标准，就会有正确的激励标准，就会把工作重点放在孩子的学习兴趣、行为习惯、做事态度上，就不仅能给孩子的学习过程提一些客观的要求，而且还能提供一些切实可行、行之有效的方法，而不会对他的学习结果盲目要求，更不会像有的家长把眼光死死地盯在孩子的考试分数上，以致造成孩子的厌学情绪。为了让孩子能够顺利地完成中小学的学业，父母要做好两方面的工作，一是了解孩子的学习和存在的问题；二是有计划地及时安排孩子的自学训练。

1）了解孩子的学习和学习的问题

从智育的角度讲，学习是为了全面发展八种智能：语言文字智能、音乐智能、逻辑思维智能、图形空间智能、身体运动智能、人际关系智能、自我认识智能、自然智能。而与孩子学习关系最直接的要数语言能力、数学能力、思维能力、记忆能力；有人把学习称为信息加工的过程，把视觉、听觉、运动技能称为“三大信息加工系统”。美国儿童心理学家山姆•戈尔茨坦博士和儿童学习困难研究专家南希•马瑟博士，经过多年实践研究出理解儿童学习困难的模型，叫做“学习积木”。根据“学习积木”理论，影响儿童学习成绩的要素由 10 块“积木”组成，每一块积木都代表着一种学习能力，这 10 块“积木”又可排在三个层面上，组合成一个金字塔的形状，又可称为学习的“金字塔”。下图：

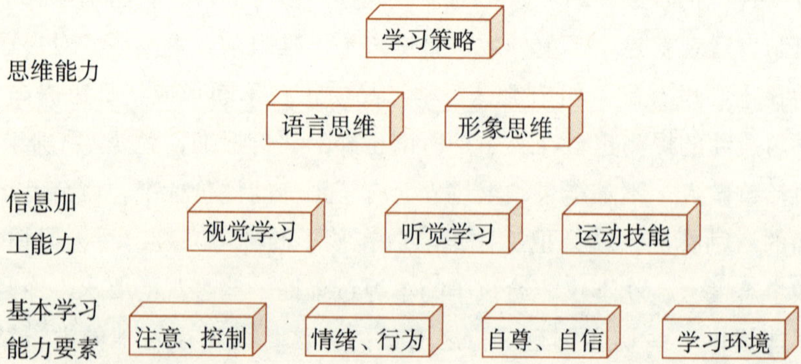


底层的是四个学习能力要素包括：注意力、情绪、自信、学习环境，这些最基本的要素为其他一切学习提供了一个支持系统，就像为一座大厦打下坚实的基础。其中注意力这个“心灵的窗户”须首先打开；高昂的情绪让孩子树立远大目标，确立良好动机；自信让学习者充满信心；环境是一种影响做事成败的外因。

中间的视觉学习能力、听觉学习能力、动觉学习技能是学习的“三大信息加工能力”，这是学习能力的台柱子，对孩子的学习来说缺一不可。虽然孩子有视觉学习型、听觉学习型、动觉学习型之分，但三种知觉全面发展、齐头并进的孩子学习最轻松。

最上面的语言思维、形象思维、学习策略犹如钻头，思维的广度、深度、质量就看这个钻头。其中语言思维包括对书面语和口头语的理解，通过朗读、阅读和写作来表达自己的思想和情感，通过阅读理解来学习词汇和语言表达与交流。形象思维是一种再现与创新的能力，从字面的理解到能想象、联想到具体的形象。学习策略是孩子在完成学习任务时的计划、组织、自律和评价自己的工具性能力。

根据以上的学习理论，父母可以对照自己孩子的方方面面，肯定其特长，知其短处而心中有数，并抓住机会补缺成全。

### 2）有计划地及时安排自学训练

孩子上了小学和中学，他的学习都以听课为主，注意力、听觉缺陷就会严重影响孩子的学业。所以家长不仅要有正确的价值观、科学的发展观和正确的评价标准，还要指导孩子坚持“两条腿走路”的学习方针，培养训练主动的学习品质。所谓两条腿走路的学习，就是一边紧跟老师的教学，落实教学大纲、教材的要求；一边尝试自学，在自学中培养孩子的专心和主动的学习品质。小学阶段尝试培养自学可以从以下这几个环节入手：

①按时睡觉，准时起床。这看起来是生活的内容，但生活习惯是学习的基础；健康的身体、旺盛的精力是搞好学习的前提，又是坚持晨读的时间上的保证。

②坚持晨读，持续日记。表述很简单，但工作量很大，意义也重大。工作量大，一方面，一年365天，天天需坚持；另一方面，读书的听、说、读、写、算五个字中就占了“读”和“写”两个。其意义重大，主要体现在读书能长见识、提升学习能力，还能提升人格品位，古代“周公朝读百篇辅成王”就是最好的例证。

③独立作业，自主检查。这一点，家长首先要明确职责。作业是孩子的作业，孩子的事情要放手让他自己去做，家长千万不要陪着他做，做好了也要他自己认真检查。家长只能督促他放学回家先做作业再去玩，监督他作业专心、检查认真，评价表扬他的学习态度，至于他的作业有没有错不要太放在心上，偶尔错一两题可能比全做对了还有好处。因为人只有亲自摔倒过，才知道摔的滋味，反思摔的原因，才会去考虑防止摔倒的办法，至少可以让他不会再在同一个地方摔倒。

④买书借书，兴趣阅读。阅读，对孩子的学习来说是雏鸟的放飞，因为学习的“习”字繁体字：“白”字上面两个“习”表示小鸟

的两只翅膀。其本义，就是小鸟在窝里练飞，反复扑打着翅膀。买书借书最好每次限于一本。物以稀为贵，限挑一本，肯定要挑最喜欢的，挑来以后会爱不释手，也会在短时间内看完，看的过程肯定非常专心，读完这本书后对读书很感兴趣。如果图方便，一次让他挑很多的书则不会有这样的效果。孩子对读书产生了兴趣，这是一个极好的现象。《天才儿童行为表》第一条就是"视读书为最大快乐，看起书来津津有味，废寝忘食"。

但是，我们的很多家长却没有引导孩子从广泛的阅读中品尝到读书的快乐。许多孩子常常把学习看成是做作业、攻难题和读作文选、写作文；与论分数、排名次、考大学、找工作画上了等号。所以，这样的学习对孩子来说，毫无快乐可言。孩子对学习产生了厌烦、厌倦、厌学的心理，把学习看成是一种沉重的负担和无尽的烦恼，更有甚者还闹出了家庭悲剧。所以，许多敏感的家长深深懂得前车之鉴的道理，站得高，看得远，淡化分数、名次与终极目标，只是千里之行，始于足下，用培养天才的方法——阅读，把孩子引入浩瀚的知识海洋，让孩子在书的海洋里遨游、历练。这就像是给机车加油，给电瓶充电，孩子的内力足了，小学、中学这点学习任务可以说是轻车快马、小菜一碟，不在话下了。

⑤百格计算与舒尔特表训练。小学、初中的学生成绩的好坏，其先决的条件是能否专心。所以，我们一定要找到一些训练孩子专心能力的活动载体。而载体又要符合"读、写、算"三项中心训练内容的要求，百格计算可谓是一种好方式。它每次计时的要求促使孩子非专心不可，而且每次的时间比较，容易让人看到进步，产生成就感，进入兴趣状态。

阴山英男是日本文部科学省中央教育审议会及内阁官房长官教育再生会议的委员，1989 年 4 月起执教于兵库县朝来市立山口小学，到任后与其他教师一起，致力于通过反复练习朗读、百格计算等“读、写、计算”方式来提高学习能力。10多年来，一直坚持自己的教育方针，连续多年使没有进过升学辅导班的乡村小学的毕业生考入重点大学，在教育界被称为“山口小学的奇迹”。

他们的做法是，进入小学先进行百格计算的训练，百格计算就是最核心的计算指导方法。练习册中横行、竖行各10格，在这100个格中进行加、减、乘法运算，并记下所用的时间，具体见图表。

**百格计算表（一）**

| | 2 | 9 | 1 | 6 | 0 | 5 | 3 | 8 | 4 | 7 |
|---|---|---|---|---|---|---|---|---|---|---|
| 2 | | | | | | | | | | |
| 9 | | | | | | | | | | |
| 1 | | | | | | | | | | |
| 6 | | | | | | | | | | |
| 0 | | | | | | | | | | |
| 5 | | | | | | | | | | |
| 3 | | | | | | | | | | |
| 8 | | | | | | | | | | |
| 4 | | | | | | | | | | |
| 7 | | | | | | | | | | |

年　月　日（用时___分___秒）

**百格计算表（二）**

| | 9 | 7 | 1 | 6 | 0 | 5 | 3 | 8 | 2 | 4 |
|---|---|---|---|---|---|---|---|---|---|---|
| 9 | | | | | | | | | | |
| 7 | | | | | | | | | | |
| 1 | | | | | | | | | | |
| 6 | | | | | | | | | | |
| 0 | | | | | | | | | | |
| 5 | | | | | | | | | | |
| 3 | | | | | | | | | | |
| 8 | | | | | | | | | | |
| 2 | | | | | | | | | | |
| 4 | | | | | | | | | | |

年　月　日（用时___分___秒）

他们在反复实践中总结出的几点经验很值得借鉴。一是，每天练习百格计算速度提高很快；在学校做两个表格，在家庭做两个表格，两周后平均所需时间不到原来的一半。二是，一段时间不练速度也会跟着变慢，三天就会退到原来的水平；有意思的是，速度提高得越快的孩子倒退得也就越快，这也告诫我们：不要拿自己的孩子去和别人的孩子比。

舒尔特表训练法应该说是世界上最专业，同时也最普及、最简单的注意力及视觉宽幅的训练方法，几乎出现在全球各国飞行员、航天员的训练课程当中。当然，其简单、方便、容易操作的特性，也成为众多青少年学生有效训练的方法。

标准的舒尔特表由 25 个阿拉伯数字构成，按照 5 乘以 5 画出 25 个表格，然后将打乱顺序的数字随便填充在这些准备好的表格中。接下来按下秒表，看玩游戏的人能在多长时间内按顺序找到并读出这 25 个数字。舒尔特表格图例如下：

**舒尔特表（一）**

| | | | | |
|---|---|---|---|---|
| 3 | 15 | 24 | 21 | 2 |
| 8 | 22 | 10 | 25 | 13 |
| 7 | 12 | 1 | 17 | 5 |
| 18 | 20 | 23 | 19 | 6 |
| 11 | 4 | 16 | 9 | 14 |

注：按下秒表，看游戏人能用___分___秒按顺序找到并读出这25个数字。

**舒尔特表（二）**

| | | | | |
|---|---|---|---|---|
| P | N | H | W | C |
| D | Y | S | O | I |
| E | V | A | M | T |
| R | B | X | F | K |
| G | U | Q | L | J |

注：按下秒表，看游戏人能用___分___秒按顺序找到并读出这25个字母。

**舒尔特表（三）**

| 低 | 月 | ☆ | 故 | 光 |
|---|---|---|---|---|
| 地 | 乡 | 疑 | 明 | ☆ |
| 头 | 望 | 床 | M | 上 |
| ☆ | 前 | ☆ | 霜 | 月 |
| 头 | 思 | 是 | 举 | 明 |

注：按下秒表，看游戏人能用___分___秒按顺序逐字读出这首诗。

根据相关研究表明，7 ~ 8 岁的小孩按照顺序找完图表上所有数字的时间一般是 30 ~ 50 秒，平均为 40 ~ 42 秒；正常的成年人，成绩要明显好于孩子，大约要 25 ~ 30 秒，有些人甚至十几秒，所以家长不能用自己的标准来要求孩子。

另外，还可以将舒尔特表改变，换成英文字母、拼音或唐诗也不错。如果孩子正在学习英语或拼音，就会有一箭双雕的效果。

⑥注意力趣味游戏

A. 什么东西不见了（小魔术）

游戏准备：

一块毛巾，10 样小玩具。

先排好 10 样小玩具，让孩子看清楚，最好让他清点一次；再盖上毛巾，拿毛巾的两只手中的一只手带上一样小玩具；然后说一声“变”，同时将毛巾掀起。最后问：“哪一样东西不见了？”这时的孩子自会通过一番努力，然后说出不见了的玩具。

每次玩遍 10 样玩具，孩子会在变前仔细地看，在变后仔细地想，所以，玩多了孩子的注意力会得到很好的锻炼。

B. 快速查找数字（舒尔特表）

游戏准备：

制作数字卡片，根据孩子的年龄，先在卡片上画 9 个或 16 个或 25 个小方格，每个格 1 厘米见方；再把数字从 1—? 无规则地填入方格；然后，让孩子按顺序逐个指认；最后告诉他每次完成指认所用的时间。

为了争取时间，孩子在指认的过程中注意力一定非常集中，玩得多了，所用的时间一次比一次少，成功感增加了他的兴趣，专心的品质自然会在锻炼中得到提升。

C. 当小老师，改数学作业

游戏准备：

找几张与孩子水平相当的数学计算题的卷子，父母先做好了，并在估计孩子容易出错的地方埋下错误；再请孩子来当老师面对面批改。然后，请他讲出错的原因和防止出错的方法。最后，父母像小学生一样认真地改错订正。

人有好为人师的弱点，但对孩子来说却是优点，更是教育的兴趣点。让孩子当老师，他也会像手电筒一样把别人的错误一一照出来。这种寻找的过程就是一次注意力高度集中的过程，也是他的注意力的一次历练，他的专心的品质也就在历练中得到提高。

D. 寻找错别字

游戏准备：

找一些有关错别字笑话之类的资料，如孩子给父母的家信："爸爸、妈妈：你们好！这几天，我这里经常乌云蜜布，常常下两。我没有命，生活很不方变。请你门把钱记来，我要买命。"

先让孩子读上两三遍，看看他有没有发笑，如果没有笑意可叫他再读；再要他指出其中的错别字；然后，请他改过来，如果没全部找出，可以告诉错别字的个数，让他继续找。最后，在理解笑话的意义上分析写错别字的危害和不写错别字的好处。这让孩子不仅改了错别字，而且锻炼了注意力，提升了学习的品质。

E. 捕风捉影

游戏准备：

围绕读、写、算能力的检查，准备一些既看不见，又摸不着，仅凭耳朵听力来检查错误的题目。读的方面，可以从曾要求背诵的内容中选出一些有趣的部分，故意埋进一些错误，让孩子听后指正。如把孩子熟悉的诗词，故意改一两个字或移花接木地搞乱，请他指正。

写的方面，以检查常识性知识为目的，准备一些片段作文形式的内容，先说出一个话题，再围绕这个话题进行片段描写，在描写中埋进一些形容、修饰语的错误，让孩子听并指正。如题目是“春天的田野”，描写的却是秋天的景物，请他指正。

算的方面，以检查运算法则为目标，搞一些内容从整数的加、减、乘、除，到小数、分数的简单运算题，听后指出错误，并说出错的原因及正确答案。

这方面的练习，因为没有书面资料，仅凭耳朵听，有点像捕风捉影，难度较大，所以，出题要注意做到与孩子的水平相当，有兴趣，难度不大，说话速度要放慢。所以，先要把题目讲清楚，让他听到“风”感觉到“影”；再根据内容与难度，明确给他思考时间，让他思考；然后请他说出错处；最后改正并说出理由。如果不能一次达标，父母要有耐心等他搞对为止，以免留下失败的阴影。

## 6. 听觉能力的培养

到了小学阶段，常识性知识的学习要求，让孩子听讲的主要内容转变为听课了，而且听课的能力又反过来促进专心品质的发展。所以，孩子上了小学，家长也关心起“听课”的问题了，这也说明家长的明智与务实。

有哲人说："上帝造人的时候，为什么给人造两只耳朵、一双眼睛、一张嘴巴？那是因为上帝要人多听、多看、少说。"听觉能力是人类三大信息加工能力最重要的组成部分，特别在中国传统的课堂教学中还占据着主导地位，学生的基础教育学习主要还得靠听来完成学业，所以，听觉能力的缺失会严重影响到孩子的学习。听觉学习能力不足、听课质量差表现为：对听的内容昏昏然，不能理解，没过多久就遗忘。这样的状况时间一长就会造成学业的落后，有人作过调查统计，小学高年级和初中学习落后的学生中 85% 以上存在着听知觉问题。孩子学习成绩不好，家长找不到真正的原因，却头痛医头、脚痛医脚地补课，结果是补得更加昏昏然，甚至厌学。

另一方面，研究人员和教育学家根据被研究者最常依赖的感官：视觉、听觉和动觉，把学习者分为"视觉型"、"听觉型"、"动觉型"。其中，视觉型学习者，他们依靠视觉从周围吸收信息；听觉型的学习者，他们更倾向于通过听觉获得声音和文字形式的信息；动觉型的学习者，他们倾向于通过运动和触摸进行学习。作为父母总希望自己的孩子成为综合性的强者，在视觉、听觉、动觉诸方面都有所长，但往往难以如愿。家长一定要根据中国课堂教学的实情，千万别忘了孩子听觉能力的培养。

对于上学的孩子听觉能力，父母可以从两个方面进行指导和培养，一是一般听觉能力的培养；二是对于听课的指导。

（1）一般听觉能力的培养

一般听觉能力与专业听觉能力相对，专业听觉能力如：学生的听课能力、医生的听诊能力等。一般听觉能力是专业听觉能力的基础，听讲能力为听课能力打基础，所以对青少年儿童还是先重视一般听觉能力的培养。这方面的培养目标应从三个层面上去要求，一是从听的过程中学习知识与技能；二是能从声音中听出说话、行为人的内心情感；三是能从话语的内容和背景中听出言外之意。

1）从听的内容中学习知识和技能

人在胎儿时期有听力，胎教才有意义；新生儿喜欢听母亲的声音，才让母亲成为第一任老师；婴儿喜欢听各种美妙的声音，才让早教产生惊人的效果。听是主要的学习方法之一，所以父母教孩子接受教育叫“听话”。日本教育家木村久一说：“对孩子的语言能力的训练要从幼儿的听力开始。”这方面，“小猫学艺”的故事可以给我们很大的启发。

**经典故事**

小猫长大了。猫妈妈对小猫说：“你已经长大了，三天后不能再吃妈妈的奶了，你要自己去找东西吃。”小猫惊恐地说：“那我该吃什么东西呢？”猫妈妈说：“你要吃什么食物，妈妈也一时说不清，就用我们祖宗留下的方法吧！这几天夜里，你去躲在人家的屋顶上、房梁间、陶罐边，仔细地听人们的谈话，他们自然会教你的。”

第一天晚上，小猫躲在梁柱间，听到一个大人对小孩说：“小宝，把鱼和牛奶放到冰箱里，小猫最爱吃鱼和牛奶了。”

第二天晚上，小猫躲在陶罐边，听见一个女人对男人说：“老公，请帮我个忙，把香肠和腊肉挂在梁上，别让小猫偷吃了。”

第三天晚上，小猫躲在屋顶上，从窗户看到一个妇人叨念着自己的孩子：“奶酪、肉松、鱼干吃剩了，也不会收好，小猫的鼻子很灵，明天你就没得吃了。”

这样，小猫每天都从倾听中学到许多东西，它很开心地告诉妈妈："妈妈，果然像你所说，只要我仔细倾听，人们每天都会教我该吃什么。"

靠着倾听别人的谈话，学习知识、学习生活技能，小猫终于成为一只身手敏捷、肌肉强健的大猫，后来它也有了孩子，也是这样教导孩子的："仔细倾听人们的谈话，他们自然会教你的。"

2）从声音和话音中听出行为人、说话人的内心情感

"听话听声，锣鼓听音"可以说是对听力的要求，也可以是说听的人的能力与水平，这比从听的内容中学习知识要难得多了。听出别人的内心情感，这就是人们常说的"知音"。"高山流水遇知音"说的就是俞伯牙弹琴，钟子期善于听音的故事。

典型案例

俞伯牙弹琴时心里想着高山，钟子期就说："好啊！高大庄严像泰山。"当俞伯牙心里想着流水时，钟子期就说："好啊！浩浩荡荡地像江河。"俞伯牙心里想到了什么，钟子期就领会到什么。俞伯牙在泰山北面游览，突然风雨大作，便停留在岩石下，心中悲哀，于是操琴弹起了《淋雨之操》，接着又弹起了《崩山之音》。每弹完一曲，钟子期都一一说出了它的旨趣。于是俞伯牙放下琴感慨地说："你听琴的本领真是太高明了！你说的简直与我心里想的一样，我哪里逃得出你对声音的识别能力呢？"于是两人就成为"知音"——好朋友。后来，钟子期不幸病故，俞伯牙再也找不到"知音"，于是把琴摔掉，再也不弹琴了。

能够听出别人内心世界的情感，这是一种高水平的听，对别人是一种欣赏，高山流水遇知音也是人生的一种机遇与幸运，一种愉悦，一种特殊的享受。

### 3）从话语的内容和背景中听出言外之意

“听落叶而知秋”、“听风声而知雨”，这就需要听者有一定的历练经验和联想能力，也是听力的更高境界。《三国演义》“曹操煮酒论英雄”一回中说：

**经典故事**

刘备投奔曹操后怕被对方谋害，便在住所后院开了一块园地种菜，每日浇灌，以为韬晦之计。他想以无声的语言告诉曹操：我不过是凡夫俗子，你曹操没有害我的必要了吧。关云长、张飞两位兄弟哪里知道刘备的计策？便反复劝说他：“不要干这种下贱活。”刘备总是说：“这不是两位兄弟所能知道的。”

一天，关羽、张飞不在，曹操派人来请刘备过去。刘备虽然害怕，但还是去了，拜见了曹操。曹操说：“你学种菜可不容易呀！”刘备说：“没事干，消遣消遣。”曹操邀刘备来到小亭里，只见里面诸物齐备，盘置青梅，一樽煮酒，于是两人对坐，开怀畅饮。

酒喝到半醉时，忽然乌云密布，骤雨将至。随从把天边的闪电指给二人看，曹操便借题发挥，问刘备：“你知道龙的变化吗？”刘备说：“知道得不大详细。”曹操接着说：“龙能大能小，能升能隐：大则兴云吐雾，小则隐介藏形；升则飞腾于宇宙之间，隐则潜伏于波涛之内。现在正是深春时节，龙能顺应时节而变化，就好像人得志了纵横四海一样。龙可以用世上的英雄来比方。你长期游历四方，一定知道当世英雄。”刘备说：“我肉眼凡胎，哪里能认得英雄呢？”曹操说：“你就不要太谦虚了吧！”刘备仍装糊涂说：“我得到你的庇护，做了朝廷官员。天下英雄，我真的不知道啊。”

曹操说：“虽然你不知道他的长相，你也应该听到过他的名字吧。”刘备又随机应变，于是举出淮南袁术、河北袁绍、刘表、江东孙策、益州刘璋、张绣、张鲁、韩遂等人，但一一都被曹操否定了。刘备只好说：“除了这些人，我实在不知道了。”曹操接着说：“所谓英雄，是指胸怀大志，腹有良谋，有包藏宇宙之机，吞吐天地之志的人啊！”刘备说：“那么，谁能称做这样的英雄呢？”曹操用手指指刘备，又指指自己说：“当今天下英雄，只有你与我罢了！”刘备听后大吃一惊，手中的筷子掉到了地上。

恰在此时，大雨将至，雷声隆隆，刘备从容地俯下身子捡起筷子，又不紧不慢地说：“雷声的威力如此之大，我的筷子都震掉了。”曹操笑着说：“男子汉大丈夫也害怕打雷吗？”刘备说：“圣人见到迅雷烈风还变色哪，我怎么能不害怕呢？”曹操相信了刘备的话，以为他真的怕打雷，可见不是英雄，也就不再加害刘备了。

刘备知道曹操企图加害的祸心，听出了他说话的言外之意，装出怯懦，随机应变，免除了曹操的猜忌，躲过了一劫，不久便逃走了，以后建立了一番大业。后人对这段“青梅煮酒论英雄”的史实赞叹道：“勉从虎穴暂栖身，说破英雄惊杀人。巧借闻雷来掩饰，随机应变信如神。”

可以设想，如果刘备当时不能识时务，也听不出曹操说话的言外之意，那其下场是不可设想的。从以上几个方面看，听的能力不仅能帮人学到知识、技能，提高人的生活质量，还能发展成就人的大业。

### （2）对孩子听课的指导

一年12个月，学生有近9个月的时间在学校度过；每天24小时，学生有近1/4的时间在课堂上度过，所以，听课不仅是学生学习的主要方式，也是学生学习进步的基本保证。课堂学习的重要，谁也不会否认，每个学生就应该抓住这40～45分钟，努力听好每一堂课。这方面，我们可以看看中考、高考的状元生们是怎么听课的。

#### 1）做好课前准备

课前准备包括物质准备、知识准备、精神准备和心理准备几个方面。物质准备主要是上课之前准备本堂课所需的教科书、笔记本、练习本等。为了保证落实课前准备，最好在前一天晚上就准备好这些东西，心里踏实，临阵不慌。

知识准备就是课前做好预习。通过阅读教材，初步了解新课的内容和结构；对新课可能涉及的旧知识等进行有效地复习；对预习中碰到的困难内容作上记号，把问题带到听课中解决，至少能达到“知己知彼，心里有底”的目的。

精神准备就是保持旺盛的精神和充沛的体力，做到这一点必须考虑三方面的内容，一是保持“健康的体魄寓于强健的身体”，这要靠平时的保养和锻炼；二是要保证充足的睡眠，小学生9小时以上，初中生8小时以上，并且要保证睡眠的质量；三是要科学安排课间休息的时间，刚下课1～2分钟可以像放电影一样快放回顾重点内容，主要还是用来活动或养精蓄锐。

心理准备就是调整心态，以乐观、积极的态度迎接下一堂课。

上课铃一响，就进入待命状态，大脑就能保持兴奋，这时心理专注就像消防队员，哪里出现明火就扑向哪里；这时的心情却要保持安定，只等一声令下就奔赴前线。

2）专心听课

专心能力的培养、听觉能力的培养功效如何，会在听课实践中得到比较全面的检验。这两方面功夫到家，课堂上就注意力高度集中，全神贯注，绝不开小差。这是听好一堂课的前提和关键。

上课铃响了，就保持一种欢迎崇敬的态度，创造一种高山流水遇知音的喜悦心情等待老师的到来。老师讲课的时候，耳听老师的讲课，力争听出重点、重音、言外之意；眼看老师的手势、面容表情、板书要点，看出思路；手记内容要点、尚未解决的问题；心想为什么、怎么办；口诵重点内容及时复习，还要准备提出没听懂的和预习中记下的问题。做到耳、眼、手、心、口齐动员，做到“五到”。总之，听课时应做到几点。

①有备无患，带着问题听课；

②理清老师讲课的思路与条理；

③好记性不如烂笔头，摘记要点；

④脑之官则思，养成边听边思、力争当堂消化、不煮夹生饭的习惯；

⑤回答老师的问题和提出自己的问题，不留死角。

3）制订预防走神、开小差的预案

听课特别要防止走神、开小差。注意力习惯不好的孩子上课特别容易走神，家长可以帮助孩子制订《防止上课走神预案》，以下的内容供参考。

①“学习如充电，听课是关键”，课前诵一遍；
②眼睛不离老师，防止开小差；
③坐姿基本端正，适度轻松；
④笔拿手上，摘记本、工具书放一边备用；
⑤心里思考老师讲的内容，多问自己为什么；
⑥听到不懂处举手提问，与老师交流；
⑦老师反复讲的内容跟着口诵；
⑧边听边理思路，整理出内容提纲；
⑨简练地记要点、记重点、记关键；
⑩寻找、欣赏老师讲课的趣点、亮点；
⑪与同桌或老师约定，发现开小差请及时提醒；
⑫生活中培养坚定意志和专心的习惯。

总之，听课应该是总动员，感官齐上阵，并且能各自为战，互相配合，得心应手。同时应该让孩子明白，听课中有几个规律的运用，见“听课歌”：

效果基于心喜欢，效率寄托众感官；
专心听课抓关键，增效激趣减负担。

规律是事物之间本质的、必然的联系，决定着事物发展的趋向，具有必然性、普遍性和稳定性。学习规律就是学习与人的心理、心智间本质的、必然的联系。“听课歌”中的规律有：①喜欢的东西会学得最好；②运用所有的感官学，会学得最快；③专心能增强大脑的思维能力；④效果与兴趣互相提升；⑤兴趣能使学习负担变成一种享受。如果孩子明白了听课中有这么多的规律可运用，他的听课就会变成很有趣的事情。

## （二）

# 用心思考

让用心思考与专心听课组合，并把它列于孩子“八大学习品质”的首位，至少有以下几方面的理由：一是种树先培根，育人先育心。二是“世上无难事，只怕有心人”，做事从心开始。三是专心、用心意义相近，查字典你可发现“用心”有3种解释：①集中心思，认真思考；②用功，注意力集中；③居心，用意。而且还可以发现用心与思考的内在联系，用心的第一种解释就是：集中心思，认真思考。专心与用心有相同也有不同处，它们的区别在于，专心就像钻木取火的钻子专注某一点，用心就像在这一点上努力做功，直到生火燃烧。也就是说，用心是在专心的基础上用力。

思考指对事物进行分析、综合、判断、推理、概括等的思维活动，是智力中的观察力、记忆力、思维力、想象力和注意力五个基本要素之一。对于孩子的教育，首要的问题是，让孩子懂得“学什么”和“如何学”。“学什么”问题的答案是，要学习和掌握科学知识与基本技能；“如何学”问题的答案是，要认识和掌握科学的思维方法，学会“如何思考”。我国著名科学家钱学森率先提出“要重视科学思想和科学方法”的主张，著名的科普作家高士其也提出过

“要把科学的思维原理和方法告诉广大青少年”的建议。这两位为世界和中国作出过重大贡献的老科学家和作家，他们的意见是很有见地的。家长在家庭教育中应遵循专家的建议，重视孩子思考能力的培养。

## 1.用心是生效的前提，努力是效果的保证

每学期开学初，家长与老师的接触中了解到，经过一两个星期的学习生活，他们的孩子基本上能坐稳了，对于专心的问题的探讨也少了。家长们提出的问题也从“专心听课”转向了“用心思考”。根据家长提出的问题，首先向他们解释，孩子学习中出现问题这是很正常的事，只有在不断地发现问题、解决问题中帮助孩子进步，家长也会随着孩子的进步而进步；其次是向他们宣传，改变孩子的学习状况没有捷径可走，不能急功近利，而要迂回前进，从提升孩子的学习品质着手，走持续发展之路。能解答的问题现场解答，未能当场解答的，也在一定的时间内给出答案。现把“如何培养用心思考的学习品质”问题的答案，整理如下以便家长们参考。

### (1) 用心是一种心灵的体验

学习是一种观察、感知、理解、体验和积累的过程。体验，首先是亲身经历，亲身实践，实地领会。通俗一点说就是用心去感受。

当年在教学中给学生出过一道谜语题，谜面是：人有它大，天没有它大。请猜一个字，并说出理由。结果出现了两种答案，一种是“一”字，理由是：“人”字加上一横，就变成了“大”字；“天”字去掉一横，就变成了“大”字。这种答案可以说直观、形象，无可非议，理由也可谓充足。另一种答案是“心”字，理由是：雨果

说过 :“比海洋宽广的是天空，比天空更宽广的是人的心胸。”所以，天没有人的“心”大，人有了宽广的心胸就显得博大。这一答案从直观、形象的角度可能不如前一答案，但不失理据。从心灵体验、领会的程度比前一答案更加深刻。

“智者的两个学生”的故事，更能让我们明白用心是一种心灵的体验，只有通过心灵的体验才能将所学变成才能，否则会贻误时间、青春甚至生命。

故事说的是 :

**经典故事**

很久以前，在一个山谷中住着一位知识渊博的智者，有两个年轻人慕名前往向智者学习智慧。智者收下了他们，教他们天文、地理、社会科学等各学科的知识。这两个年轻人一个叫李石，一个叫张洒，都很用心地学习。只不过两个人表现略有一点差别。李石不问什么，智者说什么他便记什么，对于读智者的藏书，他几乎全部看遍了，也几乎记住了所有的内容。而张洒，相比之下显得有点笨拙，对于智者的某一句话经常要琢磨半天，并且不时地提出一些疑问，对于那些书，往往是李石看完了一两本，而他还没有读完一本。为此他常常遭到李石的嘲笑。他总是不在意，也不气馁。

时间一天天地过去，两人在此已经待了三年，都想告辞下山了。但智者送别时跟他们说了不同的话，对李石说 :“出山以后，你不要跟别人说是我的学生。”对张洒说 :“你现在以我为荣，将来我以你为荣，我因为有你这样的学生而高兴。”

两人都走出了山谷，李石对于老师的话愤愤不平，因他自已觉得自己比张洒优秀得多，一定要干出一番事业出来让人们看看，当他经过一个城堡的时候，看到城堡门口贴着一张招聘侦破勇士的告示，于是不顾张洒的劝告，贸然揭了下来。

李石被带到国王的面前，这才知道所要侦破的是一件名贵珍珠失窃的案件。这颗特大珍珠失窃的时候，只有三个女仆在场，每一个女仆都有嫌疑。这可是李石没有学到过、想到过的问题，他临时抱佛脚，绞尽脑汁只有一头大汗。国王觉得遭到了戏弄，要严惩他。还好，这时张洒进来接手了李石的案件。他把三个女仆叫到一边，发给每人一根麦秆，告诉她们自己在这三根麦秆上使了法术，一小时以内那个偷珍珠人的麦秆就会长出一寸，最好还是自己承认的好。心中有鬼的人，偷偷地把麦秆截短了一寸，结果真相大白。

李石获救后问张洒："老师上课时没有讲到过，他的书上也没有写到这样的内容，难道是他单独跟你讲的？"张洒说："老师没有讲到这件事，也不可能把天下的事都讲遍，难道你没有听过说谎的孩子锯短木棒的故事吗？"李石这才恍然大悟，才对张洒能举一反三、巧用知识表示佩服。

所谓的学习，并不是死记硬背那些空洞的知识，而是要用已有的知识去理解它，用自己的心灵去体验它、内化它，使之成为自己的一种解决问题的能力。我们平常说的活学活用，是建立在用心体验的基础上的一种智慧。

(2) 用心是人的智力因素的总动员

人的智力活动是包括注意、观察、记忆、思维、想象。用心的实质是观察能力、记忆能力、思维能力、想象能力和注意能力等智力因素的总动员。所以，赞扬别人文章写得好，就说他是用心在写；赞扬别人歌唱得好，就说他是用心在唱；赞扬别人画画得好，就说他用心在作画……总之，就是说他尽了自己的最大努力。用心是人的智力因素的总动员，无论是学生在学校的学习，还是将军在战场指挥打仗，都是这样。“挂在墙上的解剖图”说的就是与学生学习有关的故事：

**经典故事**

一所初中学校的一个班级，第一次上生理卫生课，老师就在教室后面的墙上挂上了一幅人体解剖图。图上标明了重要的骨骼、肌肉的名称和部位。整个学期那幅图都挂在那里。

期末考试时，一走进教室，那幅图便被收了起来。整张试卷只有一道试题：“列举人体各主要骨骼和部位的名称。”

同学们异口同声地提出抗议：“我们从来没有学过。”

“这不是理由，”老师微笑着说，“那些知识挂在墙上已经一个学期了。”等大家勉强答了一会儿以后，老师便把所有的试卷收起来，撕得粉碎。“永远记住，”老师告诫学生说，“学习不仅仅是学别人告诉你的东西。”

人生永远是学生，自然、社会都是课堂，我们身边的一切都是教材，用心学习是各种智力因素的总动员。作为学生，对于周围的一切绝不能视而不见、熟视无睹，麻痹了自己的敏感性。

下面是一个“二战”时期盟军司令巴顿将军打败德国陆军元帅隆美尔的故事。

**典型案例**

话说盟军司令巴顿将军与素有“沙漠之狐”之称的德国陆军元帅隆美尔之间，即将展开一场举世瞩目的“世纪大决战”。

在大战爆发之前，巴顿将军曾日夜苦读隆美尔的一本军事论著，特别是其中有关装甲部队部署方式的部分。

果然，不出巴顿将军所料，隆美尔在作战中所采用的，正是他的著作中所提到的战术。所以，这场战争的胜利者，当然非巴顿将军莫属了。

打仗是这样，学习也是这样，只要你在每次的学习中，根据内容的需要，动员起相关的智慧力量发动全面的进攻，胜利总是属于用心的人。

中国古代有哲语“有备无患”“预则立”等，说的是作准备的好处，同时也是肯定用心做事的方法。无独有偶，西方哲语“上帝青睐有准备的人”，也是说有准备的人容易成功。地域不同，语言不同，但告诉我们的道理基本相同：做事不仅要用心，而且要早用心，做好准备。为了成功，就让我们时刻准备着吧。

（3）用心是心理智慧的催生力

用心是一种心灵的体验，用心是智力因素的总动员，用心是心理智慧的催生力。这三个论题中，第一个论题是讲通过心灵的体验获取知识，第二个论题是讲智力因素动员起来学习知识、解决问题。本处论题是讲用心能促使智慧产生。这里涉及知识、智力、智慧的概念，所以有必要解释、比较一下它们的含义与异同。知识是人们的实践经验和由经验概括总结的理论，人们常说某人知识渊博，是指其知识多；智力不仅是指注意力、记忆力、思维力、想象力和观察力五大要素的总称，而且是获得知识和运用知识的一种能力；智慧不仅是指分析判断、发明创造、获取知识解决问题的能力，而且还包含那种能应急解难、绝处逢生，创造奇迹、转危为安的高级智力。这三者之间，知识积累是基础，就像金字塔的底部；智力是获取、内化知识为能力，将知识转化为智能，是金字塔的中坚主干；智慧是金字塔的顶尖部分，数量不大质量却很高，就像塔的金顶能放射光芒。三者又像是谷物、奶牛、牛奶的关系，知识是劳动所得的谷物，智力就如奶牛吃了谷物化作了智慧的牛奶，牛奶再去养育新的生命。

“晏子使楚”的故事说：

**典型案例**

晏婴出使楚国，楚王因为晏婴长得矮小，就派人在大门边开了一个小门，要让晏婴从小门进入。晏婴不愿从小门进，认为这是对自己的侮辱，站在门口大声说：“出使狗国的人，才从狗洞进入。我出使的是楚国，不该从这个洞进入。”楚王只好命令手下陪他从大门进来。

晏婴

晏婴见了楚王，不料楚王讥笑他说：“齐国没有人了吗？怎么派你来？”晏婴回答说：“齐国都成临淄有三百闾，一闾二十五家，这么多人，张开衣袖可以组成帷幛，每人挥一把汗就像下了一场雨，怎么能说没有人了呢？”楚王说：“既然如此，为什么派你来当使者？”晏婴又回答说：“齐国受命出使的人，都分等次，贤者出使贤明之国，不肖者出使不贤明的国家。因为我是最不肖的，所以被派到楚国来了。”

过了一会儿，押上了两个犯人，楚王笑着说："这是两个做贼的是齐国人，难道齐国人都是善于做贼的吗？"晏婴坚定地说："不，齐国人勤劳善良，安分守法，怎么一到了楚国就变成了善于做贼的人了呢？这大概就像谚语所说的：'橘生淮南则为橘，橘生淮北则为枳'，是楚国的国土让他们变成善于偷盗的人。"楚王红着脸，摇着头指责手下人说："你们弄巧成拙，让我多没面子！"他从此不得不从心底里佩服晏婴。晏婴矮小的身材也因此而高大起来。

空城计，是我们民族智慧的化身诸葛亮留给后人的精彩一幕。

面对曹魏大将司马懿十几万精兵的突然到来，诸葛亮急中生智，设下了空城计——城门洞开，扫地的老兵优哉游哉，诸葛亮悠然抚琴，琴声悠扬……这一切使人不敢相信这是一座空城。司马懿面对一座空城的决策却是下令撤兵，诸葛亮不战而胜。

诸葛亮为何能临危不惧，处变不惊？因为诸葛亮不仅熟读兵书，满腹韬略，而且也读懂了司马懿极其多疑的个性。

中国古代的先贤很多，现代、当代的中国足智多谋者也不乏其人，周恩来总理就是一例。

**名人链接**

20 世纪 50 年代初，有一次周恩来总理刚批完文件，顺便把钢笔放在桌子上，紧接着就接受一个美国记者的采访。那个美国记者看见桌子上放的是一支美国派克钢笔，便问道："请问总理阁下，你们堂堂中国人，为什么还要用我们美国生产的钢笔呢？"言下之意是：你们中国人连钢笔都生产不出来。周总理听完这位美国记者的话后，微微一笑说："提起这支钢笔啊，那可说来话长了，这不是一支普通的钢笔，而是一个朝鲜朋友在战场上得到的战利品，作为礼物送给我的。我觉得很有意义，就收下了贵国的这支钢笔。"

在北京的一次记者招待会上，一位西方记者问周恩来总理："中国人民银行有多少资金？"周恩来总理想了想，笑着说："你问中国人民银行的货币资金嘛，有18元8角8分。"

问者涉及国家机密，答者巧妙将人民币当时的所有面额：10元、5元、2元、1元，5角、2角、1角，5分、2分、1分，加到一起为18元8角8分的总数来回答，既保持了和谐的气氛，又不泄露国家机密。记者也不至于难堪，对中国和中国的总理却更加尊敬。

以上故事里的晏婴、诸葛亮和周恩来总理，他们虽然相隔年代久远，但表现在他们身上的却有相同的闪光之处。他们都不愧是国家重要的领导人，对自己的国家有一颗火热的赤子之心，在事关国家命运、国家利益的当口，是他们的用心催生了自己的心理智慧。所以能够急中生智、左右逢源，绝处逢生，既捍卫了国家的尊严，又树立了自己的智慧形象。

### 2. 用心，从其表现程度可以分为几种类型

古今中外，用心成材的人很多，根据这些著名人士、典型人物用心程度的特点，可以分为以下几种类型：勤奋努力型、刻苦用功型、反复揣摩型、钻研求索型、坚忍不屈型、奉献牺牲型。

### (1) 勤奋努力，父子都成为大书法家

志向远大，事业心强，目标明确，通过长时间的勤奋努力，最后终于取得成功，这样的典型，我们可以称之为“勤奋努力型”。古今中外，通过勤奋努力取得成功的著名人物最多，人们也容易从中总结出勤奋努力是取得事业成功的基本原因，所以后人就以“勤奋努力”作为对子女学习的基本要求。历代家长拿这方面的故事来教育孩子，用得较多的要数“王羲之勤奋努力练书法”。

**名人链接**

王羲之

晋代的王羲之，7岁就跟女书法家卫夫人学书法。他练字十分用功，随时随地都勤奋练习，有时用手指在自己的衣服上写，有时在月光下空书……相传，当年王羲之在绍兴兰亭“临池学书”20年，由于他经常在池子里洗笔刷砚，竟把池子里的水都染黑了。王羲之勤奋用功，取得了成功以后，他的儿子王献之也学书法，问他写字成名的秘诀。王羲之指着家里的18口水缸说：“写字成名的秘诀就在这些水缸里，你把水一缸一缸地写完就能找到它。”王献之后来真的把18缸的水都写完了，果真也成了名家。书法界所称的“二王”书法家就是指他父子俩。

### (2) 刻苦用功，戴摩西尼、梅兰芳终成大家

人有雄心大志，目标坚定，不管有多大阻力，既然选择了走这条路，就开弓没有回头箭，就要披荆斩棘、勇往直前，排除万难去争取

胜利。古希腊伟大的演说家戴摩西尼可以说是刻苦用功型的典型。

名人链接

在古希腊，哲学家、演说家很受人尊敬。但戴摩西尼生下来就口吃。由于口吃，吐字发音不清，虽有满腹见解却难以表达。为了克服这个生理缺陷，戴摩西尼常把石子放在嘴里，跑到海边，面对大海练习演讲，天天如此，居然把口吃的毛病改掉了。也是为了练习演讲，他常常一边登山，一边吟诗。为了自己演说时有更佳的形象，他常常站在镜子前指手画脚地练习手势，纠正身姿。为了一心一意练好演讲，他在家里修了个地下室，整天在里面练习，一练就是几个月。他还把自己的头发剃去一半，这样一来，想出去玩的念头就彻底被打消了。功夫不负有心人，他以后终于练成了伟大的演说家。

无独有偶，京剧大师梅兰芳也走过相同的道路。

名人链接

梅兰芳年轻时拜一位老艺人为师，而老艺人嫌他“死鱼眼”，不肯收他为徒。梅兰芳并不灰心、打退堂鼓，而是刻苦训练和矫正自己的眼睛。为了练眼睛，他有意识地养鸽子、喂金鱼。每有时间，他就仰视鸽子飞舞，俯视金鱼嬉戏，跟踪寻迹，紧视不舍。后来，梅兰芳登台表演，并请那位名师指导。名师激动感慨，赞佩连连地说：“孺子可教。”当即收下这位徒弟。后来师徒共同努力，梅兰芳成为著名的京剧大师。

### （3）反复揣摩，米芾终成大书法家

《孙子兵法》中说：“以正战，以奇胜。”做事、学习如果能够以刻苦用功为基本手段，并对事物的性质、特点进行缜密的分析，通过反复揣摩找到突破口取得成功，我们就把这种用心称做反复揣摩型。这方面，我们可以推米芾做代表。

**名人链接**

米芾是我国宋朝著名的书法家。他小时候就很喜欢练书法，但是进步并不快。有一天，他去拜一个字写得很好的秀才做老师。老师拿出一本字帖给他说：“你回家后就照这本字帖练习吧，写好了再拿来给我看。”米芾回家后很快就将字拿回来了，老师只看了一下就摇头说：“你要我教你写字，看来一定要用我的纸。”米芾很快答应说：“没问题，只要老师愿意教我。”老师说：“不是没问题，问题是我的纸很贵，一张就要五两银子。”米芾回家请求母亲帮忙，母亲当着孩子的面摘下自己的首饰，变卖了五两银子让米芾去买老师的一张纸。纸买到手了，他望着字帖琢磨了老半天，只是用手在桌子上照着字帖画来画去，就是不敢下笔。老师问他为何不写，米芾说：“纸太贵，怕写坏了。”老师笑着说：“你不写，我如何教你？”于是，米芾又反复揣摩了好一阵后，非常用心地写下了一个字，结果他写出来的字比字帖上印的字还有力。老师表扬他的字写得“力透纸背”。从此，米芾就这样用心地写，很快，书法技艺便有了长足的进步，后来成了著名的大书法家。

### （4）钻研至精，做学问的孔子

有个形容读书勤奋的成语叫“韦编三绝”。语出《史记·孔子世

家》："孔子晚而喜《易》，……读《易》，韦编三绝。"故事讲孔子晚年喜爱读《易经》，由于他反复多次地研读，结果连编竹简的牛皮绳子也被翻断了。这个故事让我们对孔子晚年还勤奋读书、不知老之将至的精神更加敬佩，但对于他用心钻研学问的过程难以了解。"孔子学琴"的故事就很具体，它能告诉我们孔子是如何用心钻研学问的。

**名人链接**

孔子跟师襄子学习弹琴，一连十天，没有再学新内容。师襄子说："可以学习新的内容了。"孔子回答说："我虽然一直在练这支曲子，但是技巧还没有掌握。"

孔子学琴

过了一段时间，师襄子说："它的技巧你已经掌握了，可以学习新的内容了。"孔子回答说："我还没有领悟它的主旨呢。"

又过了一段时间，师襄子说道："现在乐曲的主旨你已经领悟到了，可以学习新的内容了。"孔子回答说："我还没有体察到作曲者的境界呢。"

又过了一段时间，在弹奏中，孔子由于受到乐曲的感染，有时进入深沉的境界，有时候感到心旷神怡，胸襟开阔。于是说道："我体察到作曲者的境界了。他肤色黝黑，身材高大，眼睛明亮而高瞻远瞩，好像有统治天下的帝王之气魄。除了周文王还有谁能创作出这样的乐曲呢！"师襄子听了，立刻从坐席上站起来，向孔子施礼道："我的老师曾经告诉过我，这首乐曲正是周文王谱写的《文王操》啊！"

孔子真不愧为儒家学派创始人，他在几千年前就为我们树立了钻研至精做学问的榜样。

(5) 坚忍不屈的普罗米修斯

**经典故事**

希腊神话中的普罗米修斯是为造福人类而献身的神。他出于对人类的同情，为使人类免遭毁灭，把天火偷来送给人类，并把科学、艺术和医药等知识传授给人类，使人类能够战胜危难，并变得文明起来，因此惹怒了众神之首宙斯。宙斯用铁镣把他锁起来，钉在高加索山的悬崖上，让神鹰每天啄他的心肝。但他宁受折磨，坚忍不屈，对奉命来逼降的神使赫尔墨斯说："我决不会用自己的痛苦，去换取你奴隶般的命运；我宁肯被缚在崖石上，也不愿作宙斯的忠实奴仆。"马克思推崇普罗米修斯为了人类而献身的精神，称他为"哲学的日历中最高尚的生者和殉道者"。

(6) 点燃自己的心照亮民族前进道路的丹柯

把心掏出来奉献的代表，非丹柯莫属，就像高尔基说的，"最能打动我们的，莫过于丹柯那颗燃烧的心"。高尔基写的故事说的是：

**经典故事**

古代有一个民族，所有的人都被敌人赶进了原始森林，困难重重，前途渺茫，死亡威胁着整个民族。在这危险的关头，人群中走出一个年轻的勇士，他的名字叫丹柯。他率领着疲惫不堪的队伍，披荆斩棘，艰难地前进。不久，人群中的怨气和恼恨向丹柯扑来，甚至有不少人想处死他。丹柯为了表明自己信仰的力量，他突然用手撕开自己的胸膛，掏出自己的心来，高高地举在头上。这颗心比太阳还亮，树林在奔跑的人群面前向两边分开。奋进中虽然有人死亡，但人们像着了魔似的跟着丹柯朝前冲。这个民族终于回到了广袤的草原，而丹柯倒下了。他骄傲地笑着，那颗炽热的心散裂开来，变成了许多的火星在人间闪亮。

古今中外，著名人士、典型人物还很多很多，家长在教育孩子的过程中，最好多举一些与思想和处境贴近的事例来讲，则会有久旱逢甘霖的感觉，会有随风潜入夜的效果，只有这样，才能打动稚嫩向善的心，才能让我们的教育得心应手，才能让孩子长进、父母高兴。

### 3.用心能打造双翼，思考会振翅腾飞

从用心的心理功能看，用心是一种心灵的体验，用心是智力因素的总动员，用心是心理智慧的催生力。从用心的类型看，用心的真谛就是勤奋努力、刻苦用功、反复揣摩、钻研至精、坚忍不屈、把心点燃。如果要了解用心与思考的关系，可以说“用心能打造双翼，思考会振翅腾飞”；也可以说，用心是往油箱里注油，积蓄能量；思考是启动机器，把能量变成力量，让机器运行腾飞。

至此，我们已经知道了用心的内涵，以及用心与思考的关系，更重要的是要认识思考在智力活动中的重要性。知识在思考中积累，能力在思考中提高，智慧在思考中升华闪光。只有思考才能进步。

为此，要着力培养孩子的思维品质，为孩子的成长、发展开启智力工程。

(1) 思维在学习活动中的重要性

科学家研究自然，社会学家研究社会，他们认为科技进步应归结为两大动因：一是社会实践发展需要的推动，二是思维方法的力量。因而，思维方法被认为在科技进步中具有重大的理论意义和现实意义。简言之，思维方法是科技进步的重要动力。根据这一主题，我们着重阐述三个问题，一是思维在智力活动中的核心地位，二是思维在智力活动中的能动作用，三是思维在学习中关键作用。

1）思维在智力活动中的核心地位

伟大的思想家恩格斯对于思维有过深刻的论述，他说："一个民族要想站在科学的高峰，就一刻也不能没有理论思维。"他还指出："辩证逻辑思维方法是唯一的最高的适应于自然科学和历史科学发展的理论思维方法，掌握和运用它，就可以使科学技术大踏步地前进。"

这对于培养孩子的思维品质工作会有很大启发，因为学习这一智力活动包括观察力、记忆力、思维力、想象力和注意力五大因素。这五大要素也不是机械地相加或堆砌，而是有机地结合，思维能力则处于核心地位。要说清它们的关系，用文字表述很难说得清楚，我们就用下页的智力结构图表示。

组成智力五要素结构关系是：①思维是智力结构的核心因素，它处在其他四个智力因素的中心位置；②思维包含了其他四种智力因素的部分内容，其他四种智力因素也渗透在思维中；③其他四种智力因素也你中有我，我中有你，互相渗透；④五种智力要素互相促进也互相制约；⑤智力结构是一个整体，只是在具体的智力活动中才有所侧重。

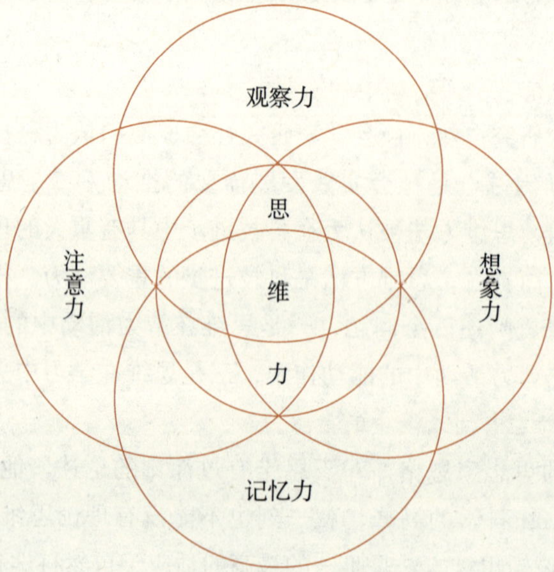


**智力结构图**

所以，父母在培养孩子智力的活动中，要尽可能地全面考虑，让观察力、记忆力、思维力、想象力和注意力五种智力要素都得到应有的发展，也只有全面发展才能减少制约，也只有全面发展才能让思维的核心地位和中心位置发挥出更大的作用。

2）思维在智力活动中的能动作用

注意、观察、记忆、思维、想象五种智力活动中，思维总是处在核心的地位、中心的位置，而且总是最活跃的力量，在智力活动中发挥着能动的作用。假如其他四种智力活动如果没有思维的参加，那么注意就成为熟视无睹，观察就成为走马观花，记忆就成为风过耳边，想象也就成为无线的风筝。思维在智力活动中的能动作用表现在以下几个方面：

①在思维的主导下，其他活动应景而活跃。在实践活动中，人们总是在思维的主导下，注意、观察、记忆、想象各种活动互相配合，彼此促进。人的学习活动，学习者根据不同的学习内容、性质特点、目标要求展开相应的思维活动。如：理科的数学、物理、化学、文科的政治相对多一点的是抽象思维；语文、美术、音乐等学科，则需要形象思维相对多一点，不管哪一种思维的多或少，思维总在起主导的作用。

②视觉、听觉、动觉也因为思维而成为智力的“三大加工系统”。这三种学习方式，反映的也是视觉思维、听觉思维、动觉思维。如果没有思维，视觉、听觉、动觉就会显得呆板，缺乏生气与力量，不可能成让它们成为智力的“三大加工系统”。

③在思维的主导下，发挥各种官能的综合作用。思维有许多方法，主要有：分析与综合、归纳与演绎、抽象与概括、分类与比较，这些思维方法互相联系，彼此依存。在学习过程中，学习者就要根据注意、观察、记忆、想象的需要，发挥思维的能动性，积极地进行智力加工。

④思维积极与问题互动。任何思维都总是从发现问题开始，通过具体的思维方法的运用，最后达到解决问题的目的。思维的具体过程与学习的过程也几乎能够步调一致，也总是不断发现问题和解决问题。鲁宾斯坦对于思维与问题作过一系列精辟的论述，他说：“思维通常是由问题情境产生的，并且以解决问题情境为目的。”他还说：“思维的最终任务在于解决关于现象的有规律性的作用问题。在思维心理学的研究过程中，也应把这个原则推广到思维本身。”联系到我们的学习，这就应该善于发现问题、分析问题、解决问题，在发现问题中长见识，在分析问题中见智慧，在解决问题中提高能力。

### 3）思维在学习中的功能

人们都知道，学习是一项智力的加工活动，从方式上可以分视觉型、听觉型、动觉型；从功能上它有注意、观察、记忆、思维、想象五大因素；思维贯串学习的全过程，是感知、理解记忆知识的主要动力。它在学习中的表现可从以下几方面来加深理解、把握。

①思维是理解知识的主要心理活动。任何一个学习者都可以感觉到，无论学习什么知识，都必须先感知它，再理解它，然后记忆、运用它，而要做到这一点，就必须独立思考。宋朝教育家朱熹说得好："读而未晓则思，思而未晓则读。"现代数学家杨乐、张广厚深有体会地说："数学是一门着重于理解的学科，在学习中要防止死记硬背、不求甚解的倾向，一定要勤分析，多思考。对一个问题要从正面、反面、各个角度多想想，要善于找出它们之间的联系，总结出规律性的东西。""理解是记忆之父，重复是记忆之母"，理解了知识，记忆自在其中。

②思维是巩固知识的重要心理过程。我们学习知识目的是为了应用它，而应用的前提是记住它。要做到这一点，还是要靠积极的思维活动。俗话说："要想做得到，先要想得到。"这个"想"就是一种思维活动。伟大的科学家爱因斯坦说："学习知识要善于思考，思考、再思考，我就是靠这个学习方法成为科学家的。"巩固知识最好的手段是运用，所以酷爱读书的毛泽东深有感触地说："读书是学习，使用也是学习，而且是更重要的学习。"爱默生说："思考是行为的种子。"告诉我们一个很重要的道理：要巩固知识就要在实践中运用知识。

③思维是学习中举一反三的决定因素。人们常常以举一反三、触类旁通来形容学习者的学习能力，这实际上也是学习知识的至高

境界。《论语》中记载了孔子的语录，他对举一反三作了最早也是最好的阐述。他说："不愤不启，不悱不发。举一隅不以三隅反，则不复也。"这里面大体的意思是：教人学习，不到他因反复思考仍然不能理解的时候不去开导他；不到他很想说但又说不出来的时候不去启发他；不到告诉他一个角的样子，而能推想出其他三个角的样子（举一反三）的地步，就不再教他新的内容。从这里面，我们可以看出举一反三的前提条件是高度、深度的思维，所以说，要学会学习，首要是先要学会思考。

（2）思考才能进步，思考才能成材，思考才能成功

思维有两种含义，一是作动词用，即思考；二是作名词用，理性认识及过程。显然，作动词用时，思维和思考是同一回事。爱因斯坦说："人们解决世界的问题，靠的是大脑思维和智慧，而不是照搬书本。"爱迪生说："一个人年轻的时候不会思索，他将一无所获。"这两位伟大的科学家，一位擅长动脑，一位擅长动手，但是他们都非常爱思考，重视思维。他们的论断给我们很大的启发，无论是思想实验还是操作实验，思考是最关键的。

1）善于思考的人，才能获得知识、取得成就

爬过山的人都会有体会，山路上如果有台阶，哪怕坡再陡也能拾级而上；就像攀登泰山十八盘，就因为有台阶，让人虽然艰难但终能登顶，以致海阔天空尽收眼底。同样的道理，如果善于思考，那么书山学海再难也能前进，这是因为思考是进步的台阶，它可以让人登堂入室进入理想的境界。苏霍姆林斯基告诫我们："教师不尊重思想，学生就不尊重教师。然而更加危险的是，学生也像教师一样地不愿意思考。"所以，能被称为好老师的，往往都不仅自己爱思考、善思考，而且也都非常重视学生思考能力的培养。

英国物理学家卢瑟福十分重视思考。他作为发明无线电的先驱、放射性元素衰变理论的主要提出者、原子物理和核物理的奠基者、加速器的开发者和原子嬗变与聚变的发现者，以不懈努力和卓著的贡献，从根本上改变了自德谟克利特以来 2000 多年的物质观和自然观，提出了一整套关于物质微观组成的理论体系。1899 年他发现放射性辐射中的两种成分，由他分别命名为 α 射线 β 射线。接着他又发现了新的放射性元素“钍”。1911 年根据被称为卢瑟福实验的 a 粒子散射实验，最初发现了原子核的存在，并提出关于原子结构的行星模型。他对现代自然科学和自然哲学的发展产生了极其巨大的影响。

这里还有一个“卢瑟福注重思考”的故事：

**名人链接**

有一次，卢瑟福走进他主持的实验室，看见一个学生还在做实验，便问道：“这么晚了。你还在做什么？”那位学生回答道：“我正在工作。”卢瑟福又问道：“那么，你白天做什么？”学生说：“我白天也在工作。”卢瑟福又问他：“早晨你也在工作吗？”学生肯定地回答：“我从早到晚都没有离开实验室。”学生满以为会得到老师的表扬了，谁知卢瑟福又问道：“这样一来，你用什么时间来思考呢？”后来，这个学生留心观察发现：每天傍晚，不管实验工作顺不顺利，卢瑟福先生总是在走廊上来回踱步，那神情表明：他正在思考、思考。

卢瑟福经常告诫学生说：“不要死记硬背，也不要满足于实验，而要学会思考。只有勤于思考和善于思考的人，才能获得知识，取得成就。”

如果很羡慕卢瑟福的成就，而不想学他的“总是在那里思考”，这就有点像想站在泰山之巅观看云海日出，而不愿攀登十八盘那样天真。思考是上进的台阶，只有思考才能获取知识，才能取得成就。

2）善于思考的人，才能创新、创造

随着世界经济的发展，人们把竞争的战略眼光，先从市场转向科技，再从科技转向人才，最后又从人才转向了教育，所以，创新教育应运而生。创新教育意在培养出千千万万个爱因斯坦、爱迪生，爱因斯坦、爱迪生型人才最大的特点就是善于思考。人们对爱因斯坦觉得高深莫测，特别是对他的相对论觉得难以理解，但对爱迪生倒觉得亲切又可爱，因为他的2000多项发明，1300多项专利为我们谋了幸福，所以父母常常以爱迪生为例教育孩子，孩子也喜欢爱迪生。

爱迪生搞发明

下面就是爱迪生的故事：

**名人链接**

有一次，爱迪生在试验发明电话的时候，发现传话器的膜板随着说话的声音引起振动，他觉得很奇怪，便想进一步探讨振幅有多大。可是他的耳朵曾因受伤听觉失灵，他就用触觉来代替。他找根短针，一头竖在膜板上，一头用手指轻轻按着，再对准膜板一讲话，手指头便觉得短针在颤动。讲话的声音高，颤动就快；声音低，颤动就慢，他接连试了好几回，结果都是如此。这引起了他的深思，在思索中猛然想到，既然说话的声音能使短针颤动，那么，反过来，这种颤动也一定能发出原来的说话声音。想到这里，只觉得心头一亮，一项新的发明开始孕育了：为什么不可以设计一种机器，把有保存价值的声音储存起来，什么时候想听，再把它放出来不就行了吗？好奇心和思考把这位自学成才的年轻人引向了成功的发明之路。经过许多次的试验，爱迪生终于制成了世界上第一架留声机。

爱思考让爱迪生走上发明之路；爱思考使爱迪生发明了留声机、电灯……方便了我们的生活。其实世界上最权威的军事著作《孙子兵法》也是爱思考的产物。

**名人链接**

在孙武以前，人们对战争都持宿命论的观点，所以，开战前都要占卜。而史籍记载的战例，每次占卜的结果都灵验无比。这一点使孙武十分迷惑，既然胜负已定，人们何必去努力？又如吴楚天门之战，主帅占卜是失败，司马子鱼占卜是胜利。事实上，这场战争的胜利是通过司马子鱼的智勇而赢得的。孙武通过一系列战例的细致分析和深刻思考，结果发现，史籍上只是记录了占卜应验的部分，而失败的部分则根本没有记载。正是分析、思考打开了孙武的思路，使他树立信心，开始了对战争唯物主义的探索。

通过 20 多年的潜心研究，终于在世界上第一次提出了战争决定于人，决定于天时、地利的著名见解，他的“知彼知己，百战不殆”至今仍是军事学中最伟大的论断之一。

爱迪生善于思考，让他走上了创造发明之路，成为世界上最伟大的发明家。孙武爱思考，在以占卜论胜负的大背景下，潜心研究，走出了一条创新、创造之路，成为世界最伟大的军事理论家，被尊为“兵圣”。如果我们的青少年一代也能向他们学习，爱思考、善于思考，那么可以肯定地说，前途无量，大有出息。

3）善于思考的人，才能发现真理

世界上所有最好事物的境界可以用三个字来概括，这三个字就是“真、善、美”。所以，客观事物及其规律在人脑中的反映被称为真理。有哲人说：“我爱我的老师，但是我更爱真理。”现代中国的夏明翰烈士就义时说了：“砍头不要紧，只要主义真。杀了夏明翰，还有后来人！”这可见真理在先贤、先烈们的心中有至高无上的地位。《汉书》中说：“修学好古，实事求是”，其中“实事”就是客观事物，“求”就是思考、研究、探索，“是”就是事物的客观规律。这个客观规律就是真理，要发现真理就须思考、研究、探索。纵观几千年，横看全世界，无数的事实，众多的伟人都在证明，只有善于思考的人才能发现真理。赫赫有名的古希腊哲学家赫拉克利特的例子，足可说明这一点。

## 名人链接

赫拉克利特曾生活在小亚细亚的爱非斯城邦。他对继承王位没有兴趣，把它让给了自己的兄弟，自己到山上过隐居生活，潜心钻研学问。后来他的渊博学识和深刻思想很受追求智慧的青年敬仰，于是他有了许多的学生，跟他学习多年。

有一天，赫拉克利特对学生说："现在，你们应该离开这里，到各个城邦去向人们传播知识……你们还有什么问题，我可以给你们解释。"一个学生问："老师，你教给我们的都是关于世界的哲学道理，掌握了这些知识，我们才能成为有智慧的人。可是，智慧是什么呢？人怎样才能得到智慧呢？"

赫拉克利特觉得这个问题很有意义，弄清这个问题也十分重要。于是，他说："智慧就在于说出真理，按照自然规律行事，真理就是对自然的正确认识，能用真理来指导自己的行动，他就是有智慧的人了。"学生又问："是不是每一个人都能认识自然，得到真理呢？"

赫拉克利特回答说："是的，这是因为人人都具有认识自己的能力和思想的能力。"学生再问道："既然人人都有思想，都能认识真理，那为什么世界上还有许多人陷于愚昧无知的迷信之中呢？"赫拉克利特回答说："只有那些善于思考的人，才能运用认识能力去发现真理；不善于思考的人，不仅自己发现不了真理，就是别人发现了告诉他，他也不懂。"

最后，学生请求老师再从正面说明一下，人要怎样才能发现和认识真理。赫拉克利特说："人为了认识真理，获得智慧，首先要去认识自然界的事物……爱智慧的人应当熟悉很多事物。但博学还不等于智慧，因为自然喜欢躲藏起来，人的感官只能认识事物的表面现象，因此，要认识自然事物的真理，更重要的还是在于头脑的思考，在这个意义上，可以说，智慧只在于一件事，就是认识那善于驾驭一切的思想。为了认识思想，成为有智慧的人，大家应当继续钻研哲学，因为哲学和智慧实际上是同义语。”

运用自己的认识能力去认识真理，这是比较困难的事情，赫拉克利特以老师的身份给我们指明了方向，只有善于思考，才能发现真理；同时也给我们指出了方法，运用头脑进行思考，认识思想成为有智慧的人。

(3) 如何培养“用心思考”的学习品质

家长们了解了思考在进步、成才、成功中的作用，从观念上都很重视孩子思维能力的培养。有一次，几位家长在一起聊天，不一会儿就把话题转到了孩子的学习上。“怎样才能让孩子的成绩提高得快一点？”一位家长说：“叫他用心思考。”另一位家长听了不满意，又不直接说，趁机给大家讲了一个笑话。她说：“我送给大家一个长寿秘诀，只要你能按我说的去做，谁都可以活到 120 岁。大家说要不要？”其他的家长说：“你不是说送给大家吗，那你就说吧。”那位家长说：“请你坚持呼吸，只要你呼吸坚持住了，120 岁肯定没问题。”大家不约而同都笑了起来，性急的一位家长说：“坚持呼吸就像他说的用心思考，但怎么办的问题还是没有解决。”

听了家长们的故事，觉得她们的确很聪明、很活泼。让我一直思考着她们提出的问题，如何培养孩子用心思考的学习品质？但难以找到满意的答案。后来从阅读名人故事的字里行间，从名人的成功轨迹里，发现了他们思考能力发展的蛛丝马迹，通过综合分析归纳成一个培养用心思考品质的方案，同时也作为回答家长们问题的答案。

1）从培养语言能力入手，夯实思维能力的基础

教育孩子是一个漫长的循序渐进的过程，欲速则不达，作为父母首先要做的、最重要的是开发孩子的语言能力。日本著名教育家木村久一在《早期教育与天才》一书中说："父母们，获取知识对孩子来说固然重要，但获取知识的方法和善于思考的能力才是孩子一生中最大的财富啊！"要让获取知识的方法和思考的能力成为孩子的真正财富，父母须先经一番思考，找对路子，开发孩子的语言能力。夯实思维能力的基础，要从培养语言能力入手，这里面的原因很简单，因为思维须借助语言进行，语言是思维的工具。但要从语言入手，必先从言语起步，这不能不涉及人生的发展阶段理论。

埃里克森是美国现代最有名望的精神分析理论家之一，他提出了"人的八个阶段"，以及每个阶段的发展任务，建立了自己的心理发展理论。他认为：

①婴儿期，0～2岁。这阶段主要任务是满足生理上的需要，发展信任感，克服不信任感，体现着希望的实现。

②儿童早期，2～4岁。这阶段儿童主要是获得自主感，而克服羞怯和疑虑，体验着意志的实现。

③学前期或游戏期，4～7岁。这阶段儿童主要是获得主动感和克服内疚感，体验目的的实现。

④学龄期，7～12岁。这阶段的发展任务是获得勤奋感而克服自卑感，体现着能力的实现。

⑤青年期，12～18岁。这一阶段的发展任务是建立同一感和防止同一感混乱，体验着忠实的实现。

⑥成年早期，18 ~ 25岁。发展任务是获得亲密感以避免孤独感，体验着爱情的实现。

⑦成年中期，约至50岁，主要为获得繁殖感而避免停滞感，体验着关怀实现。

⑧老年期（成年晚期），直至死亡，主要为获得完善感和避免失望与厌倦感，体验着智慧的实现。

人的教育就必须根据人的生理、心理特点来进行。

①学前期孩子的思维教育。大脑发育是思维能力的生理基础，要培养孩子的思维能力就得先开发孩子的大脑。按照早教专家的说法："所谓开发孩子的大脑，就是指尽早地开始对孩子进行语言教育。"所以说，学前期孩子的思维教育就是语言教育。

英文"婴儿"一词来自拉丁语，意思是"不能说话"，所以20世纪50年代以前很少有人研究婴儿的言语（即实际的话语）。随着心理学研究的不断深入、发展，人们才发现言语发展是婴儿心理发展过程中最重要的内容。

在婴儿掌握语言之前，有一个较长的言语发生的准备阶段，称为"前言语阶段（0 ~ 12个月）"。在此期间，婴儿的言语知觉能力、发音能力和对语言的理解能力逐步发展起来，出现了咿呀学语、非语言性声音与姿态交流等现象，统称为"前言语现象"或"前言语行为"。这个前言语现象是婴儿发出的一个要学说话的信号，这就是他语言智慧的曙光。著名早教专家老卡尔·威特说过："孩子的教育要从他出现智慧曙光的时候开始。"所以，孩子语言能力的培养，要从他咿呀学语的时候开始，抓住了这一时期也就抓住了"敏感期"。这就是在"专心品质的培养"一节中讲到的"要教说话先听话，要教写字先教涂画”的理论依据。

巴尔博士在他的《家庭教育》一书中说："教育必须从孩子出生那一天就开始。"根据心理学家的研究和早教专家的经验，3岁以前的孩子靠模式认识，老卡尔·威特就发挥了模式教育。这段时期，婴儿对多次重复的事物不会厌倦，所以3岁以前也是硬灌期。有人分析早教出天才的原因主要是抓住了"决定人生的模式期"。著名的早教专家几乎都认为：一方面是反复灌输语言、音乐、文字和图形等，这就是所谓的奠定智力的大脑活动基本模式；另一方面，就是输入人生的基本准则和态度。也就是说奠定智力的大脑活动基本模式首要的是灌输语言。如果说咿呀学语时是语言的敏感期，那么，"学前期"应该是语言的关键期。

在孩子语言关键期开始对孩子语言教育，用以下韵文形式呈现，以供家长们参考。

孩子出生教说话，对牛弹琴把话拉；
不懂你就当他懂，天伦之乐搞对话。
咿呀学语见曙光，言语输入量加大；
语言思维好工具，早日熏陶待自化。

孩子两岁能说话，吐词发音心害怕；
见他开口就表扬，肯定鼓励信心大。
读书放歌讲故事，母子同乐过家家。
控制时间看动漫，天线宝宝葫芦娃……

三岁书店自挑书，每次一本别多拿；
母子共读天天乐，爱不释手效果佳。
见疑爱问好习惯，欢迎提问认真答。

会答不答答不了，共找资料一起查。

四岁已上幼儿园，儿歌游戏带回家；
鼓动创造编故事，有点意思真诚夸。
举家常开汇报会，是驴是马由他拉。
稍见亮点就鼓掌，几代同堂笑哈哈。

②学龄期孩子的思维教育。著名教育家苏霍姆林斯基说："多年的经验表明，有必要给学生上一门'思维课'。早在学龄前期，就可以经常上这种课。从一年级开学起，思维课就成为智育的一部分。所谓思维课，这就是生动地、直接地感知周围世界中的形象、图画、现象和实物，并进行逻辑分析，获取新知识，进行思维练习，找因果关系。"苏霍姆林斯基强调了生活实践中培养思维能力的一面，而孩子更多的是从学习中得到思维能力训练的机会。

我们很早就教孩子读书，其目的是为了开发他们听的能力和语言能力，因为一个清晰的脑筋首先来源于清晰的语言。自古中国就把学习叫做读书，这是很有道理的，因为这是学习的极其重要的一种手段。所以，朱熹说："读而未晓则思，思而未晓则读。"直到今天还有不少的人认为"读书是培养天才的第一法"。他们的主要依据是：学校里的优等生，在智力上并不比一般学生高多少，但是他们爱好朗读、阅读，擅长读书，形成了天才与凡庸的巨大差别。

把读书作为开发大脑的手段确实是很有道理的，问题是怎么引导孩子读书？引导孩子读书，一方面要从定时朗读开始，根据孩子的年龄和实际情况，规定每天早上朗读 10 ~ 30 分钟。并向他反复宣传朗读的好处，如：a. 增加词汇，提高说话与写作能力；b. 增强语感，提高解题应试能力；c. 练习自学，体验进步，提高自信；d. 集中注意力，正确发音，激活思维；e. 众感官参与，用功程度大，记忆效果好；f. 激奋左脑，开发右脑，提高学习品质……

另一方面要鼓动、鼓励孩子坚持阅读，读好书（以名著、名作为主），在阅读中学会阅读、热爱阅读、习惯阅读。读着读着，读出识字量，读出词汇、语汇量，读出理解力，读出语感，读出学习力，读出人生智慧。当然，教孩子阅读要从激发兴趣入手，抓习惯的形成，培养欣赏能力，同时训练孩子的理解能力、分析能力、表达能力、创造能力。

只要坚持朗读和阅读，知识在读书中积累，能力在读书中提高，智慧在读书中发展，品质在读书中提升。虽然不能像宋真宗赵恒在《劝学诗》中说的："富贵不用买良田，书中自有千钟粟；安居不用架高堂，书中自有黄金屋；出门莫恨无人随，书中车马多如簇；娶妻莫恨无良媒，书中自有颜如玉；男儿若遂平生志，六经勤向窗前读。"但是思维能力的发展、学习成绩的提高，品质的提升，人的成材自会在朗读中。

2）以父母心，精心培养孩子的思维能力

父母是孩子的第一任老师，这个老师肩负着两大奠基的使命，一是奠定智力的大脑活动基本模式，二是奠定人生的基本准则和态度。所谓父母之心，就是说父母在对待孩子的一切事务上都要从这两大使命出发，有利于这两大使命的事就放手去做，有违这两大使命的事就不做，如只盯住孩子的分数、名次等傻事。高尔基说："爱孩子，老母鸡也会。"所以，应该分析父母爱孩子的各种心态，一种是"为之计深远"的真正的父母之心；一种是老母鸡式的溺爱；还有一种是以父母自身利益为出发点的私心。何去何从？聪明的父母不用说，肯定会保持一颗无私的、理性的真正的父母之心。有了真正的父母之心，培养孩子的思维能力就不成问题。被称为无所不晓的穆勒就以为他有一位好父亲，他在自传中写道：

“父亲对我的早期教育有太多的过人之处，他从不强迫我学，但许多与我同龄的孩子却受到了填鸭式的灌输教育，最后他们的潜能根本没有得到丝毫发展，他们对世界的看法和理解都是由外力填充而成的，所以他们成人后毫无自己的独立见解……我父亲从来不这么做，我们在一块散步，他从不在前边牵着我走，而是让我与他并列而行，并尽可能地把我推到前面。对于那些一想就懂的问题，他绝不会先告诉我答案，而是让我自己思考，只有当我挠破头皮也想不明白时，他才替我解答。”

穆勒之所以能成为无所不能的人，主要的原因是他父亲对他的早期教育有许多过人之处，而他提到的过人之处主要有：一是不强迫他学；二是尽可能地把他推到“前面”，给他更多的锻炼机会；三是让他自己思考，只有他的确想不出来时才替他解答。这三点很值得我们借鉴，还有爱迪生母亲的过人之处也值得我们学习。

**名人链接**

爱迪生是美国杰出的发明家，据说，爱迪生幼年时身体很弱，但喜爱劳动和制作各种玩具。他爱观察，爱思考，同时充满好奇心和强烈的求知欲。他对什么事物都爱问个究竟。他上学不久，有一次，上算术课，老师教同学们说：“2 加 2 等于 4。”爱迪生站起来问：“老师，2 加 2 为什么等于 4 呢？”老师目瞪口呆，他不仅不认为

爱迪生

爱思考是打开未知世界之门的一把钥匙，反而认为爱迪生是在捣蛋。上学才 3 个月，爱迪生就因“成绩不佳”被勒令退学了。

幸亏，爱迪生的母亲教过书，懂得怎样教育孩子。从此，爱迪生在母亲的指导下走上了自学的道路。不满 11 岁的时候，爱迪生就读完了吉本的《罗马兴亡史》和休谟的《英国史》。他还读了一些科学家发明家的传记故事。母亲还给他买了一本帕克尔的《科学读本》。这是专讲物理、化学实验的书，其中有许多实验例题。他一边读，一边琢磨，对书中讲的一些原理，他都要亲自试验后方才相信。他在自家的地窖里设有一个实验室，有实验用的瓶子 200 多个，家里给他的零用钱，他都用来买实验用品。这位未来的发明家，就这样在科学的乳汁哺育下逐渐成长起来了。

18 岁以后，爱迪生建起了自己的实验室，正式走上了发明家的道路。勤于思考的爱迪生，在他的实验室里贴着一条雷诺爵士自警的语录：“人总是要千方百计地逃避真正艰苦的思考。”在这条语录之后，他加上了自己的一句话：“不下决心培养思考习惯的人，便失去了生活中的最大乐趣。”

爱迪生走上创造发明之路，这是他自学成才的结果，而使他走上自学之路的是他的好母亲。可以设想，自学比跟着老师学不知要难多少倍，但得到独立思考锻炼的机会也成倍地增加了。所以，父母要培养孩子的思维能力，最好的办法就是引导孩子走上自学的道路，让他在自学的过程中历练独立思考，在独立思考中获得真才实学，在真才实学的过程中练就他自己的硬功夫。

### 3）寻好老师、交好朋友，培养孩子的思维能力

许多父母为了孩子读书，毅然决然地举家搬迁到城里谋生，许

多父母为了孩子找到好老师不惜辗转破费，这些都是父母之心的良好体现。人们都在寻找人生的成功之路，有人给人生成功之路的外因归纳为“人生四驿站”——家庭父母、学校老师、同学朋友、好文好书。看过《基辛格传》后对“人生四驿站”的说法就会更加认同。

**名人链接**

在德国纳粹政权大肆迫害犹太人的腥风血雨中，14 岁的基辛格随着父母离开德国，来到美国。他一边打工一边上学，直到他 20 来岁上完夜大学后，应征入伍到了欧洲战场，在部队生活中得到一位上校军官的器重，并成为好朋友，从此这位上校军官也就成了他的人生导师。回国后他考取了哈佛大学的博士研究生，导师给了一个研究欧洲方面的问题和上千本的书目，三年后基辛格完成了博士论文，因为他的论文出色而成为知名人物，同时使他的老师也更加出名。

大家可能都知道，爱思考的牛顿坐在苹果树下，看到熟透了的苹果往地上掉而不往天上飞，这引起了他的深思，进而发现了万有引力定律，这不仅使他成为大科学家，而且使他成为爱思考的典型。但对于到底是什么原因才让他这么爱思考的，一般人可能不甚清楚。

**名人链接**

牛顿小时候生活在英国西部的一个小镇，小镇上有一个名叫约翰的小男孩，对他的影响非常深。约翰与镇上许多同龄的孩子相同的地方是贪玩，最大的不同是爱好思考。每天清晨，约翰喜欢躺在广阔的田间，望着碧蓝的天空静静地思索。在与大人一起的时候，约翰总是缠着大人不停地问东问西。起初，小镇上的人们都非常喜欢这个爱思考的孩子。可是，时间一长，人们开始厌恶他的纠缠，觉得他就像一只苍蝇，赶他不去。久而久之，小镇的人们给他起了个“哲学家”的绰号，讽刺、讥笑他。

但是，牛顿却不这样看，他在心里渐渐地对约翰产生了敬意，与他更接近以至成了好朋友，因为他觉得约翰在做思维的主人。这件事也引起牛顿深入的思考，他觉得作为一个独立的人，没有必要受制于常识与权威。从此，牛顿也养成了爱动脑筋的习惯，而且爱动手，常常把自己的设计做成实物。但是，牛顿到了14岁时，他的亲戚却不让他读书，要他到田里干活。牛顿却偷偷地躲到树林后去读书。他的舅舅发现了，只好摇摇头，无可奈何地说：“你还是回去念书吧，要么你是一个无所事事的大废物，要么你是一个天才。”

牛顿就因为交了爱思考的朋友，使自己也爱上了思考、爱上了读书，结果不仅应了他舅舅的话，成为了天才，而且成了为人类作出巨大贡献的伟大的科学家。

交好朋友，可以培养孩子的思维能力；有好老师更能培养孩子的思维能力，前文讲到的卢瑟福教授就是一个很好的例子，但更有趣的还要算爱因斯坦与老师的故事。

名人链接

爱因斯坦

1899 年，爱因斯坦在瑞士苏黎世联邦工业大学读书时，他的导师是数学家明可夫斯基。由于爱因斯坦肯动脑筋，深得明可夫斯基的赏识。师生二人经常一起探讨科学、哲学和人生。有一次，爱因斯坦突发奇想问老师说："一个人，比如我吧，究竟怎样才能在科学领域、在人生的道路上，作出杰出贡献，留下自己闪光的足迹呢？"

一向才思敏捷的明科夫斯基却被问住了，直到三天后，他才兴冲冲地找爱因斯坦，非常高兴地说："你那天提的问题，我终于有了答案。""什么答案？"爱因斯坦迫不及待地问老师，并高兴地说："快告诉我呀！"

明可夫斯基比画了好一阵子，还是说不清楚，于是他拉起爱因斯坦就往一处建筑工地走去，而且径直走上刚刚浇注好的水泥地面。在建筑工人的呵斥声中，爱因斯坦一头雾水，非常不解地问明可夫斯基："老师，你这不是领我误入歧途吗？""对对，歧途！"明可夫斯基顾不得别人的指责，非常专注地说："看到了吧？只有这样的歧途，才能留下足迹！"然后他又解释说："只有新的领域、只有尚未凝固的地方，才能留下深深的脚印。那些凝固很久的老地面，那些已被无数人涉足的地方，别想踩出你的脚印来……"

听到这里，爱因斯坦沉思良久，非常感激地对明可夫斯基说："恩师，我明白了你的意思！"从此，一种非常强烈的创新和开拓意识，开始主导爱因斯坦的思维和行动。他曾经这样说过："我从来不记忆和思考词典、手册里的东西，我的脑袋只用来记忆和思考那些还没有载入书本的东西。"

于是，就在爱因斯坦走出校园，作为专利局小职员的几年里，他利用业余时间进行科学研究，在物理三个未知领域里齐头并进，大胆果断地挑战牛顿力学，并取得了突破性的成果。在他 26 岁的时候，就提出并建立了狭义相对论，开创了物理学的新纪元，为人类作出了卓越的贡献，在科学史上留下了闪光的脚印。

# 二

# 踊跃发言，大胆提问

（一）

# 踊跃发言

踊跃，就是情绪激昂，争先恐后的样子。从情绪激昂、争先恐后的样子中，让我们看到的是上进心、进取心和积极的人生态度。鲍比·迪波特在《定量学习》中说过："在学习方面，你的最有价值的财富是一种积极的心态。"曾让中国足球出线的教练米卢说过一句很好的话："态度决定一切。"这至少能够说明心态的重要。成功学家们研究得出结论：成功者与失败者差别在于，成功者总是以积极地心态对待每一天，而失败者总是以消极的心态对待每一天。积极的心态对少年儿童特别重要，因为他们处在人生之路的开头。所以，知心姐姐的"我能行"、"你真棒"鼓起了许多孩子心里希望的风帆，改变了人生；周红老师的"赏识教育"激发了孩子的潜能，从而创造了教育的奇迹。

心态需要人去调整，树立好心态也需要创设背景和好方法。李嘉诚父亲在病逝前嘱咐他："人生在世，做人做事要有骨气。好汉不怕出身苦，勤学苦斗有来日。天下无难事，只怕有心人。失意勿灰心，得意勿忘形。秉先辈教诲，谨记莫误身。"当时李嘉诚只有 13 岁，从此，他被迫退了学，去打短工，用稚嫩的双肩挑起了照顾母亲、抚养弟妹的生活重担。李嘉诚始终不忘父亲临终的教诲，以积极的心态对待人生，后来他终于成为了香港的首富。

一个人长期都能保持积极的心态，他就能成为具有积极品质的人。父母要培养孩子踊跃发言的学习品质，需要从培养他的积极心态开始，帮助他树立雄心壮志、自信心，并在生活实践中培养他的乐观精神。在踊跃发言中，踊跃是做人，发言是做事。我们都相信"做事先做人"的谚语，那么我们就应该相信孩子心态好了，发言的事就好办了。当然，对待发言这件事情中，除了要讲、想讲的问题外，还存在着敢讲、能讲、会讲的问题，既有心态因素又有能力因素，需要我们细心、耐心去培养。

## 1. 什么是心态

如果以词解词，那么，要了解心态的含义就非常地简单，就是心理状态。但就因为这么简单才使人难以把握它在现实生活中真正的含义。这让我觉得要说清"什么是心态"的含义，不举几个典型的例子难以说清楚。先看看"萧伯纳先生说乐观与悲观"的故事：

**名人链接**

有一次，一名新闻记者问大文豪萧伯纳："萧伯纳先生，请问乐观主义者与悲观主义者的区别在哪里？"

萧伯纳

萧伯纳先生抚摸着他引以为自豪的胡须，可能他也认为以词解词难以说清楚，沉吟片刻回答道："这很简单，假定这桌子上放着半瓶酒，看到半瓶酒的人如果高喊‘太好了！还有半瓶酒。’这个人就是乐观主义者；如果对着这半瓶酒叹息地说：‘糟糕！只剩下半瓶了。’那他就是悲观主义者。”

对同一个事物同一个方面有不同的看法，这主要是人的心态不同所致。心态就像一面镜子，由于镜子自身形象不同，照出来的影像自然不同。对同一事物的着眼点不同也会产生不同的心态。“孪生姐妹看玫瑰”的故事很能说明这一点。

**经典故事**

一对孪生姐妹和她妈妈一起走进玫瑰园玩。不久，其中一个小姑娘跑回来对母亲说：“妈妈，这里是个坏地方。”母亲问她原因，她说：“这里的每一朵花下面都有刺，刺痛了我的指头，很不好。”过了一会儿，另一个女儿跑来对母亲说：“妈妈，这个地方真好玩。”母亲问孩子说：“为什么呢，我的孩子？”“因为这里的每一丛刺上面都有花。”

听了两个孩子的话，妈妈说：“花下面有刺与刺上面有花，其实是同一回事，你们的感觉不同，是因为一个被刺痛了手指，一个欣赏到了花的美丽罢了。”两个小姑娘都点了点头。

对一个事物着眼点不同心情会不同，还有，对不同的事物如果思维方法不同也会产生截然不同的心情。“老太太为两个儿子哭”的故事更能说明心态问题。

**经典故事**

一个老太太每天都坐在门口哭，有一位哲学家经过此地时问她为什么哭。她说自己有两个儿子，大儿子专做雨伞卖，小儿子专做风筝卖，天晴了大儿子的雨伞就没人要了，下雨了小儿子的风筝又没人要了，所以越想越伤心，忍不住就天天哭。哲学家说："幸亏你儿子只卖一样，如果两样都卖，他们就天天跟你一起哭了。"老太太惊呆了，忙问："为什么？"哲学家说："不为什么，你好好想想吧！"过了一会，老太忽然笑了。哲学家问她为什么笑了，她说："原来的我很愚蠢，把事情都往坏的方面想，现在我想通了，晴天我为小儿子的风筝生意好高兴，下雨天我又为大儿子的雨伞生意好高兴，谢谢你了，是你把高兴送给了我。"哲学家说："你要谢谢你自己，是你自己把看问题的角度改变了。"

这三个故事不仅告诉我们什么是心态，而且也让我们知道了怎样看问题才能使自己高兴，人一高兴生活就充满乐趣，在快乐中生活的人就会雄心勃勃、精神抖擞、干劲倍增。

### 2. 心态影响人生前程

同样的半瓶酒，乐观者说还有半瓶酒，他会因为还有半瓶酒而高兴；悲观者却说只有半瓶酒了，他会因半瓶酒而悲伤。同样是玫瑰花，乐观者看到的是刺上有花，她会因此而高兴说这是个好地方；悲观者却说花下有刺，因此而要离开花园。同样是卖伞、卖风筝，悲观时是哭，乐观时却是笑。心态影响情绪，情绪影响行动，行动影响习惯，习惯影响性格，性格影响命运，心态是何等的重要！再看看下面的故事，让我们进一步认识心态是怎样影响人生前程的。

### （1）积极的心态是人生奋进的不竭动力

有着积极心态的人就会有梦想，人生就会听从梦想的召唤。梦想是人生前进的动力，是事业腾飞的翅膀，是成功者搏击巨浪划向彼岸的双桨。梦想也好，野心也罢，人一旦有了野心就会不满足于现状，才会产生改变现状的想法，激发内动力和热情，并且按照自己的目标、计划去做好每一件事。梦想、野心是人生动力的源头，有了这个信仰的力量，就会推动着人不断地超越自我，向理想的殿堂迈进，进而登堂入室，坐上成功的宝座。下面，我们还是从那些因有梦想、有野心而走向成功的人们那里学习经验吧。

#### 1）有积极心态的人，才会有梦想、有野心

**典型案例**

巴拉昂是一位年轻的媒体大亨，以推销装饰肖像画起家，在不到10年的时间里，迅速跻身法国50大富翁之列。

临终前，他留下遗嘱，把4.6亿法郎的股份捐献给医院，用于对癌症的研究，另有100万法郎作为奖金，奖给揭开贫穷之谜的人。巴拉昂去世以后，法国《科西嘉人报》刊登了他的遗嘱。他说："我曾经是一个穷人，去世时却以一个富人的身份走进天堂。在跨入天堂的门槛之前，我不想把我成为富人的秘诀带走，现在秘诀就锁在法兰西中央银行我的一个私人保险箱里，保险箱的3把钥匙在我的律师和两位代理人手中。谁若能通过回答

穷人最缺少的是什么，而猜中我的秘诀，他将能得到我的祝贺。当然，那时我已经无法从墓穴中伸出双手来为他欢呼，但是他可以从那只保险箱里荣幸地拿走100万法郎，那就是我给予他的掌声。”

遗嘱刊出后，《科西嘉人报》收到大量的信件，信件中都是五花八门、各种各样的答案，有的认为穷人最缺的是金钱，有的认为穷人最缺的是机会，有的认为穷人最缺的是技能，有的认为穷人最缺的是帮助和关爱……真是应有尽有。巴拉昂逝世纪念日，他的律师和代理人按巴拉昂生前的交代，在公证部门的监督下打开了那只保险箱。在48561封来信中，有一位叫蒂勒的小姑娘猜对了巴拉昂的秘诀。小姑娘和巴拉昂都认为穷人最缺少的是“野心”。

在颁奖那一天，《科西嘉人报》记者带着所有人的好奇，问年仅9岁的蒂勒，为什么想到的是野心，而不是其他。蒂勒说：“每次，我姐姐把她11岁的男朋友带回家时，总是告诫我说：‘不要有野心！不要有野心！’我想，也许野心可以让人得到自己想要得到的东西。”

巴拉昂是因为有积极心态才有梦想与野心，所以，他认为野心是穷人变成富人的秘诀；蒂勒认为野心可以让人得到自己想得到的东西，这就是野心的力量。说成野心就不大好听，其实这个野心就是闪光的字眼“雄心、壮志、梦想”的代名词。既然是这样，我们培养孩子的野心须从培养其积极心态开始。

2）有积极的心态才能与命运抗争

**名人链接**

拿破仑

拿破仑出生于法国科西嘉岛的一个没落贵族家庭，他父亲送他进了一所贵族学校。他的同学们的家庭都很富裕，所以就不时地有人讽刺他的穷困。拿破仑非常愤怒，但一筹莫展，只能暂时地屈服于威势之下。就这样忍气吞声熬了足足五年。但这五年中的每一次嘲笑、每一次侮辱、每一次轻蔑，都使他暗暗下决心，发誓要让那些人到时候看看高低。为此，拿破仑心里暗暗计划，决定利用这些傲慢却没头脑的人作为桥梁，使自己获得财富、名誉和地位。

天有不测风云，在拿破仑 16 岁那年，父亲去世，又让他遭受了一个沉重的打击。从那以后，他不得不从自己微薄的薪金中省出一部分来帮助母亲。生活很是拮据，当他接受第一次军事征召时，不得不步行很长的距离去加入军队。当他来到军队，他的伙伴们用多余的时间追求女人和赌博。而他由于体格的原因使他没有资格得到本该得到的职位，又因为贫穷使他失掉了后来曾得到的职位。于是，他改变了策略，用埋头读书的方法去和他们竞争。他几乎成了书虫，自由地饱餐、呼吸、遨游在书的海洋里，这使他得到了很大的长进和收获。

拿破仑并不是以书来消遣自己的烦闷，而是为了自己的梦想作准备，决心要让天下人都知道他的才华。他住在一个小房子里，孤独、沉闷、脸无血色，但他就是不停地读书，读书。就在这样的条件下，他一连坚持了好几年。通过几年的攻读，他从书本上摘录下来的笔记，后经印刷出来就有400多页。他想象自己是一个将军，将科西嘉岛的地图画出来，运用数学的方法精确地计算出哪些地方应当部署防范。这也使他第一次有机会表现自己的才华。他的长官看到他很有学问，便派他在操场上执行一些需要很强计算能力的工作。他都做得很好，于是他获得了新的机会，从而开始了通往权势的道路。

后来，拿破仑带兵越过阿尔卑斯山，攻打意大利的土城获得很大成功，被提拔为将军。自此，一切的情形都改变了，从前嘲笑他的人，都拥到他的面前来，想得到他的奖金；从前轻视他的人，后来都希望成为他的朋友；从前说他矮小、无用、死用功的人，后来也都尊重他，歌颂他，忠心地拥戴他。

对于拿破仑，反对者说他是最大的野心家；拥护、爱戴他的人说他是最有雄心壮志的人。他虽然以失败告终，但人们始终把他当成伟人来尊敬他。拿破仑有许多名言，而人们最熟悉的是“不想当将军的士兵不是好士兵”。我们可以推想，拿破仑很可能一进入军队就有“当将军”的梦想，就因为他怀着这个梦想，让他埋头读书，熬过寂寞、孤独、脸无血色的日子，勇敢地与命运抗争，顽强地走向伟大。人们在参观彻底打败拿破仑的滑铁卢战役纪念地时，献花大多不是献给指挥打败拿破仑的公爵统帅，而是放到纪念被打败的拿破仑的地方，这并不是无端地纪念失败，而是因为人们出于对野心、梦想、雄心、壮志由衷的敬仰。

3）保持积极心态，梦想终能成真

典型案例

盲人大臣

一位老教师就要退休了，他整理自己的办公室时，惊喜地发现了一叠小学生的作文，作文的题目是《我的梦想》，孩子们都在作文本上写下了自己的想法。

一个学生写道：“我以后一定要当一艘超级轮船的船长，因为有一次在海里游泳时，我喝了3升海水都没有被淹死。”一个学生说：“我将来必定是法国的总统，因为我能背出29个法国城市的名字，而同班的其他同学最多只能背出9个……”最让老师觉得不可思议的是一个叫戴维的学生，他说他一定要成为英国的一位内阁大臣，因为在英国还没有一个盲人进入过内阁。

总之，孩子们都在作文中认真地描绘着自己的未来，五花八门，各种各样的想法都有。老师读着这些作文，突然有一种冲动：他想写信给这些孩子们，看25年后的现在他们是否都实现了自己最初的梦想。

很快，他就收到学生们的回信，他们都向老师致谢，感谢老师仍然保存着他们年幼时的梦想，并且他们希望得到那本作文本，重温儿时的梦想。这中间有商人、学者及政府官员，更多的人是普普通通的人。

老师满足了他们的愿望。但他觉得奇怪的是：只有那个叫戴维的盲学生没有来信。一年过去了，老师仍然没有收到戴维的信。老师想，或许那个叫戴维的人已经不在人世了。毕竟25年了。就在老师准备把这个本子送给一家私人收藏馆时，内阁教育大臣寄来了一封信，信中说："我是你当年的学生戴维，感谢你还为我们保存着儿时的梦想。不过，我已经不需要那个本子了，因为从那时起，我的梦想就一直在我的脑子里。我现在已经实现了那个梦想。我一直相信只要不让年轻的梦想随着岁月飘逝，成功总有一天会出现在你的面前。"

作为英国的一位盲人大臣，戴维用自己的行动证明了一个真理：假如谁能把儿时的梦想保持几十年，那么他现在一定已经实现了。

只要能保持积极心态，梦想就能成真。当然梦想并不是一举成真的，要实现成长中已定下的目标，的确需要智慧、毅力和方法，最主要的方法是分段实现大目标。要实现人生目标肯定会有许多困难和压力，如果我们能够把它分成若干个小目标，咬定青山不放松，逐个去实现。当你实现了一个小目标以后，你就会产生成就感，树立信心，干劲倍增，再激励自己朝着下一个目标前进，就这样像爬山一样一步一步地往上攀登，终能实现你的人生大目标。

(2) 消极心态会让人泄气、委靡

有许多俗话说得很好，如"心有多大，专业有多大"；"只有想不到，没有做不到"……这些话在通俗的话语中包含了深刻的哲理，它至少告诉我们心大才能事业大，只有先想到才能做得到。积极心态就像发动机，推动人不断前进。可是一旦心态变得消极，人就会像皮球泄了气，瘪在地上弹不起来；有的竟像空中的风筝断了线，不仅不再高飞，而且径直向地面翻跟斗……所以，人一定要保持积极心态，勇往直前，千万不能泄气。还是看看这方面的故事吧。

1）心态消极，前途就会黯然失色

“传家宝箭与断箭”的故事最能说明这方面的道理。

**经典故事**

春秋战国时代，一位父亲和他的儿子出征打仗。父亲已经做了将军，儿子还只是马前卒。号角吹响了，战鼓擂鸣着，父亲庄严地托起一个箭囊，里面藏着一枝箭。父亲郑重地对儿子说：“这是传家宝，带在身边，力量无穷，但千万不可抽出来。”

那是一个极其精美的箭囊，厚牛皮制造，镶着幽幽发光的铜边，再看露出的箭尾，一眼便能认出是用上等的孔雀羽毛制作的。儿子喜上眉梢，热切地想着箭杆、箭头的模样，耳旁仿佛有箭声嗖嗖地掠过，眼睛似乎看到敌方的主帅中箭应声倒地。

果然，带着宝箭的儿子英勇非凡，所向披靡。当鸣金收兵的号角吹响时，儿子再也禁不住得胜的豪气，完全背弃了父亲的嘱咐，强烈的欲望驱使着他呼的一下就将宝箭拔出，看个究竟。骤然间，他惊呆了。一枝断箭，箭囊里装的竟是一枝断箭！儿子吓出了一身冷汗，仿佛顷刻间失去了支柱的房子，他的意志坍塌了。结果，勇力过人的儿子在接下来的战斗中惨死于乱军之中。

拂开茫茫的硝烟，父亲捡起那枝断箭，深深地叹了一口气说：“不相信自己的意志，只把希望寄托在一枝宝箭上的人，永远也做不成将军！”

把胜败押在一枝认为的宝箭上，当他以为是宝箭时信心百倍，勇力过人，当他发现只是一枝断箭时，吓出一身冷汗，甚至意志坍塌，这似乎可笑而不可信。其实，类似的情况在我们的身边比比皆是。有的人想当然，信心十足，勇往直前，但稍出意外，他就一蹶不振，结果一塌糊涂；有的人初出茅庐，雄心勃勃，信誓旦旦，但几经周折，磨圆棱角，锐气消退，逢人只说好汉不提当年勇，让人惋惜。青少年学生中也不乏其人，初上学时雄心壮志，几经考试不理想，又经老师、家长冷眼，梦想、野心灰飞烟灭；更有甚者，考试入场前还志在必胜，但遇到了一个难题，头脑嗡的一下失去控制，甚至天昏地转，一败涂地，不可收拾……诸如此类的现象告诉我们，积极的心态还要有坚强的意志为后盾才能成才、成功。

2）心态不同人生不同，目标不同结局迥异

**典型案例**

有两个从农场外出打工的青年，他们中一个买了去纽约的车票；另一个买了去波士顿的票。他们到了车站，一打听才知道纽约的人很冷漠，指个路都要收钱；波士顿的人特别质朴，见了露宿街头的人会特别同情。

原来去纽约的人想，还是波士顿好，挣不到钱也饿不死，幸亏车还没到，不然真的掉进火坑了；原来去波士顿的人想，还是纽约好，给人带路都能挣钱，幸亏还没上车，不然真的失去了致富的机会。最后，两个人各遂其愿地换了车票，打算去纽约的人去了波士顿，打算去波士顿的人去了纽约。

去了波士顿的人发现，这里果然是好。他初到那里的一个月，什么也没干，大商场里有欢迎品尝的点心可以白吃。去了纽约的人发现，纽约到处都可发财。只要想点办法，再花点力气就可以衣食无忧。凭着乡下人对泥土的感情和认识，第二天，他在建筑工地装了10包含有沙子和树叶的土，以“花盆土”的名义，向找不到泥土而又爱花的纽约人兜售。当天他在城郊往返6次，净赚了50元钱。一年后，他竟然凭着“花盆土”拥有了一间小小的门面。在长年的走街串巷中，他又有了一个新的发现：一些商店楼面亮丽而招牌却较黑，一打听才知道其中的原因：清洗公司只负责清洗楼面不负责洗招牌。他立即抓住这个机会，买了人字梯、水桶和抹布，办起了一家清洗公司，专门负责擦洗招牌。如今他的公司有了150名员工，业务还发展到了附近的几个城市。

一次，他坐火车去波士顿。在路边，一个捡破烂的人伸手向他乞讨，但很快两人都愣住了。因为5年前，他们曾换过一次车票。

从故事的表面看，似乎换了车票就换了命运，其实更深层的原因在决定换车票时的两种心态。了解波士顿而去了那儿的人，觉得去了波士顿即使露宿街头也会有人同情，所以他到了那里先来个白吃一个月。俗话说：“没有免费的午餐。”白吃滋长了消极的心态，以致日后沦落成为捡垃圾、乞讨的人。了解纽约而去了纽约的人，他怀着一颗火热的心，看准了纽约赚钱机会，所以一到那里很快发现“花盆土”、洗招牌的机会，办了公司发了财。

一个因为心态积极做了老板，一个因为心态消极沦为乞丐，这不能不引起人们的深思。

作为父母并不是要教孩子去赚钱，但可以从这个故事中得到启发和借鉴。信念与梦想就如我们心中的一盏明灯，它让人在灰暗的岁月里照亮自己的前程，相信自己，超越自己，走向成功；没有梦想的人注定只会浑浑噩噩地生活，没有目标，一切都会很糟糕，甚至一败涂地不可收拾。孩子的人生之路刚刚开始，他们的心态不同，人生就会不一样；他们的目标不一样，结局也就大不相同。为此，父母为孩子长久之计，一定要努力培养其积极的心态。

### 3.培养孩子积极的心态

哲学家说得好："播种思想，收获行动；播种行动，收获习惯；播种习惯，收获性格；播种性格，收获命运。"父母在教育孩子中，最要紧的是要播种思想，培养孩子积极的心态。播种下思想的种子、积极的心态，一旦这颗神奇的种子生根发芽，一切奇迹都可能出现。

培养积极的心态需要从三个方面去做工作，一是培养孩子积极的生活态度；二是培养孩子的自信心；三是帮助孩子树立远大的志向。

#### (1) 培养积极的生活态度

人都有生活态度，只是不同而已。玫瑰花鲜艳夺目，但有的人却把目光投到它的刺上；雨过天晴，太阳正在驱散乌云，而有的人只是看到乌云和它投到地上的阴影；多年平安无事，偶尔碰上了一点小事，有的人就只想到这点小事带来的影响，失去了心中的亮光……人们喜欢少年儿童，不仅仅是他们年轻漂亮，更主要的是因为他们心中充满着阳光，从而赞赏他们为"阳光少年"。我们要培养孩子积极的生活态度，一是要让孩子上床睡觉前回顾一天中最愉快的事，并注意少接触反面的东西，以免给他们稚嫩的心灵留下阴影；二是要教育孩子正确对待生活、学习中碰到的困难和挫折，告诉他们困难和问题都是暂时的，只要坚持努力一切都会过去；三是给他们多讲一些名人幽默、风趣的故事，让他们在故事中陶冶性情，学一点自嘲，排解过大的压力。总之，要防止黑暗侵袭孩子的心灵，就要增加他们心中的阳光。可试用下面的一些方法。

1）在回顾快乐的事情中增加快乐

回顾是在记忆的沉淀中提取新鲜事，对提高记忆能力很有好处。这里我们要强调的是它在培养积极的生活态度方面的意义。平平淡淡的小事，却往往能够给人带来许许多多的快乐。特别在睡觉前，回忆一天最快乐的事情，会让人怀着快乐的心情入睡，轻松地结束一天，并为第二天的好心情奠定基础。下面让我们看看“杰克的父亲”是怎么做的。

**经典故事**

拉姆先生俯身去亲6岁的儿子杰克并道晚安。杰克皱了皱眉头说：“爸爸，你忘了问我今天最快乐的事是什么。”“你说吧。”拉姆先生在床沿坐下，杰克脸贴着枕头小声说：“捉到一条鱼。这是我第一次，爸爸。”

这个习惯怎么开始，什么时候开始，记不起来了，可是这种睡前的仪式给了拉姆先生不少安慰。人人每天总有一段孤寂的时刻。上床靠在枕头上，脑子静下来的时候，问问自己：“今天最快乐的事情是什么？”一天也许很忙，甚至充满烦恼，但无论日子过得怎样，总有一件“最快乐”的事情。这件事情难说是大事，大多只是激起一阵短暂的快感。秋高气爽的清晨，被鸟鸣叫醒，炎热夏天用凉水淋浴，欣赏荷花的清丽，……总有一些愉快的事，因此，拉姆先生再也不用安眠药了。只要他儿子没有忘掉“快乐是用不着刻意追求的”将来也用不着安眠药。

我们每天都有快乐的事情，只是看你有没有觉察。

一天的结束是快乐的，那么不仅今天是快乐的，而且明天的开头也是快乐的。一个好的开头等于成功的一半，所以第二天的快乐就不成问题。只要每一天是快乐的，那么快乐一天天，快乐中进步，快乐中成长，快乐中成才也只是时间问题了。

2）培养事事处处都争先的精神

为人一事争先容易，但事事争先、处处争先就很难。古人说："大必先作于细，难必作于易。"所以，要做到事事处处争先必须从一些小事争先开始。看看玛格丽特的父亲是怎样培养她事事处处争先的。

**名人链接**

20世纪30年代，英国一个不出名的小镇里，有一个名叫玛格丽特的小姑娘，自小就受严格的家庭教育。父亲经常对她说："孩子，永远都要坐在前排。"父亲极力向她灌输这样的观点：无论做什么事情都要力争一流，永远走在别人前头，而不落后于人，"即使坐公共汽车，你也要永远坐在前排。"父亲从不允许她说"我不能"或者"太难了"之类的话。

撒切尔夫人

这对幼年的孩子来说，父亲的要求可能太高了，但他的教育在以后的年代里被证明是非常宝贵的。正是因为从小就受到父亲严酷的教育，才培养了玛格丽特积极向上的决心与信心。在以后的学习或工作中，她时时牢记父亲的教导，总是抱着一往无前的精神和必胜的信念，尽自己最大的努力克服一切困难，做好每一件事，事事必争一流，以自己的行动实践着“永远坐在最前排”的理念。

玛格丽特在学校永远是最勤恳的学生，是学生中的佼佼者之一。她以出类拔萃的成绩顺利升入当时著名的文法中学，这是像她那样出身的许多学生的奢望。

在玛格丽特满 17 岁的时候，她开始明确了自己的人生追求——从政。然而，那个时候，进入英国政坛要有一定的党派背景。她出生于保守党派氛围浓厚的家庭，但要从政还须有正式的保守党关系，而牛津大学就是保守党员最大俱乐部的所在地。于是，有一天，她终于勇敢地走进校长的办公室说：“校长，我想现在就去考牛津大学的萨默维尔学院。”

女校长难以置信地说：“什么？你是不是欠缺考虑？你现在连一节的拉丁语课都没有学过，怎么去考牛津大学？”“拉丁语我可以学习掌握！”“你才 17 岁，而且你还差一年才能毕业，你毕业后再考虑这件事。”“我可以申请跳级！”“绝对不可能，而且我也不会同意。”“你在阻挠我的理想！”玛格丽特头也不回地冲出办公室。

回家后，她得到了父亲的支持，就开始了艰苦的备考工作。这样在她提前几个月得到了高年级学校的合格证书后，就参加大学考试并如愿以偿地收到了牛津大学萨默维尔学院的入学通知书。玛格丽特离开家乡到牛津大学去了。

上大学时，学校要求 5 年的拉丁文课程，她凭着自己顽强的毅力和拼搏精神，在一年内全部学完，并取得了相当优异的成绩。其实，玛格丽特不光学业上出类拔萃，她在体育、音乐、演讲及学校活动方面也都颇具才艺。所以，她所在学校的校长这样评价她说："她无疑是我们建校以来最优秀的学生，她总是雄心勃勃，每件事都做得很出色。"

40 多年后，这个当年对人生理想孜孜以求的姑娘终于得偿所愿，成为英国乃至整个欧洲政坛上一颗耀眼的明星。她就是连续 4 年当选保守党党魁，并于 1979 年成为英国第一位女首相，雄踞政坛 11 年的玛格丽特·撒切尔夫人，由于她的杰出表现，被世界政坛誉为"铁娘子"。

3）不要太在意别人的看法

有个"祖孙抬驴"的故事，说的是：

经典故事

祖父和孙子牵着一头驴去赶集，路人见了就说闲话："你看，你看，这一老一少多么愚蠢，有驴不骑。"于是，爷爷就让孙子骑上驴背赶路。路人又说闲话："你看，这孙子多不孝，年纪轻轻的骑在驴背，却让爷爷辛苦走路。"孙子下来让爷爷坐上驴背，路人还是有闲话："你看，你看，这老头不正经，还没有一点仁爱之心，自己坐在驴背，让这么小的孩子走路。"祖孙俩被弄得左右不是，只能把驴捆起来抬着走。路人更加议论，说："你看，你看，这两个傻瓜有驴不骑，还抬着走路。"

大家知道，这是一个笑话，就是笑那些太在意别人闲话的人。

还有一个遭遇相同而结局不同的故事能给我们以启发。

**经典故事**

阿瑟刚刚当上军官，心里很高兴。行军时他总是走在队伍的后面。一次行军中，反对者就取笑他说："你们看，阿瑟哪像一个军官，倒像一个放牧的人。"

阿瑟听后，便走在了队伍的中间，他的反对者又说："你们看，阿瑟哪像个军官，简直是一个的胆小鬼，行军躲到队伍的中间去了。"

阿瑟听后，便走到了队伍的最前面，他的反对者又说："你们瞧，阿瑟带兵还没有打过一个胜仗，他就高傲地走在了队伍的最前边，真是不知害臊！"

阿瑟听后，心想：如果什么事情都听别人的话，连走路都不会走了。从此，他自己想怎么走就怎么走。

看了这两个故事，我们可能会说："走自己的路，让别人说去吧。"但实际生活中，我们能不能做得那么好呢？比如孩子的成绩不如别人好时而心里不乱，能坚定对孩子进行学习品质的培养，加强读、写、算的基本能力训练不放松。这里说的是不要太在意别人的看法，保持快乐的心情，其实事情不同道理总是相通的。保持快乐的心情与提高学习成绩都不能太在意别人的看法，只有相信自己选定的道路，坚定地走下去，成功就会离你越来越近。

(2) 培养自信，鼓起人生希望的风帆

自信、自立、自强，这是为人父母对自己孩子最根本的要求。自信又是这三者中的前提与基础，没有自信就没有自立、自强可言，可见自信是孩子成长中最重要的因素。自信决定热情与潜能的发挥。

所以一个拥有高度自信的人，一定会有强大的动力，做任何事情都会浑身是劲，一往无前，不获成功不回头。所以，有人比喻说："培养起孩子的自信，就像鼓起希望的风帆，他就可能乘风破浪，勇往直前，走向成功的彼岸。"我们都可能同意这样的说法，但怎样培养孩子的自信心呢？

### 1）相信自己的天赋

天赋，就是自然具备，生来就有，或者说是天生的资质。一个人对待自己的长相、资质的看法如何会影响到人的心态。从理论上讲，每一个人都是世界上的唯一，而且也像诗仙李白说的"天生我材必有用"，实际上也是如此。古今中外成功人士中，有相貌英俊的，也有相貌丑陋的；有天资聪慧的，也有天资愚笨的。所以，不论自己的相貌、天资如何，都要坚定地相信"天生我材必有用"，相信我们的天赋必须是要用来做某些事情的，无论困难多大、代价多大，这种事情必定会成功。下面让我们看看两个女孩是怎样发挥她们的天赋的。

**名人链接**

1858年，瑞典一个富有人家生下一个女儿。不久，孩子突然患了一种无法医治的瘫痪症，丧失了走路的能力。

一次，女孩和一家人一起乘船旅行。船长的太太给孩子讲，船长有一只美丽的天堂鸟，女孩子对这只天堂鸟非常感兴趣，极想亲自看一看。于是保姆把孩子留在甲板上，自己去找船长。孩子却耐不住性子等待，她要求服务生立即带她去看天堂鸟。那服务生并不知道她的腿不能走路，而是只顾带着她一道去看那只天堂鸟。奇迹发生了，孩子因为过度渴望，竟忘我地拉住服务生的手，慢慢地走了起来。从此，孩子的病痊愈了。

也许是由于有了童年时忘我而战胜了疾病的经历，女孩子长大以后，又忘我地投入文学创作中，最后成为第一位荣获诺贝尔文学奖的女性，她就是倩尔玛•拉格萝芙。

倩尔玛•拉格萝芙可能就因为她的强烈的渴望，才使她战胜了疾病、忘我地创作而获得了诺贝尔文学奖，而卡斯•黛莉却是因为淡忘了自己身上的缺点才获得了成功。

**名人链接**

有一个女孩，有一副美丽动听的歌喉，但长着一口龅牙。有一次，她去参加唱歌比赛，上了台，她只顾掩饰自己难看的牙齿，让观众和评委感到好笑，结果她失败了。但有评委却认为她的音乐潜质很好，便到后台找到她，很认真地告诉她 ：“你肯定会成功，但必须忘记你的牙齿。”在“伯乐”的帮助下，女孩慢慢走出了龅牙的阴影。后来，她在一次全国性大赛中，以极富个性的表演和歌唱打动了观众和评委，结果脱颖而出。她就是卡丝•黛莉——美国一位著名歌唱家。她的龅牙同她的名字一样有名，歌迷们称她的牙很漂亮。

忘我是走向成功的一条快车道，因为人在忘我的境界中，常常会超越自身的束缚，释放出最大的能量。所以，形体的美丑、资质的智愚都是爹妈给的，就不需要多去费心思，最好还是忘掉这些先天的东西，充分地去释放自己的能量，把该做的事情做到最好。

### 2）相信自己是最优秀的

哲人说过："你就是你心目中那个你自己。"这就是说，你以为自己是怎样的人，你的人生就将是怎样。所以，许多教育家都重视赞赏、鼓励、夸奖的教育方法，目的是为了树立孩子的信心和良好的自我感觉，让他觉得自己是最优秀的。还有人说："如果用两个字来回答什么是教育的问题，那就是'鼓励'。"因为鼓励能树起人的信心，让人有勇气、有智慧、有毅力争取成功的机会。反之，如果别人打击了他的自信，或者他因为自卑而感觉不到自己的优势、实力，以致浪费潜能，错过机会，造成人生遗憾。我们还是看看"柏拉图和他的助手"的故事吧。

**名人链接**

柏拉图

风烛残年之际，柏拉图知道自己的时日不多了，就想考验和点化一下他的那位看来很不错的助手。他把助手叫到床前说："我需要一位最优秀的传承者，他不但要有相当的智慧，还必须有充分的信心和非凡的勇气……这样的人选直到目前我还未见到，你帮我寻找和发掘一位好吗？"

"好的，好的。"助手很温顺很诚恳地说："我一定竭尽全力，以不辜负你的栽培和信任。"于是，他就不辞劳苦地通过各种渠道开始四处寻找。可是，他领来一位又一位，都被柏拉图一一婉言谢绝了。

又一次，病入膏肓的柏拉图硬撑起来，抚着那位助手的肩膀说："真辛苦你了，不过，你找来的那些人不如你……"

半年之后，柏拉图眼看就要告别人世，最优秀的人选还是没有着落。助手非常惭愧，泪流满面地坐在床边，对他沉重地说："真对不起，令你失望了。"

"失望的是我，对不起的是你自己。"柏拉图说到这里，很失望地闭上了眼睛，停顿了许久，又不无哀怨地说："本来，最优秀的人就是你自己，只是你不敢相信自己，才把自己给忽略、耽误、丢失了……其实，每个人都是最优秀的，差别就在于如何认识你自己，如何发掘你自己……"话没说完，一代哲人就这样永远离开了这个世界。那位助手非常后悔，甚至整个后半生都生活在自责之中。

如果这位助手心里有了"每个人都是最优秀的"或"我就是最优秀的"这样的信念，他就不会错过当传承者的机会，也不会让后人为他感到惋惜。

人们常说，世上什么药都有卖，就是没有治后悔的药。后悔又有什么用呢？自责又有什么意义呢？还是让我们牢牢记住柏拉图说的话："最优秀的人就是你自己"，"每个人都是最优秀的"，只有这样才有可能走向成功。因为，一个人只有首先相信自己，才能让别人相信你；如果你连自己也不相信，那么你就有可能失去在这个世界上最可依靠的力量。特别是青少年，有如人生的早春季节，更应该意识到"最优秀的人就是你自己"、"每一个人都是最优秀的"，只有这样，才能志存高远并为之努力奋斗。

3）相信自己做的事情一定能成功

要培养孩子的自信，一是要相信自己的天赋，不自卑；二是相信自己是最优秀的，即相信自己有超群的能力，别人能成功我一定会成功；三是相信自己做的事一定会成功，尽管会碰到困难挫折都会一往无前；这是自信的三级台阶，缺一不可。看看“人生不需要被保证”的故事，可以让我们更加明白这些道理。

一位成功人士在回忆他的成长经历时说——

**典型案例**

“小学六年级的时候，我考试得了第一名，老师奖给我一本《世界地图》。我好高兴，跑回家就开始看这本书。很不幸，那天轮到我为家人烧洗澡水。于是，我就一边烧水，一边在灶边看地图。看到一张埃及地图，想到埃及很好，有金字塔，有国王和艳后，有尼罗河，有法老王，还有许多很神秘的东西，心想，长大以后我一定要去埃及。

“正当我看得入神的时候，突然从浴室里冲出一个人来，围着一条浴巾，用很大的声音对我说‘你在干什么？’我抬头一看，原来是爸爸，我说‘我在看地图’，爸爸很生气地说：‘火都熄了，还看什么地图！’我说：‘我在看埃及地图。’爸爸跑过来给了我两个耳光，还踢我屁股，然后用很严肃口气跟我说：‘我给你保证！你这辈子都不可能去埃及！赶快生火！’

“我当时看着爸爸，呆住了，心想：我爸爸怎么给我这么奇怪的保证？真的吗？这一生我真的不可能去埃及吗？接着我又想：我一定要去埃及！

“20年后，我第一次出国就去了埃及。我的朋友问我为什么去埃及？我说：‘因为我的人生不要被保证，我相信自己想做的事情一定会做到。’有一天，我就在埃及的金字塔前寄了一张明信片给我爸爸。我写道：'亲爱的爸爸，我现在就在埃及的金字塔前给你写信。我小时候下决心一定要到埃及旅游，我一直相信自己一定会做到，所以今天实现了。'"

别人保证不了你的人生，你的人生也绝不可被别人保证。别人只能刺激你，只有自己才能保证自己，也只有相信自己做的事情一定能成功，最终是有志者事竟成。

### (3) 帮助孩子树立远大志向

确立人生的远大目标是人生的"志"；咬定这个目标，干劲十足、一如既往是立世之"气"，两者合起来就叫做"志气"，人生的作为就在于此。一个有志气的人，他认为人生的意义就在于为自己的志向作出不懈的努力。自立自强靠志气，志气是人的脊梁。

当然，所追求的理想目标应当明确，切实可行；不能虚无缥缈，也不能好高骛远。历史已经证明，只有那些不满足于现状，渴望点点滴滴积累自己的实力，时时刻刻希望一步一步向上攀登的人，才能攀上人生的光辉顶点。其中很关键的一点是：既要有积极的心态，抱有雄心大志，又有矢志不移，非达目标不可的坚定意志。下面还是看看雄心壮志在自我教育、激励自学、推动进步等方面的意义吧。

#### 1）雄心壮志是自我教育力量的源泉

人有了雄心壮志，他就能够规划自己，激励自己朝着目标不断前进，这就是一种自我教育。我们都同意这样的说法：教育的最好效果就是让孩子学会自我教育。所以，父母要想让孩子能够进行自我教育，那么最好的办法就是帮助孩子树立雄心壮志。让我们一起看看"以天下为己任"的毛泽东是怎样自己教育自己的。

**名人链接**

毛泽东从青少年时代起就立志救国，献身革命。他在中学读书的时候，同学们就称他为“身无分文，心忧天下”。他在离家求学前夕，改写了日本西乡隆盛的一首诗留给父亲：“孩儿立志出乡关，学不成名誓不还；埋骨何须桑梓地，人生无处不青山。”

1914 年，毛泽东在湖南长沙第一师范读书期间，全部费用只有 169 元钱，而其中的 1/3 花在订报、买书上，铺盖和衣服则非常简陋单薄，但他从不把这些放在心里，常常和同学互相勉励说：“读书要有理想，要有以天下为己任的雄心壮志。”他还与同学提出“三不谈”：一不谈金钱；二不谈身边琐事；三在校期间不谈男女恋爱问题。

他认为，改造国家，改造社会，对学习的需要太迫切了，一定要珍惜宝贵的青春，把时间和精力都花在有价值的事情上。

当然，父母教育孩子不一定都为了培养伟人，但是可以从中学习、借鉴，让孩子像伟人那样树立雄心大志就能发愤地投入学习，为之不辞辛苦、不知疲倦地奋斗，这是每一个做父母的人所希望的。

2）壮志是激励自学的内动力

人一旦自主确立人生目标，他就会自觉地为自己的目标默默地准备着。这就像要上山砍柴就须先磨刀，要打仗就须先练功夫。所以，很希望孩子努力学习的父母，最好的方法莫过于帮助他树立雄心大志，确立人生目标。一旦孩子的人生目标确立，努力学习那是他自己的头等大事了，是他自己要到达成功的彼岸，而作为准备工作的造船、铺桥工作，只要别人不打扰，他自己就会做好的。请看看徒步环球旅行的潘德明是怎样实现他的目标的。

潘德明徒步环球旅行

典型案例

20世纪30年代，上海青年潘德明，历时7年，徒步环球旅行。

潘德明出生在浙江湖州一个成衣匠的家庭，他从小酷爱体育，早就有漫游世界的大志。因此，他特别用心读书，尤其是潜心钻研外语，阅读世界地理，研究世界地图，为环游世界作了多年的精心准备。

1930年6月18日，《申报》报道了“组织中国青年亚细亚步行团”的消息，潘德明闻讯后立即报名参加。开始，步行团共有8人，但到了越南，只剩他一个人了。旅行途中他历尽艰险，曾三次碰上老虎；在他穿越1380里沙漠时，因缺水而昏迷，幸亏被一支驼队救起。1937年7月，潘德明战胜了无数的艰难险阻，环游了40多个国家和地区，终于回到了祖国的云南省西双版纳。

从这里我们可以看到，潘德明为了实现他漫游世界的梦想是如何用功读书，特别是他钻研外语和地理知识。我们可以从中得到一个启发：父母想要孩子用心读书，就要帮孩子树立远大的志向，让他为了实现梦想而努力吧。

3）志向、目标是努力进步的强大力量

当一个人胸怀凌云壮志的时候，他的确是浑身是劲，所向披靡，一往无前；但当一个人踌躇彷徨的时候，他就可能不见了往日的雄风、锐气，甚至落入平庸无能的境地。这就不难让我们看出志向是努力进步的推进力。一旦没有了这个推进力，人就像逆水的船，不上则下，其结局就难以预料。让我们一起看看“不再矮的人”的故事吧。

典型案例

身高1.65米的他，在他的青少年时代一直非常勤奋，小学三年级就当上了少先队大队长，初中二年级就加入了共青团，高中毕业考上了名牌大学，参加工作后入了党，提干比周围的人都快，又很顺利地找了漂亮高挑的妻子。

令人纳闷的是，以后他便很少有发展。职务不再提升不说，所有方面的成绩都很平常，而且也看不出什么主观上的原因。

很多年以后，他自己才悟出了真正的原因。他想到上小学时个子矮小，为了不受其他男孩的欺辱，他非常努力；上中学时，他个子不及女同学高，为了不受她们的嘲笑，他非常努力；到了成家立业的年龄，他常因身高不够而自卑，为此他又非常努力。他的努力化成业绩，终于使他在同龄人中获得了某种高度，从此他不再在意自己的身高了。

然而，就从他自我感觉终于不矮的那时开始，他就停止了“长高”。

这个真实的故事说明，目标是我们生活的意义所在。明确的目标和志向是努力进步的强大动力。作为父母都希望孩子不断进步，那最好的办法就是鼓励他树立雄心大志，有了这个强大的动力，进步就自在其中了。

4）如何帮助孩子树立远大的志向？雄心壮志是自我教育力量的源泉，目标大志是激励自学的内动力，志向是努力进步的强力推进器。也就是说雄心大志是力量之源，是人生进步的活水源头，是取得成功的心理保证。雄心壮志的好处我们都已经知道，问题的关键是如何帮助孩子树立远大的志向。

①我们应该清楚，树立雄心壮志是孩子自己的事。他的生活态度、人生观等内因是其决定的因素。教育者、监护人只能创设环境影响、熏陶他。父母是孩子最亲的人，就应该想方设法帮助他。创设环境主要是两个方面，一是营造奋发向上的家庭氛围，作为父母的人有智的用智，有力的尽力，做到各尽所能，尽心尽责；二是父母要树立胸怀宽广，慷慨大方，光明正大的形象。身教重于言教，这样就能给孩子一个阳光少年的生活环境。

在帮助孩子树立雄心大志方面主要是做好三方面的工作。一是适时地用一些阐述立志的名言警句激发孩子的雄心壮志，如："有志者事竟成""人穷不可志短""有志不在年高，无智百岁空劳""无志者常立志，有志者立长志"等。还有文人骚客表达雄心壮志的诗词名句，如：曹操的"老骥伏枥，志在千里，烈士暮年，壮心不已"；陶渊明的"精卫衔微木，将以填东海"；李世民的"心随朗月高，志与秋霜洁"；刘禹锡的"莫道桑榆晚，微霞尚满天"；白居易的"怜君头早白，其志竟不衰"；杜甫的"非无江海志，潇洒送日月"；陆游的"壮心未已年俱老，死去犹能作鬼雄"；苏轼的"回狂澜于既倒，支大厦于将倾"；文天祥的"人生自古谁无死，留取丹心照汗青"……这些名言警句、诗文名句已为中华民族儿女树立雄心壮志起到了很大的作用，也一定能为今天的孩子们的立志再展新姿。

②根据孩子的年龄讲故事或引导孩子去读名人传记。阅读名人传记不仅能够了解主人翁的事迹，更能够通过记述事迹的字里行间，了解到他们伟大的精神世界。

如读《孔子传》，能让人了解孔子悲哀的幼年、卑微的少年、悲愤的青年、奔波的中年、不得志的老年。特别让人感动的是，当他17岁丧父那一年，鲁国季氏宴请全国士人，孔子一向以读书人为己任，以为自己也在被请之列，不料身穿孝服的孔子走到季氏门口，被守门的阳虎挡住。阳虎还说："我们主人请全国的士人，大概没有请你吧。"这时的孔子如闻晴天霹雳，自己被拒于士人阶层以外，做官升迁之路被堵了。怎么办？发愤读书，收徒讲学。终于在他30岁的时候，凭自己的办学成就傲立于世。

如读《拿破仑传》，最使人感动的不是他叱咤风云地指挥千军万马，也不是他当元帅、做皇帝的显赫，而最让人感动的却是：出身法国科西嘉岛没落贵族家庭的拿破仑，上学的时候因为贫穷，深受富家子弟的讽刺与挖苦，受尽鄙夷和白眼。拿破仑非常愤怒，却没有办法，只有忍耐，暗暗用功。对于每一次嘲笑、每一次欺侮、每一次鄙夷，都使他暗暗下决心。他发誓要让那些人看看自己确实要高于他们。16岁时，拿破仑父亲去世的那一年，他到军队当了兵。又因为家境贫窘，他的身体原因使他没有得到他该得到的职位。还是因为贫困，使他失去了曾争取到的职位。于是他就埋头读书，下决心要让天下的人都知道他的才华。

“悲愤出诗人，磨难出奇才”。但今天的孩子们生活在幸福的年代、快乐的时光，怎样才让他们胸怀远大志向呢？虽然方法很多，但最好的办法还是让他们听伟人故事、读名人传记，因为在这当中感受到的教育，不是一般说教所能做得到的。如果做得好，它还有影响孩子一辈子的效果。所以，当家长与我探讨如何教育孩子、指导孩子学习的问题时，我总是向他们建议引导孩子读两方面的书，一是成功学方面的好书；二是读名人传记。原因是，多读这两方面的书，至少可以发展积极的心态，以至胸怀大志，对其人生有远景规划，对当前任务自有计划。如果，他的规划、计划雄心勃勃，干劲十足，哪还有什么必要为他们多操心呢？如果心态积极了，有雄心大志了，你不让他读教科书都不行。从你“要他读”到“他要读”，这里面的关键就是他有没有远大的志向。所以帮助孩子树立志向，比要他读教科书做作业重要得多。

### 4.说话能力的培养

本节的主题是“踊跃发言”，踊跃是积极心理状态的表现。有了积极的心理状态，就可能积极发言。如果按照“水到渠成”的说法，渠已经成了，水能不能到还有待考虑。这个水就是发言，也就是说，想说还有个能不能说的问题。所以，作为父母不仅要培养孩子的积极心态，还要培养他的说话能力。说话能力是人的智力的一部分，但对于这一个问题可能还会有不同的看法。

因为，在过去约100年的历史中，人们有一个习惯性的认识，认为智商测试是衡量才能的最好方法。其实，智商测试并非完美，有许多东西它无法作出评价。智商测试不能提示你长大以后适合做什么，一生中能取得什么样的成就。而且，测试的问题也往往夹杂着出题人的喜好或个人观点。智商测试的局限性，它通常把注意力集中于文字或数学上，而忽略了音乐、体育、艺术和人际交往等方面的内容。

1983年，哈佛大学教授霍华德•加德纳博士，向智商测试提出了挑战，在其著作《心理结构》一书中提出了多元智能的理论，并给这些不同的智能确定了名称，即：语言智能（语言文字才能）、音乐智能（音乐才能）、逻辑—数学智能（逻辑思维才能）、空间智能（图形才能）、身体—运动智能（身体才能）、人际关系智能（人际交往才能）、内省智能（自我认识才能）、自然主义智能（自然才能）。智能离不开思维，语言是思维的工具，所以，语言智能被排在第一位，可见语言智能—说话能力的重要性。

要培养孩子的说话能力，必须注意三个层面上的问题，一是让人听懂，给人好印象；二是讲究说话态度，让人喜欢听；三是讲究说话艺术，增强说话效果。这三个问题中，让人听懂是前提、基础，让人喜欢是手段，增强效果是目的。

(1) 让人听懂，给人好印象

“语言，以语音为物质外壳，由词汇和语法两个部分构成的符号系统，是人类最重要的交际工具。人们利用它进行思维，交流思想，组织社会生产，开展社会斗争，承载信息，传承文明。它有口语和书面语两种形式。是一种特殊的社会现象”。这一段来自《现代汉语规范词典》的话，给了我们很多的信息，但最基础的是：语言是符号系统，是交际工具。符号要让人懂，工具要起到传情达意的作用。所以，对于语言最最要紧的是，把话说好，让人听懂，给人好印象。要做到这几点，也要达到三方面的要求。一是普通的人说好普通话；二是普通的人说好不普通的话；三是用嘴巴说话务必口语化。

1）普通的人说好普通话

我们都是平常的普通人，说话就是用语言表达思想。我们要用语言表达思想，第一要掌握语音这个语言外壳。语音和一切声音一样，也是一种物理现象，它是由音高、音强、音长、音色四个要素构成的。这四个要素如果难以把握，暂且不论，但最起码的一点要讲究，那就是语音要清晰，能传情达意，让人能听懂。

第二是必须说普通话，因为它是标准的国语。需要特别指出的是，孩子出世，哪怕是尚未出世时的胎教，都要跟孩子说普通话。我们常说“父母为孩子须从长计议”，一开始就跟孩子说普通话，这是第一件为孩子从长计议的好事。因为孩子一开始就听懂普通话，在他以后的看动画片，看电视，听课，与人交往中，不仅比用方言土语减少困难、障碍，而且会大大提高听话的效果。

第三是注意语法。语法是语言结构的规律。人们运用语言的时候，要用许许多多的词，造出各种各样的句子。各种词怎么用，各种句子怎么造，都有一定的规律。这些规律，就是语法规律。所以，通俗地讲，语法也就是组词成句的规律。但要注意的是，讲究语法要根据孩子的说话水平跟进，绝不能想当然冒进。打个比方，跟孩子讲语法，就像孩子已经学会了走路，你在跟他讲如何才能走稳、走快、走好；也像大人学骑自行车或游泳，在已经能游、能骑的前提下再跟他讲方法提高。走路、骑自行车、游泳这一些都是实践活动，实践活动只有在实践中先学会，再用理论、方法去提高。如果一味寄希望用方法、理论去指导学会，这不仅学不会，而且很可能会挫伤人的积极性。所以，父母在教孩子说话中最好不要出现“语法”的字样，只是在发现孩子讲话有不对的地方，用规范的语句去示范，让孩子自己模仿着纠正，而且一定要记住“只能跟进，不可冒进”。

第四是注意修辞。修辞是恰当地表达思想感情的语言手段。所谓恰当，不同语境有着不同的要求。但一般说来，语言表达应具有准确性、鲜明性和生动性。这就要求在说话、写作过程中，应根据思想内容的需要，在选用词语方面注意词语的意义、色彩和声音；在造句方面要注意句式的选择和句子的组织。要使语言表达具有准确性、鲜明性、生动性，首先要有丰富的生活实践经验和真实的生活感受；其次是正确的思想观点；最后才是要注意修辞，讲究语言技巧。这一点同样是要注意“只能跟进，不可冒进”。即观察孩子的语言行为，没有明显的错误都要鼓励多讲，只是在出现明显的错误时，才拿适当的词语去置换原来不适当的词语，换上了适当词语后请他再讲一两遍。

第五是注意逻辑。逻辑研究思维形式的结构及其规律的科学。思维形式，是人脑对对象概括的、间接的反映的最基本的形式，即概念、判断、推理等。思维形式的结构是指概念、判断、推理的结构，以及它们之间的联系。思维形式的结构的基本规律有：同一律、矛盾律、排中律。形式逻辑的任务就是研究思维形式的结构，解释它的规律，为人们正确地进行思维提供必要的工具。但这个工具的使用，还得看孩子说话的水平有没有到了该讲逻辑的时候，同样只能根据水平跟进，不搞冒进。水到渠成，首先是渠成，然后才能让水到，这个渠就是说话的水平，这个水就是逻辑知识。

总之，语法、修辞、逻辑不是用来束缚训练说话的，而是用来提高说话水平的，教孩子说话，要先放开来让他去说，说到自如、自信的水平的时候，再适当地提出要求坚持用普通话讲，要求语音清晰，再讲点语法、修辞、逻辑等要求以利提高。就这样，教孩子说话是在实践中训练，在实践中提高，在提高中规范，把普通话说好，打好说话艺术的坚实基础。

2）普通人，说好不普通的话

踏踏实实把普通话说好，使自己的话起到传情达意的作用，达到与人交往的目的。其实，这是基本要求，为了交际保障生活，也为了提高说话艺术打基础。但是谁都会有梦，都不会甘心普普通通一辈子。要想让自己表现得不普通，首先需要有惊世骇俗之言，以志气、大气、灵气给人以强烈的刺激，令人洗耳恭听，最终使自己的名字随着语言的翅膀飞翔。少年周恩来就是一个很好的例子。

**名人链接**

有一年暑假，少年周恩来到奉天城东郊一个同学家作客。这位同学的祖父是一个很爱国的私塾先生，他带周恩来和他的孙子到日俄战场遗址去参观。中国人民受列强欺侮的奇耻大辱，在周恩来幼小的心灵上播下了救国救民的火种。

有一次上课，学校里的魏校长问同学们："你们为什么要读书？"课堂里顿时寂静无声，停了一刻，一个同学毕恭毕敬地站起来回答说："读书是为了寻找出路！"话音刚落，另一个同学说："为了荣宗耀祖！"这时，一个同学霍地从座位上站起来，他浓眉大眼，昂首挺胸，大声回答说："为了中华民族之崛起，腾飞于世界！"他就是少年周恩来，当年他才 12 岁。就因为他远大志向的话语，令魏校长惊奇，令全班同学震惊。从此，周恩来的名字就深深扎根于人们的心里。

**名人链接**

伟大的革命导师马克思在中学时期，就因为他的远大志向感动了学校的老师。1835 年，马克思就要在特利尔中学毕业了。毕业前夕，班里的同学都在谈择业问题。有的想当官，有的想经商，有的想做医生，也有的却爱上了做神甫。

马克思在他的毕业论文中则提出了一个崭新的思想。他在文章的结尾部分写道："我们选择职业所应遵循的主要指针，是人类的幸福……"老师对这篇闪耀着伟大思想火花的论文大为惊叹，高兴地在马克思的毕业证书上写下了"思想丰富，理解深刻"的评语。此后，马克思更加努力，循着"寻找人类幸福"的伟大指针，最终揭示了资本主义的本质，成为了 19 世纪最伟大的思想家。

普通的人能说好不普通的话，他就可能从此不再普通。看看"东方朔的求职书"就会让我们有更加深刻的认识。

**名人链接**

汉武帝刘彻即位初期，就下令征召天下能人，给予破格录用。于是，各地的读书人纷纷写策论，展示自己的才华。其实，当时的策论就是今天的求职简历。有一个人因为他的简历写得与众不同，引起了汉武帝的极大兴趣，最终他如愿以偿得到了

东方朔

在朝廷工作的机会。这个人就是东方朔。他的求职简历是这样写的：臣朔少失父母，长养兄嫂。年十三学书，三冬文史足用。十五学击剑，十六学《诗》、《书》，诵二十二万言。十九学孙吴兵法，战阵之具，钲鼓之教，亦诵二十二万言。凡臣朔固已诵四十四万言，又常服子路之言（无宿诺，有诚信；即说到做到）。臣朔年二十一，长九尺三寸，目若悬珠，齿若编贝，勇若猛贲，捷若庆忌，廉若鲍叔，信若尾生。若此，可以为天子大臣矣。臣朔昧死再拜以闻。

东方朔在写求职书以前是一个普通的人，就因为他的求职书写得不普通，才使他从一个普通的人一跃成为在朝廷上显赫的高人。

3）用嘴巴说话一定要口语化

说话的目的是传情达意，交流思想，交际生活。所以，说话要求清晰、简洁、形象、生动，尽可能地生活化、口语化。具体要注意以下几点。

①尽可能少用单音节的词。中国是一个具有五千年文明的古国，所以在中国的语言文字中，音节的形式也比较丰富。古代文言文中有许多单音节的词，理解它的意义就比较困难，因为它离我们的生活比较远；现代汉语中也有许多单音节的词，如果讲话中用得太多，也会让人听不懂。我们讲话属口语，口语是线性语流结构，以声传意，瞬间即逝，不像看报、读书，看一遍没弄懂，还可以再看一遍。所以同义的词就要选用双音节、多音节的词，不要用单音节的词。双音节或多音节的词比单音节口传、耳听的

音量倍增；而且双音节、多音节的词中往往有同义互解的内容，这就为理解创造了非常有利的条件。如“因我没经专门的说话训练”，就不如说“因为我没有经过专门的说话训练”，这样容易使人听懂。

②多用比喻。如果说口语也要讲究修辞，那么最好就是要多用比喻。因为比喻集形象、生动、活泼于一体。诗人艾青在《创作上的几个问题》的讲话中，讲到艺术家多扎根于生活的时候说：“艺术家离开了生活，像一棵树从泥土中拔出来，会枯死；像鱼离开了水，也活不了；像小孩子失去了奶，是要掉泪的。”这段话里，一连用了三个比喻，生动地把艺术家离开生活的严重后果比做：树枯死、鱼活不了、小孩掉泪。连珠炮似的比喻，振聋发聩，发人深省。

鲁迅先生在《故乡》一文的末段写道：“我在朦胧中，眼前展开一片海边碧绿的沙地来，上面深蓝的天空中挂着一轮金黄的圆月。我想：希望是本无所谓有，无所谓无的。这正如地上的路；其实地上本没有路，走的人多了，也便成了路。”希望，消极的人把它看成虚无缥缈，积极的人把它看成推动航船前进的风帆。因为它看不见，也摸不着，很难讲清楚，但鲁迅先生用路来比喻希望，一下子就让无形的概念变成了实物，很形象也很贴切，深刻地说明了一个辩证的哲学道理：“希望”的有无取决于实践，消极等待，绝无希望可言；努力争取，希望就能变成现实。

③多用谚语、俗话。语言要做到既通俗易懂，又具体、生动、形象、活泼。作家秦牧在《艺海拾贝》中说：“历代以来，开一代文风的杰作，其前代的妙文，都在一定程度上一反因循守旧的书面语的习惯，勇于运用活生生的口头语言。古代说书的人，讲到故事中

人物心头不安时，不说忐忑不安，却说‘心里有十五个吊桶打水，七上八下’；讲到羞涩时，不说满面羞赧，却说‘恨不得有个地洞钻下去’；讲到着急时不说着急，却说‘急得像热锅上的蚂蚁’。所有这些都博得听众的赞赏喝彩，而且流传至今仍然有强烈的形象性、新鲜感。”

④多用精悍的短句。早在1947年，新华社就对广播稿提出了口语化的要求：尽量用简短的句子。广播稿是讲给人听的，与人们日常口语是相当接近的。长句短化，复句简化，倒装句正装化，少用专业术语和文言词语，使自己说的话变成大实话，做到语言简洁、通俗易懂。丘吉尔在第二次世界大战中“以语言作利剑”，集合了整个国家的力量。他用语简单而又直截了当，如：“我们将坚持到底。我们将在法国作战。我们将在海洋中作战。我们将在海滩上、田野里、街道上和群山之中作战。我们永不投降。”又如毛泽东在《关于重庆谈判》中说：“事情就是这样，他来进攻，我们把他消灭了，他就舒服了。消灭一点，舒服一点；消灭得多，舒服得多；彻底消灭，彻底舒服。”这些句子模糊指数低，显得简洁有力，短小精悍，整齐匀称，自然顺畅，更显得义正词严，理所当然，势不可当。这些话，犹如刺向敌人的投枪、匕首；又犹如战斗的号角，清脆响亮，将所有的力量集合在战旗之下。

⑤不用文言、书面化的语言。语言是交流思想、交际生活的工具，说话的第一个要求是让人听懂，由于文言、书面化的语言不利于交流、交际，所以在讲话、发言中尽量少用或不用，否则会影响效果或闹出笑话。我们还是看看下面的一些故事与笑话吧。

名人链接

孔子在带领学生周游列国的途中，一驾马车的马脱缰，吃了一位农民的庄稼，这位农民把马给扣住了。子贡能说会道，自告奋勇前去交涉，结果讲了半天的道理，说了不少好话，农民就是不给马，子贡只好灰溜溜地回来了。

孔子周游列国

孔子见状，笑着说："你之乎者也，拿人家听不懂的道理去游说，就好像用高级祭品去供奉野兽，用美妙音乐去取悦飞鸟，怎么行得通呢？"于是让马夫前去讨马。马夫走到农民跟前，笑嘻嘻地说："老兄，你不是在东海种地，我也不是在西海旅游，我们既然碰到了一起，我的马吃了几口你的庄稼，确实对不起，但也不是什么大不了的事。"农民听了马夫的这番话，再看看与自己穿着相同的马夫，觉得亲切，就痛快地把马还给了马夫。

子贡要马的失败，就因为他用了文言、书面化的语言去跟农民说话，农民连话都听不懂，怎么可能把马还给他呢？而马夫只会说大白话，口语化，而且句句在理，不仅让农民听清楚，而且打动了农民的心。

还有一个笑话更能说明这样的道理。

**经典故事**

一个书呆子，晚上睡觉被臭虫咬了，就对妻子说："贤妻，迅燃玉灯，丈夫为毒虫所袭。"妻子莫名其妙，还以为他在说梦话，便置之不理。到后来他实在熬不住了，不得不改变说话方式说："老婆，快点灯吧，我让臭虫给咬坏了！"他老婆说："那你为什么不早点说？"他说："我不是已经说了一遍了吗？"他老婆说："你用书中的话说，我怎么听得懂？"

生活中就要用生活语言。生活语言就是口语，不能用文言或书面语言代替。

(2) 讲究说话态度，争取受人欢迎

"会说话能把人说笑，不会说话会把人说跳"。和颜悦色、柔言谈吐、和气待人，一直都被认为是一种美德和本事。心底无私天地宽，"微笑说真理将使你成为最有影响力的人"。谦谦君子，彬彬有礼，宽厚仁慈，理解包容这些行为总能让对方心情舒畅。与人说话是否受人欢迎，很大程度上取决于你的说话态度。那么，我们应怎样讲究态度，争取受人欢迎呢？

1）有备无患，三思而后言

课堂发言、与人交往大多是即席发言。对于课堂发言，我们可能要准备、学习几年或十几年，与人交往那就要准备、学习一辈子。其实，这两者是联系在一起的，我们都要以"台上一分钟，台下十年功”的态度来对待。鲁迅先生说过：“急不择言的毛病，并不在没有想的工夫，而是在有工夫的时候没有想。”孙中山先生也曾强调平时锻炼的重要，他说：“予少时研究演说，对镜练习，到无缺点为止。”我们把每次说话都当成一次即席演说，在平时就要十分注重储备和锻炼，使自己具备以下三方面的素养。

①思想活跃，知识广博。自己的知识储备与对人及事的理解，要能够大体上高于听的人；对听者所关心的问题，能大致上心中有数。

②机智灵活，反应敏捷。善于听，善于从别人的言行举止或情绪表现中发现问题，并抓住问题的要害。

③敏于应对，出口成章。有较强的口头表达能力，有急辩之才；“为有源头活水来”，这个源头活水就是你平时的朗读、阅读和思考。

这样的储备和锻炼就是一种认真的态度。有这样的好态度，你将受到欢迎。

三思而后言。每当说话之前，应对自己所要说的话稍作思考。这里有两方面的意思，一是知彼知己，即对对方的个性、爱好志趣、心情等有个大概的了解；对自己要有个正确的认识，设置好自我“警戒线”。二是对谈话的内容、交流的方式都要有所准备。三是尽可能有腹中提纲或打好腹稿。这样，不仅是有备无患，而且是水到渠成。

#### 2）谦虚有礼，侃侃而谈

“满招损，谦受益”，“谦虚使人进步，骄傲使人落后”，这两句话表述不同，意义相近的格言告诉了我们谦虚的好处。同样，说话时谦虚有礼会受到人们的欢迎。谦虚有礼一方面是真诚地尊重对方、关心对方的需要，尽力避免伤害对方；另一方面，严格地要求自己，对自己的意见与看法带着一种“不一定对”的保留态度，虚心听取别人的意见，关心别人的感受与反映。

保罗说得好："一个人的真正伟大之处，就在于他能够认识到自己的渺小。"莎士比亚也说："希望往高处爬的人，应该踩着谦虚的梯子。"

**名人链接**

1991年11月，中国电影最高奖——"金鸡奖"、"百花奖"同时在北京揭晓。李雪健因为主演电影《焦裕禄》，而同时获得这两项大奖的"最佳男主角"奖。李雪健在颁奖会上致答谢词的时候说："苦和累都让一个好人——焦裕禄受了；名和利都让一个傻小子——李雪健得了……"他话音刚落，全场掌声雷动。

大家热烈鼓掌的原因，是李雪健恰如其分地运用了对比的两句话，既歌颂了焦裕禄的高尚品质，又表达了自己受之有愧的心情和谦逊的为人，风趣幽默，给人留下了美好而深刻的印象。

3）上什么山唱什么歌，见什么人说什么话

交谈，是思想交流的过程，也是人与人合作的过程。不同年龄、不同地位、不同地域、不同经历、不同性格、不同爱好的人都有自己各自的心理特点。因此，在交谈中选择什么样的话题，采用什么样的方式，选用什么样的语言和口吻，都应当相对而言。也就是俗话说的"上什么山唱什么歌，见什么人说什么话"，这样大家才能感到你是他们的自己人。一个人的兴趣爱好往往是他知识储备中的精华部分，你能把话题引到他的特长上，他就像找到了知音，兴趣一下子就上来了。如果你的话题都是他们的盲区，那么就可能出现冷场，或有人无心的现象。所以，你不要和未婚青年谈孩子的教育问题，不要和艺术家谈理财，不要和残障人谈运动等。如果你觉得自己缺少广博的知识和控制谈话的能力，你可以从发现对方的志趣爱好中发挥对方的特长，让他来谈，你来听，这样也可以促进交流发展感情。

如果你发现不了对方的知识特长、志趣爱好、个性特点，那么你可以从赞扬、欣赏的角度去发挥，这样肯定错不了。古时候，有这样一个笑话：

**经典故事**

有两个学生要出去做官上任，特地前去拜访他的老师，询问做官的诀窍。老师说："现在这世道说实话是不行的，碰到人就给戴顶'高帽子'就行了。"其中一位赶紧附和道："老师的话千真万确，今天像老师你这样不喜欢戴'高帽子'的又有几个呢！"老师听后很高兴。出门后，这个学生就对另一个学生说："'高帽子'已经送出去了。"

喜欢戴"高帽子"，喜欢听奉承话，这不是某些人的爱好，而是人的共同特点，可以说这是人性的弱点。

4）学点幽默，谈笑风生

"心灵如水"，这有很丰富的含义，其中之一就是心灵好像对温度有特殊的敏感，遇到冷淡、冷漠的表情它就会凝结、凝固，硬起来。但遇到了热情、热烈场面和欢乐、温暖的笑容就会软化、融化，变得活泼。所以，善于交际的文人雅士往往要玩点幽默，或者讲个笑话，或者用一两句妙语，或者进行自我调侃制造笑声，轻松氛围，活跃场面。比如张大千的“小人与君子”就是一个经典的幽默故事。

**名人链接**

抗战胜利后，张大千要从上海返回四川老家，出行前好友为他设宴饯行，并特地邀请梅兰芳等作陪。宴会开始，大家请张大千入座首位。张大千风趣地说：“梅先生是君子，应该坐在首座，我是小人，应坐在末座。”

梅兰芳和众人听了都不解其意。于是张大千解释说：“不是有句话讲‘君子动口，小人动手’的吗？梅先生唱戏是动口，我作画是动手，我理该请梅先生坐首座。”满堂宾客听后为之大笑，并请两位并排坐了上座。

张大千自我调侃，自称为小人，实则是借玩笑既活泼氛围又尊重梅兰芳先生。从而给大家留下了一个极好的影响，表现了张大千开朗的胸怀和谦虚美德，又风趣幽默地制造了和谐轻松的氛围。

**名人链接**

清代文学家纪晓岚也是一位名闻古今的智慧过人者，他常常诙谐幽默，语出惊人，化难解愁。他在陪伴皇帝读书时，一天，久等不到皇帝来，不免自言自语道：“老头子怎么还没来？”谁知话音未落，乾隆皇帝却来到了他的跟前。乾隆厉声说道：“老头子，三字作何解释？”纪晓岚急中生智，从容答道：“万寿无疆、万岁曰‘老’；顶天立地，君临天下为‘头’；自古以来，皇帝均称天子。”乾隆皇帝受到极大的恭维，不仅火气全消，还更认为纪晓岚的确机智幽默，满腹文才，遂赏赐颇丰。

纪晓岚

5）尊重关爱，显示友善

印度诗人泰戈尔说：“你尊重人家，人家尊重你，这是人与人之间的公平交易。”尊重别人是文明礼貌的表现，是高尚人格的体现。尊重的形式很多，尊重他人的选择，尊重他人的生活习惯，尊重他人的信仰，尊重他人的劳动果实，尊重他人的隐私，尊重他人的生理特点……尊重有很大的同情心、责任心、公德心。尊重又是互相的，要想得到别人的尊重，先得尊重别人。看看“可贵的尊重”的故事吧。

名人链接

有一天，俄国作家屠格涅夫走在路上，一个穷人上前求他说：“我肚子饿了，请你给我一点钱，好买面包吃。”屠格涅夫回答说：“好！”就伸手到袋子里去摸钱，可是袋子里空无一物，于是他只好对穷人说："兄弟啊！对不起！对不起！我没有带钱出来。"

那个穷人说："谢谢你！谢谢你！"屠格涅夫既惭愧又惊奇，就问他说："你谢我是什么意思呢？我连一分钱也没给你！"那个穷人说："谢谢你救了我的命，因为四十年来由于贫穷被社会遗弃，所以想去自杀。你是第一个叫我兄弟的人，使我内心感到温暖。"

屠格涅夫

看看，这就是尊重的力量。俗话说："恶语一句六月霜，良言一句三春暖"，可见多讲尊重关爱，显示友善的话不仅肯定没错，而且也会使你大受欢迎。

### （3）动脑用心，效果倍增

这里的"动脑用心"也有"三思"的含义，不过上文是从态度的角度阐述，这里主要是方法角度展开论述。德国诗人歌德说："铁匠铺里烧得很旺的炉火熔掉了铁条上的杂质，铁质就变得软了，等到它纯化了，就对它敲打和加压，然后又用清水淬火使它再度硬化，一个人在他的老师手里也是这样的过程。"其实，一个人的说话更应该这样。"病从口入，祸从口出"，俗话告诫我们要慎言慎语，这个"慎"，就是小心谨慎多思考。作为年轻人不能消极地对待说话，但说话前要多动脑用心，争取更佳的效果。具体的我们可以从以下几方面去考虑。

### 1）实事求是，据理力争

为人最好的三件事：求真、向善、创美。实事求是就是求真，说老实话、做老实事是立世真谛。当你做宣传鼓动时，实事求是将使你信任度越来越高；当你遭到责难时，实事求是将是你立于不败之地的本钱。《世说新语》有这样一个故事：

**经典故事**

有个叫许允的人在吏部做官，提拔了很多同乡人。有人告发他因公徇私，培植亲信，魏明帝派虎贲卫士去抓他。他的妻子赶快出来告诫许允说："明主可以理夺，难以情求。"让他实事求是向皇上申明道理，而不寄希望于哀情求饶。

于是，当魏明帝审讯许允的时候，许允直率地回答说："陛下规定的用人原则是'举尔所知'，我的同乡我最了解，请陛下考察他们是否合格，如果他们不称职，臣愿受处罚。"魏明帝派人考察许允提拔的同乡，他们都很称职，于是不仅将许允释放，还赏了他一套新衣服。

许允提拔同乡，根据的是封建王朝制定的个人荐举制的任官制度。不管此举妥不妥当，它都是合乎皇帝认可的"理"。许允的妻子深知跟皇帝打交道"可以理夺，难以情求"的道理，于是嘱咐许允以"举尔所知"之事实，用来抵消提拔同乡、结党营私之嫌。这是遭到责难时，实事求是、据理力争的绝好例子。

### 2）晓之以理，动之以情

军事上有个术语叫迂回作战，说话艺术上也有迂回的方法。也就是对方对于你带来的话题有排斥心理，这时候你就应该根据对方的思想观点、志趣爱好、职业特点等，先从话题以外的事情聊起，待到对方心理防线缓解，气氛融洽，再顺水推舟地引入正题。我国古代“触龙说赵太后”的故事中，触龙的说话艺术，可谓迂回曲折，晓之以理，动之以情。

**经典故事**

战国时期，秦国出兵攻打赵国。处于弱势的赵国去向齐国讨救兵，齐国答应出兵，但有个条件：要赵太后的小儿子长安君去齐国做人质。赵太后因为疼爱小儿子，一反常态，变得很不讲理。大臣们进谏越来越多，她就更加发火：“谁要是再敢提长安君当人质的事，我就要把口水吐到他脸上！”

大臣们不敢再说了。老臣触龙听说后，他想了个主意，去见赵太后。赵太后对大臣们只关心政治，不理解做母亲的心情，早就准备好了口水严阵以待。不料触龙的到来，并没有触霉头的意思，反而对赵太后嘘寒问暖，根本不提国事。聊着聊着，触龙提出要求给他的小儿子安排点工作，希望能编进王宫卫队。赵太后心想：“原来是为了这么点小事啊。”心情也放松了不少，笑着对触龙说：“你们男人也疼爱小儿子？”自以为遇到知音了。

触龙非常认真地说：“比你们做母亲的还要疼得厉害。”赵太后觉得找到了感兴趣的话题，高兴地说：“你哪里知道，女人疼爱小儿子才厉害呢！”触龙觉得火候差不多了，便悄悄地把话题转到了长安君身上，说：“哪里！我觉得你疼爱女儿超过了长安君。”赵太后说：“你搞错了，我疼爱女儿燕后比不上疼爱长安君。”

见时机已到，触龙进一步亮出了自己的观点说：“我记得你送女儿嫁到燕国去的时候，你拉着她的手淌眼泪。你还祝祷她在燕国长久，生儿育女继承王位。你不是为她的长久利益打算吗？我觉得，这才是真心疼爱孩子。”赵太后不做声，心里有所领悟，听触龙说下去：“从现在起，三代以前赵王的子孙封侯和继承侯位的，今天已经没有人了。这些人中有一些遇到了祸难，本身就灭绝了；有的祸难落在他们的子孙身上。这是什么原因造成的呢？因为君王的子孙地位很高，可他们没有建功立业，功勋不见；待遇丰厚，却没有作出功绩。这种情况不能服人，就给他们带来了灾难。”

触龙一看赵太后点头了，知道自己的话已经奏效，就进一步分析说：“现在长安君的地位已经很高，土地很多，权力很大，这些都是你给他的；但是，你没有给他建功立业的机会。如果有一天你不在了，长安君靠什么在赵国服众呢？所以，我觉得你爱长安君不如爱女儿燕后呢。”此时赵太后已经无话可说，于是交代道：“你说得不错，长安君的事，你就看着办吧。”

面对赵太后作为母亲的爱子之心，触龙很是理解，于是拿出自己做父亲的爱子之心，先来个同病相怜；再拿赵太后的爱女儿与爱儿子进行比较；然后提出爱孩子须从长计议的深刻道理，说动了连老母鸡都有的爱子之心。从说话艺术上来说，这的确是迂回曲折，缓冲怀柔，旁敲侧击，关键时刻来他个晓之以理，动之以情。

3）以事比事，催人自悟

以事比事，即寻找与话题有相同意义的事情，让对方由此及彼，两相比照，语义明晰，或者兜个圈子让对方自悟，或者稍加点化，让对方茅塞顿开。郑板桥夫人劝说郑板桥的故事，就是一个以事比事的典型。

**名人链接**

郑板桥早年家贫，一年除夕赊账买了一个猪头，刚下锅，又被屠夫要了回去转手卖了高价，为此郑板桥一直记恨在心。直到后来，他到山东范县做官，还特别规定杀猪的不准卖猪头，自己吃也要交税，以示对屠夫的惩罚。他的夫人知道了这件事，觉得很不妥当。

郑板桥

一天，夫人捉到了一只老鼠，于是就把它吊在房间里。夜里，老鼠不断地挣扎，郑板桥一夜没有睡好觉，他就埋怨夫人。夫人说她小时候好不容易做了一件新衣服，结果被老鼠给咬坏了。郑板桥听了觉得好笑，说："兴化的老鼠咬坏了你的衣服，山东的老鼠又没咬你的衣服，你恨它是什么道理？"夫人看时机已到，便说道："你不是也恨范县杀猪的人吗？"郑板桥恍然大悟，随后吟诗一首："贤内忠言实难求，板桥做事理不周。屠夫势利虽可恶，为官不应记私仇。"

郑板桥夫人用的就是以事比事，让人自悟法，收到了很好的效果。

### 4）善于表现，以才动人

君王爱江山，天下爱英才。古今中外都爱英才，就因为英才是竞争取胜的根本，是力挽狂澜、转危为安的依靠力量，是救亡图存、东山再起的希望。人们都希望自己成为有才能的人，也青睐有才能的人，也希望能够把权力交接给才能出众者。当你说话碰到冷遇时，你就得好好想想，是否展示了自己的才能。所以，你想敲开自命清高者的家门和冷漠者的心扉，最有效的办法就是善于表现自己，设法展示出自己的才华，让他因爱才而打开家门和心扉。

**名人链接**

中学生时代的毛泽东表现不凡，曾用一个暑假的时间徒步走遍整个湖南省，也曾打扮成叫花子考察社会，在造访“高人”时就采用展示自己才华的方法才得以成功。在安化县，他去拜访县劝学所所长夏默庵。夏默庵曾就读前清两湖书院，毛泽东两次造访，均遭拒绝。

当毛泽东再次造访时，他给毛泽东出了一个对子的上联：绿杨枝上鸟声声，春到也，春去也？让毛泽东对出下联。毛泽东稍加思索，便对出下联：青草池中蛙句句，为公乎，为私乎？由于下联对得极妙，夏默庵连声叫好，并自愧不如，随后热情地接待了毛泽东。临别时，还给了八块银元，以作旅游费用。

也在这次考察中，毛泽东又去拜访了一位隐居山间姓刘的老翰林，他先献上一首诗，诗里说：“翻山渡水之名郡，竹杖草履谒学尊。途见白雪如晶海，沾衣晨露浸饿身。”翰林一见信上的诗句，对毛泽东的才气非常赞赏，不仅热情接待了他，还给他不少纹银。

毛泽东通过展示其才华顺利地敲开了别人家紧闭的门，也敲开了曾经冷漠的心扉。我们虽然没有毛泽东那样的雄才大略，但是，一方面学习他的积才——发奋读书；另一方面可以学习他的展示才能表现自己的办法，让别人了解自己，以便发展自己。

5）赞扬奉承，点燃热情

赞扬恭维是人际关系高效的润滑剂。赞扬恭维别人的同时，又能显出你嘉许人的雅量；况且这种美丽的言辞又是免费的，真所谓“赞扬不折本，舌上打个滚”。当然，赞扬奉承也是一种技巧，说得妥帖就更能增强你的魅力，如果让赞扬奉承成为你的习惯，那么就能提高你的成功指数。

**名人链接**

毕加索的儿子小克劳德正是出色地用好了赞扬奉承，才满意地敲开了正在作画的母亲的房门。他的母亲佛朗索瓦兹·吉洛特十分爱好绘画，一进入画室就不容人打扰。一次，她正在作画，儿子想让妈妈带他去玩，便去敲门。可是吉洛特已经全身心地投入到绘画上，听到敲门声和儿子的喊声，只是回应了一声“嗳”，仍旧埋头作画。停了一会，门还是没开，儿子又说：“妈妈，我爱你。”可是得到的回音只是：“我也爱你呀，我的宝贝。”门照样还是没开。儿子又说：“我喜欢你的画，妈妈。”

吉洛特高兴了，她答谢道：“谢谢！我的宝贝，你这个小天使。”可是仍旧没有把门打开。儿子又说：“妈妈，你画得太美了。”吉洛特停下笔，但没有说话，也没有开门。儿子又说："妈妈你画得比爸爸好。"吉洛特的画不可能比她丈夫毕加索画得更好，但儿子的话却句句说到了她心里，她也从儿子那夸大的评价中感到了儿子的迫切心情，所以最后还是把门打开了。

一扇紧闭的大门的打开，这无疑是小克劳德赞扬奉承的成功。孩子的赞扬可以打开大人的心扉。那么大人，特别是孩子尊敬的人的赞扬更会显得神奇，就会有一种久旱逢甘霖的感觉，往往会使孩子心潮澎湃，热血沸腾，潜能活跃，干劲百倍，以至能够克服原来克服不了的困难，取得意外的成功。

### 6）将心比心，激起共鸣

有一句很朴实的俗话，它是"上半夜想自身，下半夜忖别人。"它的意思是：上半夜你可以都为自己着想，下半夜了你得站在别人的角度想想。与它意思相同或相近的俗话如"打个颠倒"；书面词语有"将心比心"、"设身处地"、"换位思考"等，但我觉得最通俗又亲切地应该是："将心比心。"古代的心应该相当现代的大脑与脑筋。将心比心，即把工作做到心里面，做到脑子里面了，这应该是工作方法最到位、最有效了，所以产生共同的感觉、共同的情感和同舟共济的愿望是很自然的事。

**典型案例**

一位"老三届"几经磨难，上山下乡，回城待业，工厂当学徒，考试上大学，再读硕士，攻读博士，学历证书一大摞，但已经到了不惑之年，却没有单位要他。在多次碰壁之后，他又了解到一家公司，效益很好。但想进这家公司的人就很多，只是无路可通。他考察调查得知，该公司的经理也是“老三届”，曾被打成“反革命”，平反后由一名科长升为总经理。

这位博士心中有底，手上就有办法。他等到这位总经理值班的日子便去登门求职。开始，这位老总对他像对待其他求职者一样，表面上热情，实际上拒人于千里之外，只是客气地应付道：“你身为博士，我们确实需要，但是目前我们公司已经满岗，我实在是爱莫能助。”博士见话不投机，表示理解、体谅后马上扭转话题，与总经理唠起了“老三届”的经历，什么大串联、革命造反、文攻武卫、上山下乡、战天斗地、回城待业……一幕幕犹如电影回放，让这位也是“老三届”的总经理沉浸在曾经的岁月里，最后是同病相怜，惺惺相惜，二人不免涕泪唏嘘。博士看到火候成熟，又把话题转到自己现在的窘境与辛酸，并真诚地询问总经理如何是好。总经理听后一时无话，但最后还是说：“到我这儿来吧！希望你好好干，咱们一起把公司搞好。”

博士终究是博士，学通心理学，懂得心理的力量，用上了“将心比心”“换位思考”的策略，不仅找到了满意的工作，而且找到了“知音”，为人生的发展创造了契机。他成功的一招，应该对我们有所启迪，至少在练习说话时多考虑用好“将心比心”的方法。

（4）课堂发言中提升语言能力

家庭、学校、社会，这是人类学习、发展语言场所的全部。一个人的语言能力，可以说主要的是在家庭里历练，在学校中提高，在社会实践中发展。这三个方面的作用像是一鼎的三足，少了哪一个都不行。但从学生这一角色来说，学校尤其是课堂显得特别重要。所以，作为一个学生，一定要以主动的态度、积极的行动，抓住课堂发言这一环节，在课堂发言中加深体验，在发言中检验是非对错，在发言中交流思想改善思维，在发言中尝试创新发展，从这四个层面去认识，去落实提升语言能力。

#### 1）课堂发言加深感受体验

人们对课堂参与会有不同的理解，有的认为人到课堂就算参与；有的则认为上课不仅人要到，还要眼到、耳到、心到、口到、手到，而且还要与老师互动，与同学交流。“五到”加互动这样才算真正的参与。我们只能说前一种参与叫消极参与，后一种参与叫积极参与。这两种参与的效果肯定不一样，消极参与只能叫做看客，积极参与才可以叫做经历。看客总有旁观的味道，只有耳、眼、口、心、手都动起来，才有参与的味道。《地球村在行动》一书中说：“我们会掌握阅读（看）内容的 10%，听到内容的 15%，亲身经历内容的 80%。”而且积极地参与本身就是一种历练，一切的经历都会有体验，而体验又是学习进步的不可缺少的阶梯。学习的不可替代性，就因为进步必须亲身经受历练与体验。

#### 2）是非对错放到实践中检验

行家都说听课要眼到、耳到、心到、口到、手到，其中的心到是最忠于职守的。其他的“四到”可能有歇息的机会，“心到”不能有歇息，如果“心到”歇息了其他的也就白到了。“心到”这一思想、思维活动的效能、效果如何，一定要放到学习实践中检验。这就需要你抓住机会把心中的想法说出来，在与老师、同学的互动、交流中得到检验。

如果想当然，自以为是，口中不说，心中存之，不对、不妥之处就得不到纠正，这就可能贻误自身。轻则让你把错的当成对的，把稻草当成金条；重则让你在关键时刻出洋相，甚至造成重大损失。如果能及时把你心中的想法说出来，课堂里所有的人都是欣赏者和鉴别者，那么你的思维成果一下子就有了答案。所以，我们还是从许多的俗话、谚语中获得启发法："奇文共欣赏，毒草同铲除"，"把快乐与人分享让快乐倍增，把痛苦与人分担，让痛苦减半"……总之，把心里的想法及时地说出来，不仅使自己的思考结果是非对错得到鉴定，而且还会在与人的交往、沟通中减少麻烦，增加快乐和友谊。

3）发言中交流思想改善思考

人要生存，就得和人交谈经验，交流思想。作为学生应把课堂发言作为交流思想改善思考的好机会。美国领导与教育国际中心主任维拉特·达吉特，针对中小学课程提出了一个重要的问题："在工作领域中，读、写、说、听这几项技能你用得最多的是哪项？是听和说。哪一项是我们教得最少的？哪一项是你测试得最少？是说和听。"达吉特说的是美国的情况，其实，中国的学生听得是不少的，少的是说。

在工作领域，说的重要性越来越突出，获得学历，参加社会工作，招聘面试需要你说得好；工作完成任务，年终月结述职要说；工作出色，提拔面试要说……这些还只是口头必说的一部分，还有很多的书面要说的程序环节。所以，今天的学生——明天的职工首先要看到说的必要性和重要性，自觉地把说的功夫练实、练硬。

要把说话的功夫练好，学生就要抓住课堂发言的机会，把围绕老师讲课内容的思考说出来，并争取达到两个目的：一是交流说话的内容，争取得到及时修正与补充；二是在交流中受到启迪改进、改善思考的方法。这样，不仅使自己的说话能力得到锻炼，而且也提升了自己的思维品质，从而使自己成为既有口才又有文才的好青年。

#### 4）发言中尝试创新、提高

澳大利亚“可以得到的未来”组织会长皮得·伊利亚德说：“今天你如果不生活在未来，那么，明天你将生活在过去。”这可以说是当今的警世名言。他告诫世人一定要创新。但一提到创新，许多人就会觉得创新难如上青天。其实，创新是思想改变世界的具体体现。历史上所有伟大的想法，所有伟大的发明都是来自于人类的大脑。所以，人人都会创新，只是程度不同而已。就像大脑有储存信息的能力一样，它也有一个相应的以新的方式重组信息的能力，这就是创新的思想。戈登·德莱顿说：“一个新想法是旧成分的新组合。”创新，没有新的成分，只有新的组合，最杰出的创意者总是专注于新的组合。

横向思维的创始人爱德华·德·波诺说：“纵向思维是在挖深同一个洞，横向思维是试着在别处挖洞。”这是一个绝好的比喻，它不仅让我们理解了纵向思维和横向思维，更大的好处是揭开了蒙在这两种思维上的神秘面纱，让人不再在纵向思维、横向思维这两个概念面前止步不前。作为初升太阳般的青少年，世界的一切都是新的，那就更应该以敢于创新的姿态对待自己面临的一切。但作为学生，首先要把课堂作为创新的试验场，在上课的发言中力求创新。如在学习文科知识时，就要鉴于文科问题答案的意思相同，而语言表述可以不同的特点，寻找机会表达不同形式的答案；在学习理科知识时，着重在一题多解方面多动脑筋，多问自己“还有别的解法没有”……只要掌握一个原则，这就是“旧成分新组合”，那你的创新一定不会出错。

奥利弗·温德尔·霍姆斯说："头脑会因为一个新思想而伸展，再也不会回到它原来的层面。"这就是创新的好处，好就好在创新让人的思维水平提高不再回落，让人进步不再退步。这一规律不仅能鼓励人们进步，而且给人的进步找到了一条光明大道——创新。大胆创新吧，人类在创新中发展，社会在创新中进步，让我们也在创新中提高吧。

## （二）

# 大胆提问

上一节讲了“踊跃发言”，这一节又讲“大胆提问”，或许有人会说“提问”已经包含在发言里面了，似乎有点重复的感觉。但我们知道，提问的意义并不是一般的发言所能涵盖的。提问的意义，正像清代学者刘开所说的：“君子之学必好问。问与学，相辅而行者也。非学无以置疑，非问无以广识。好学而不勤问，非真能好学者也。”

学生的学习实践也反映提问的重要，家长在家庭教育中也反复提出了“怎样才能让孩子大胆提问”的问题。回答“大胆提问”的问题，撇开天赋从经验的角度说，应该说大胆基于自信，而自信又基于学识、能力。如果一个人有着立志报国、忧国忧民的胸怀，有博古通今的知识、经天纬地的才华，提问就能驾轻就熟。像我国最伟大的诗人屈原，他在被流放期间，看到神庙的壁画龙飞凤舞，心有所感，便在墙壁上写下了《天问》这篇千古杰作，全篇提出了172个问题，从这篇奇伟瑰丽、才气横溢的奇文中，让我们看到了伟大诗人天高敢问的气魄，欣赏到天文地理、博物神话无所不及的学识，让我们感叹其文思如潮发人奇思的才华。《天问》也许是世界上最伟大的提问的杰作，屈原也成了最善问的典型。

当然，中小学生的学识水平和经验阅历，还远不能与屈原同日而语，这就需要培养。要让一个人能问、善问，须从大胆提问开始。

要解决“如何让孩子大胆提问”的问题，至少应从三个方面去考虑。一是要解决对提问的态度；二是要认识提问的重要性和必要性；三是要落实一些必要的知识与技能。

## 1. 以正确的态度看待提问

我有幸读到一个现代版的“不耻于问的故事”，印象很深。那是一个中学生的学习体会，其中有这样的一段话：

**经典故事**

“我不是一个智商很高的人，不仅我妈妈这样说我，就连班主任也这么说我：太聪明的人，不一定能成功，聪明反被聪明误！而你不是一个智商很高的人，你必须比别人更努力更刻苦更认真，你才能取得优异成绩。所以，我听从他的话。

“我笨，我对自己说。当我需要记忆某些知识点的时候，我采用最原始的方法：抄！抄一遍没有记住，我就抄两遍，两遍不行，三遍……直到我记住为止。很多知识我抄了八九遍。尤其是重要的知识点，绝不能掉以轻心。学习，没有懒可以偷。书山有路勤为径，学海无涯苦作舟。就是这道理。

“不怕别人笑我笨。只要我不懂的地方，我就会去问，问同学问老师。有时候很简单的问题，而我没有弄懂，当我问老师的时候，有的同学在下面笑话我：这么笨，这么简单的问题都不懂。我不在乎别人怎么说我，不懂就是不懂，没有必要因为怕别人说你笨而放弃提问。今天，你这个问题没弄懂，明天那个问题没有弄懂，时间长了，问题就多了，你就会感到学习越来越困难，自信心也就随之消亡了。”

这个“不耻于问的故事”让我感动至深，禁不住为之赋诗两首。

（一）不放弃自己

人生之路难预期，直面挑战不放弃；

只有自助天才助，自信自豪靠自己。

（二）不耻于问

别怕有人笑你笨，不懂之处及时问；

勤学好问见美德，学海书山树自信。

明知本非诗人，写不出像样的诗，但由于激动，凑上几句聊表对“不耻于问”的敬意。如果言归正传，应该说不顾别人的耻笑，而敢于大胆地去问自己不懂的问题，是其正确的人生观、价值观和实事求是的科学精神支撑着他的“不耻”。所以说，要做到大胆提问，首先要以正确的态度看待提问。

### 2.充分认识提问的重要性

中国人都喜欢把读书说成做学问，因为学问这一说法自有奥妙，它把读书的两种主要手段——学与问都包括在里面了。对于学习中问的重要性，古今中外的名人都有过很好的论述。《周易·乾卦文言》中有“君子学以聚之，问以辨之。”春秋战国时期，孔子说过“敏而好学，不耻下问”。曾子说过“以能问于不能，以多问于寡，犹若无，实若虚，犯而不校，昔者吾友尝从事于斯矣。”荀子说过“知而好问然后能才”。汉朝的董仲舒说过“君子不隐其短，不知则问，不能则学”。王充说过“不学自知，不问自晓，古今行事未之有也”。

南宋时期的教育家朱熹谈读书经验时说：“读书，始读，未知有疑；其次则渐渐有疑；中则节节是疑。经过了这一番疑渐渐释，以至融会贯通，都无可疑，方始是学。”读书，从不能提出问题，到能提出问题，进而解决问题。走完了这一过程，才算真正把知识学到手了。

郑板桥对于提问也说过一段深刻的话：“学问二字，须要拆开看，学是学，问是问。今人有学而无问，虽读书万卷，只是一条钝汉尔。读书好问，一问不得，不妨再三问；问一人不得，不妨问数十人；要使疑窦释然，精理尽露。”

法国作家巴尔扎克说得更加形象、深刻。他说：“打开一切科学的钥匙毫无疑义的是问号，而生活的智慧大概就在于逢事都问个为什么。”

卢梭说了：“边学边问，才有学问。”

普列汉诺夫说：“有教养的头脑，第一个标志就是善于提问。”

陶行知说得生动活泼，他说：“发明千千万，起点是一问。禽兽不如人，过在不会问。智者问得巧，愚者问得笨。人力胜天工，智在每事问。”

李政道说了：“要开创新路子，最关键的是你会不会自己提出问题。能正确提出问题，就是创新的第一步。”

许多谚语都很好地说明了提问的重要性，如：“不问的人永远和愚昧在一起。”“能学会问，不再愚笨。”

在科学史上也曾留下了一些只因少了一问而遗憾的人。如：李比希是德国著名化学家，他在研究从海藻里提取碘时，发现在母液底部沉着一层褐色液体。面对这一现象，李比希没有问一问自己：这是什么？于是他只是草率地把一张“绿化碘”的标签贴上了事。后来，法国青年化学家他在做同样实验的时候，也发现了这种褐色液体，这引起了他的疑问和思考。他立刻对这种液体进行了研究，终于发现这是一种新元素——溴。李比希读了波拉德的论文后，惊呼起来说：“我同样做过这个实验啊，为什么我就不能发现溴呢？”李比希的遗憾，可以说只是少了一问，可叹功亏一篑。而波拉德走向了成功，做的是同样的工作，只是多了一问，功垂千古。由此可见，质疑与思考是多么的重要。

### 3.怎样才能有疑可问

我国古代最有名的学习法应该是“五步骤学习法”，即：博学、审问、慎思、明辨和笃行。现代的美国很有名的学习方法可以说是“SO3R学习法”，即：纵览、提问、阅读、背诵和复习。从这两个有名的学习方法中，我们至少可以得到两个方面的信息，一是都有提问，也都排在第二的位置，可见提问在学习中的重要作用；二是问的前面是博学和纵览，可见博学和纵览是问的前提与基础。如果没有博学和纵览这个前提，就不可能有问，或者问不好。这就告诉了我们一个规律，从一个方面回答了“怎样才能有疑可问”的问题——学则生疑，有疑才可问，有才方善问。

当然，人类知识至少有两个方面的来源，一是书本，即人类已经定论的知识；二是实践，即人们正在经历着的知识。这方面的知识从某种程度说可能比书本知识更重要，因为实践是检验真理的唯一标准。实践一方面发展新的知识；另一方面检验着书本知识。实践首先是观察，观察不断地深入，就不断地会有新发现，新的发现会引起人们的思考与探索，思考与探索就会获得新知识；观察发现了新的知识以后，人们就会自觉不自觉地与旧知识取得联系，往往就在新旧知识的联系当中发现疑问，而在把这个疑问解开的过程当中人们又会获得新的知识。归纳起来，可以说疑问来自两个方面，一是潜心学习才能发现问题；二是细心观察、认真思考就能产生疑问。

(1) 学中生疑，有疑才能问

从古至今，父母对孩子的学习都有一个朴素的嘱咐："你要用功读书。"这个"用功"至少包含了两个方面的意思，首先是要把时间花在学习上，其次是把心思花在学习上。把时间花在学习上，这是看得见的，但是把心思放到学习上却是看不见、摸不着的。不过，如要检验也是可以考查的，其中最可靠的方法就是看他发现和解决了多少问题。因为只有潜心学习才能发现问题，才能提出问题，也才能解决问题。下面请看清代戏剧理论家、作家李渔小时候在私塾读书做学问的故事。

**名人链接**

一天，先生讲到《孟子》里的"虽褐宽博"一句时，说："宋朝的朱熹说了，褐，即贫困人家的衣服；宽博，即又肥又长。"李渔听了觉得不对头。既然褐衣是穷人穿的衣服，那就应该做得短瘦一点，也好节省点布料，为什么反而做得又肥又长呢？他就去问先生，先生也说不出个所以然来，只是威严地教训他："朱老夫子的话是不会错的，你照着念就是了。"但李渔非要弄个清楚不可。直到许多年以后，他到了孟子说的穿褐衣的地方，向当地的居民请教。

当地的居民解答道："我们的祖先生活很穷苦，只有一件衣服，白天当衣服穿，晚上就当被子盖。如果不做得肥大一些，就盖不住全身。这个风俗习惯，流传到现在。"李渔心中存放了几十年的疑问总算得到了解答，终于认为朱熹的解释是对的，也觉得治学就应该严谨——学习中发现了疑点，就要释疑，哪怕暂时解答不了，找机会想办法也要求得解答。

苏轼读诗生疑的故事更加有趣。

**名人链接**

苏轼和王安石都是宋代杰出的诗人和散文家。一次，苏轼去拜访当时身为宰相的王安石，适逢王安石不在家，却见他书桌上有一首题为《残菊》的诗，刚写了开头两句："西风昨夜过园林，吹落黄花满地金。"苏东坡笑道："荆公缪矣，菊花纵使枯死也不会落地，怎么可能'吹落黄花满地金'呢？"于是续写上两句："秋英不比春花落，说与诗人仔细吟。"

苏轼读诗生疑

王安石回来看见苏轼的续

句，暗暗笑道："苏子瞻真浑，《离骚》上不是有'夕餐秋菊之落英'吗？这是明摆着的事啊！"后来，苏轼被贬黄州，亲眼见到西风扫落叶满地的景象，才深感愧疚自己的观察不如王安石仔细。

这是一段有趣的文人佳话，假设苏轼如果不读王安石的诗句，就不会有"秋英不比春花落，说与诗人仔细吟"诗句，也不会有王安石引证《离骚》的诗句，更没有苏轼黄州的实践验证，而纠正了自己原来的认识，如果不是这样也许可能把错误的认识保持一辈子。可见读书能生疑，有疑必问的好处。

读书见疑、有疑必问的科学态度一直颇受推崇。伽利略挑战权威的故事是科学史上的一段佳话。

**名人链接**

伽利略是 17 世纪意大利伟大的科学家。那时，研究科学的人都信奉亚里士多德的见解。谁要是怀疑亚里士多德，人们就会说："你是什么意思？难道你要违背人类的真理吗？"

伽利略很爱读书，当他读到亚里士多德说过的一段话："两个铁球一个 10 磅重，一个 1 磅重，同时从高处落下来，10 磅的一定先着地，速度是 1 磅重铁球的 10 倍。"伽利略对这段话表示怀疑，他想：如果这是正确的，那么把这两个绑在一起，落得慢的就会拖住落得快的，落下的速度应当比原来 10 磅重的铁球慢；如果把两球看做一个整体，就有 11 磅重，落下的速度应当比原来 10 磅重的铁球快。有了这个设想，伽利略就把铁球拿到比萨斜塔上做试验，结果证明亚里士多德的结论是靠不住的，并得出了两个铁球同时着地的正确结论。

李渔读书见疑，几十年后到实地考察，解开心中的疑问；苏轼读诗见疑，续诗“说与诗人仔细吟”，结果几年后发现是自己错了，这才纠正了心中的错误，这也是读书见疑、质疑的进步。伽利略读书发现疑问，先在脑袋里设想做实验，再拿铁球到实地验证，终于纠正了被认为绝对权威的亚里士多德的错误，成为科学史上的美谈。

(2) 观察生疑，有疑才能有所发现

为了写作，让自然的、社会的生活素材汇诸笔下，需要观察；为了作画，让笔下的景物或人物灵动起来，更逼真地反映生活，需要观察；为了科学研究，让自己有所发现，需要观察；为了破解自然之谜，深入大自然，更加需要观察；为了生活，了解人际关系，提高生活的艺术和品质，也离不开观察。观察研究推动人类的发展，观察研究促进社会的进步，观察研究提升个人的品质与能力。所以只要你细心观察，潜心思考，专心研究，就能不断提高，不断进步。古代“两小儿辩日”的问题，就因为仔细观察、深入思考以至连孔子也回答不上来。

**名人链接**

一次孔子出外游历，看见两个儿童在争论。一个小孩说：“我认为太阳刚出来的时候离我们近，中午的太阳离我们最远。”另一个小孩则说：“我认为太阳刚出来时，离我们最远，中午的太阳离我们最近。”第一个小孩说：“太阳刚出来时有车盖大，中午就只有盘盂大了，这就是离我们远时小，而离我们近时大。”第二个小孩说：“太阳刚出来时沧沧凉凉的，到了中午就像热水一样烫了，这就是因为离我们近才感觉到热，离我们远才感到凉。”两个孩子很想孔子能为他们作出评判，但孔子不能决断。两个小孩笑着说：“大家不是都说你非常有智慧吗？”

这很可能是后人编撰的寓言故事，但它告诉人们一个深刻的道理，只要深入思考，哪怕是小孩子也可以难倒孔子这样的大师。

“观察垃圾堆，发现不锈钢”，这一故事提醒我们处处都应该仔细观察、思考。

**名人链接**

第一次世界大战时，英国科学家亨利·布里尔利，受英国政府委托，研究武器的改进。那时，士兵用的步枪枪膛极易磨损。布里尔利想发明一种不易磨损的合金钢。1913年，他往钢铁中加了各种各样的元素，做了好多试验，都没有成功。他失望地把它们抛进了垃圾堆。过了好久，奇怪的现象出现了，垃圾堆里大部分废钢都生锈了，只有几块含铬的钢仍旧是亮晶晶的。布里尔利捡出来仔细研究，发现含碳0.24%，含铬12.8%的铬钢，任凭风吹雨淋也不会生锈，又不像一般钢铁那样怕碱与酸。因为铬钢太贵、太软，不适合造枪，于是他办了一个餐刀厂，生产不锈钢刀，轰动了整个欧洲，使他赚了一大笔钱。

这个故事不仅告诉我们处处都要观察、思考，同时也告诉我们：即使失败了还要坚持观察。观察可能会让你从失败走向成功，也可能让你另有所获。“扔酒瓶发明潜水艇”的故事，就是由于观察得到启发而意外地走向成功的案例。机遇偏爱有心人，这个有心人首先要能观察。

**典型案例**

1893年，美国有一个青年名叫莱克，经过千辛万苦的研制，终于造成了一艘形状奇特的小型潜艇。它靠押载物沉入海底，用轮子滚动在海底行进。然而这艘潜艇稳定性不佳，莱克为此问题陷入冥思苦想之中。

一天，莱克约了他的几位好友到海滩野餐，以放松一下紧张的神经。酒足饭饱之后，几个人兴致未尽，玩起了扔酒瓶的游戏。一场比赛开始了，接二连三甩出去的酒瓶伴随着“扑通”声沉入海底。谁知，空酒瓶扔完了，一个盛有半瓶酒的瓶子扔出去时，它没有沉入海底，而是伸着脖子浮在水面上。这是因为它里面有半瓶酒的缘故。“太谢谢了！”莱克从中得到启示，只要增加潜艇上部的浮力，那潜艇就能稳定不沉没了。他就根据这个意外的发现，经过几次的研究与改造，他获得了很大的成功。

观察应该无处不在，自然现象要观察，生活小事要观察，科研失败的垃圾也要观察，玩耍中也要仔细观察……只有多观察、善观察才能有所提高，有所进步，有所发现。或许你也能在学习、生活、玩耍当中观察，让你有很大的收获和发现。

## 4.怎样培养孩子善疑善问的学习品质

前文提到的古今中外名人对质疑、提问的论述，那是从理论上说明善疑善问的重要性。这对孩子、学生来说可能觉得有点遥远，对他们来说最好还是现实一点，与他们所从事的学习有直接的利害关系的内容，才能生效。

要培养孩子善疑善问的学习品质，首先，要让孩子充分认识提问的重要性和必要性，实实在在地认识到学习——做学问，一是学；二是问，并且也能在其学习实践中认识到“非学难有疑，不问难上进”；其次，是要掌握一定的提问方法，做到善疑善问，疑得适当，问得妥帖，让提问真正成为推动自己前进的推进器；最后，父母能够多提供一些借鉴，让孩子如有一根探索前行的拐杖，让他在学习中前进。

### (1) 提高孩子对提问意义的认识

大胆提问，成就学问。提问是好学精神的体现，所以人大多都喜欢爱提问的人。一般来说，老师喜欢多问的学生，因为你在思考，才会有问题，有问题是好学生的标志。学生喜欢敢于提问的同学。当你向同学请教问题时，同学会有一种被尊重、被信任的感觉，如果同学能帮助别人解决问题，他会获得成就感，这对他自身也是一个很大的好处。所以认真地学，大胆地问，不能有思想上的障碍，要在提问中展示你的才华。

有疑敢问，不断上进。如果不问，无论是不想问还是不敢问，都会严重阻碍孩子的学习和创造。可以说，不敢问比不想问要好一些，因为不敢问的人在阅读、听讲、计算，或者以其他方式接受信息时，已经有了问题意识，能积极思考，大胆怀疑，只是缺乏一种勇气。如果父母发现孩子出于这种情况，就要及时地鼓励、激励他鼓足勇气再迈出可喜的一步，这将大大推进孩子的学习成绩。

思考提问，自我提升。孩子能提问，这说明他在思考，是一种自觉学习的好表现。不学习的人是提不出问题的，提出问题往往能将自己的学习引向更深层的思考，对自己有更高的要求。发现问题，又能及时提出问题，才能不断地解决问题。只有这样，才能使自己在学习中不断提升良好的学习品质。

### (2) 掌握质疑、发问的方法

对知识、科学有很强的兴趣和好奇心，才会有强烈的求知欲，才会不断地探索，主动地提问。学习过程中自然会有许多问题出现，但每解决一个问题，就有一次进步，就有一次收获。可以说，学习的过程就是提出问题解决问题的过程。心理学家把学习的心理过程归纳为“学、思、疑、问”四个必要环节，这的确是一种高明的概括。

问题可以分为两种，一种是书本上已经提出来的问题；另一种则是必须通过思考才能提出来，这就是质疑和发问。从某种意义上讲，后一种问题对我们的学习会有更大的帮助。

讲究质疑、发问的方法，我们必须要搞清楚，哪些问题不应该问，哪些问题非问不可。对于学生来说，比如通过预习、听课就能懂的问题，就要自力更生，自己解决。对于那些预习中搞不清楚、听课也听不大明白，而且经过思考、查资料都解决不了的难点问题，那只好请人帮忙了；还有，自己以为有了答案，但心中不很落实，有点似是而非的感觉，不问不快的问题一定要问。第三种情况是，知道问题的结果，但不知道它的缘由，即知其然而不知其所以然的问题也一定要问，问个水落石出，才能够举一反三，触类旁通。

学习中质疑的品质是很重要的，有意识地向自己提出问题，这是思考的开始，是加深理解的开始，是进步的开始。有些问题是在听老师讲课时引发的。课堂上老师讲课，学生听课，学生应该把注意力集中到老师的讲课上，有意识地多问几个“为什么”。跟随老师的思路，边提出问题，边听老师讲解，听不明白的记下来，课后能自己解决的最好自己解决，的确有困难的问老师或者同学求得解决。

问题的基本形式有三种：一问“是什么”，以了解有关事实、名称为主，属于知识记忆类，如“什么是力”；二问“为什么”，要分析事物内在联系与规律，属于事理分析类，如“为什么会产生力”；三问“怎么样”，要综合运用知识提出解决方法，属于较高水平的问题，如“力看不见，我们怎么知道它的存在呢”。

学、思、疑、问这四个环节，也就是学习的四个必然过程。问要问得其所，问得恰到好处，问得妥当，问得有所收获，这就需要在不断地问的实践中提高问的艺术和水平，那就从多问开始吧。

### （3）给孩子多提供一些学与问的艺术借鉴

能给孩子多提供一些学与问的借鉴，首先是父母自身，父母是孩子的第一任老师，而且孩子不单是听你怎么说的，而更主要的是看你怎么做，如果作为父母的人勤学好问，那模范形象的感染是最好的借鉴。

其次是家庭生活的熏陶，父母每逢事，知道孩子能够解答的问题，要多提出来让孩子动脑思考，等他形成他的思路后再做决定。这样，不仅锻炼孩子学与问的能力，而且增强他的归属感、自尊心、成就感，生活会更加主动，学习、提问也会更加主动。

最后多给孩子讲一些关于学与问的故事，让他在故事中感受好问的好处、不善问的害处。如：晏婴虚怀若谷，勤学好问，从师不下百人；孔子不耻下问，进太庙每事问；阿基米德洗澡质疑解难题，不仅完成国王教给的任务，而且发现了浮力定律；弗莱明细心观察，疑问探索发现青霉素；牛顿苹果树下提问思考，发现万有引力定律；魏格纳病床上看地图，质疑思索创立“大陆板块漂移说”……

列出的和没有列出的一系列经典故事，只要父母能做有心人，平时收拾储存，到时候有针对性地随机讲述，或者让孩子自己去阅读，让孩子在听、读故事中学习名人的学与问的艺术。同时还要讲一些反面的故事，特别是一些贴近孩子身边的故事，让孩子从不想问、不敢问的遗憾中接受教训，警戒自己。如“博士落水”的故事就很值得反思。

**经典故事**

有一个博士被分配到一家研究所工作，成为那里学历最高的一个人。

有一天他到单位后面的小池塘去钓鱼，正好正副所长在他的一左一右，也在钓鱼。

他只是微微点了点头，心想：这两个本科生，有啥好聊的呢？

不一会儿，正所长放下钓竿，伸伸懒腰，“噌噌噌”从水面上飞一样走到对面上厕所。

博士眼珠瞪得都快掉出来了。水上漂？不会吧？这可是一个池塘啊。

正所长上完厕所回来的时候，副所长同样也是“噌噌噌”地漂过水面上厕所。这下子博士更是差点晕倒：不会吧，到了一个江湖高手云集的地方？

博士生也内急了。这个池塘两边有围墙，要到对面厕所非得绕10分钟的路，而回单位又太远，怎么办？

博士生也不愿意去问两位所长，憋了半天后，也起身往水里跨：“我就不信本科生能过水面，我博士生不能过。”

只听“咚”的一声，博士生栽到了水里。

两位所长将他拉了出来，问他为什么要下水。他问：“为什么你们可以走过去呢？”

两所长相视一笑：“这池塘里有两排木桩子，由于这两天下雨涨水正好在水面下。我们都知道这木桩的位置，所以可以踩着桩子过去。你怎么不问一声呢？”

不问生活不会顺利，不问错失学习机会，不问断送研究成果，不问令人遗憾，这些都从反面说明了问的重要与必要。要让孩子对事情有一个清醒的决断，首先是要靠父母正确的指导和引导。方向正确了，就有可能在学习中学会学习，在提问中学会提问，实践出真知，实践长才干，实践出人才。

# 三

# 勤记笔记，灵活记忆

（一）

# 勤记笔记

我们通常讲的提高学习效率，指的就是单位时间内掌握更多的知识，训练更多的技能，到需要的时候可以熟练使用。可见，提高学习效率的关键是记忆更多的知识。

本章“勤记笔记，灵活记忆”，可以说是关于记忆的专门章节，中心内容应该是如何记笔记和如何记忆。但把“勤记笔记，灵活记忆”作为一种学习品质，我们还是要把心理品质和学习技能两方面结合起来，进行有系统地阐述。俗话说：“好记性不如烂笔头。”这句貌似简单的话告诉我们一个不争的事实：你的记性再好，也不如用笔写记下来，白纸黑字，踏实可靠。它明明白白地告诉我们记笔记的好处，人们大多也都知道记笔记的好处。但许多人却不主动去记，许多人不愿自觉去记；有的人不屑去记，有的人不习惯记笔记，而更多的人不勤于记笔记。所以，我们还是先从“勤”字讲起吧。

## 1.勤奋是成功路上的推进器

勤记笔记中的“勤”字含义很丰富，在与它的组词中找不出贬义的词。如：形容一般劳动者的性格时组成“勤奋”“勤劳”“勤快”，形容学生学习品格时组成“勤学”“勤勉”，形容一个人的品格修养时组成“勤谨”“勤政”“勤恳”，形容一个人的生活时组成“勤俭”“勤苦”等。“勤”字的组词中找不出贬义的词，我们也从未听到过或见到过因为勤而受害的事，而见到的多是伟人、名人都从不同的角度说“勤”的好处。

### (1) 名人论“勤”

古今中外的名人大多都因勤奋而成功、出名，他们说“勤”，其实就是他自己的经历与切身体会。许多名人因为说“勤”说得深刻、恳切，感人至深，广为流传，成为名言。如：

孔子说过：“敏而好学，不耻下问，是以谓之文。”“默而识之，学而不厌，诲人不倦。”

荀子劝人学习说：“学不可以已。”“锲而舍之，朽木不折；锲而不舍，金石可镂。”

陶渊明劝人勤学，说得既形象又生动，他说：“勤学如春起之苗，不见其增，日有所长；辍学如磨刀之石，不见其损，日有其亏。”

唐代古文运动的发起人，唐宋八大家之首韩愈，在读书方面造诣特别深，所以他对读书做学问很有经验，他说：“诗书勤乃有，不勤腹空虚。”“业精于勤，荒于嬉；行成于思，毁于随。”

被人们称为“诗圣”的杜甫，他用很深刻、很典型、很生动的语言告诉大家自己是怎样成为伟大诗人的，他的话是大家最熟悉的：“读书破万卷，下笔如有神。”

唐宋八大家之一，被称为宋朝一代文章宗师的欧阳修说："君子之学也，不可一日而息乎。"

鲁迅先生是伟大的思想家、文学家，被革命领袖誉为文化旗手，被人们称为文学天才，但他对自己的成功的原因非常清楚，所以保持着清醒的头脑，他谦虚地说："哪里有天才？我是把别人喝咖啡的工夫都用在工作上的。"

茅以升是新中国第一代大科学家之一，对桥梁方面的造诣很深，他对自己走过的艰辛坎坷之路深有感触，所以他说："对搞科学的人来说，勤奋就是成功之母。"他还说："人的大脑和肢体一样，多用则灵，不用则废，在掌握了所读东西的记忆后，就唯有勤奋二字。"

著名文学家老舍先生对才华和勤奋说得非常形象，他说："才华是刀刃，辛苦是磨刀石，很锋利的刀刃，若日不用不磨，也会生锈。"

著名数学家华罗庚对于灵感和勤奋有过很好的论述，他说："科学的灵感，绝不是坐着可以等来的。如果说科学上的发现有什么偶然的机遇的话，那么这种'偶然的机遇'只能给那些学有素养的人，给那些善于独立思考的人，给那些具有锲而不舍精神的人，而不是给懒汉。"

富兰克林可以说是对"勤奋"感触很深、论述也较多的人，他说："凡事勤则易，凡事懒则难。""勤勉，不浪费时间，每时每刻都做些有用的事，戒掉一切不必要的行动。""诚实和勤勉，应该成为你的永久伴侣。"

大发明家爱迪生一生共有 2000 多项发明，1200 多项专利，他只上过几天的学，是自学成才，别人称他为发明天才，他深有感触地说："所谓天才就是百分之一的灵感，加上百分之九十九的勤奋。"

爱因斯坦上小学的时候被认为“差生”，连他做的小板凳也被认为是“世界上最差的小板凳”，但当他创立了“相对论”，成为20世纪最伟大的科学家的时候，别人就赞扬他是天才。他不无感慨地说：“在天才与勤奋之间，我毫不迟疑地选择勤奋，它几乎是世界上一切成就的催生剂。”

俄国著名教育家乌申斯基说：“如果你能成功地选择劳动，并把自己的全部精神贯注到它里面去，那么幸福本身就会找到你。”

乔·雷诺兹说：“如果你富于天资，勤奋可以发挥它的作用；如果你智力平庸，勤奋可以弥补它的不足。”

关于勤奋的名言如：“书山有路勤为径，学海无涯苦作舟。”在许多学校里都可以看到它，这可以说是人们对它的认同，而其真谛是对“勤奋”的认同与肯定。

(2) 勤奋出天才

正像亨·沃·比彻所说：“在生活中，靠天才能做到的事，靠勤奋同样能做到；靠天才做不到的，靠勤奋也能做到。”事实上，每个人都有爹妈给的天才，并且每个人都是世间的唯一。李白说：“天生我材必有用。”如果每个人都能发挥自己的天才，并且勤奋不已，他就可能如虎添双翼，威猛非常。所以，成材、成功者对勤奋与天才的认识基本相同，而由于经历不同，说法各异。

1）高尔基集蜡读书

“勤奋出天才”，这是著名作家高尔基对勤奋与天才的感受。

**名人链接**

高尔基童年时当过学徒，做过码头工人和面包师。青年时流浪全国各地。31岁开始发表小说，38岁发表了著名的长篇小说《母亲》，被认为是第一部社会主义现实主义作品。以后陆续出版自传《童年》《在人间》《我的大学》及其他长篇小说。列宁评价他为“无产阶级艺术最伟大的代表者”。

高尔基

高尔基童年在一家商店当学徒时，干完活就躲在储藏室里读书。没有蜡烛照明，他就把老板烛盘上的蜡油收集起来，自制成蜡烛夜读。他在一家面包房当工人时，就在揉面台上架上书，一边揉面一边读书。他阅读了许多国家的古典文学名著和进步报刊，从中汲取了宝贵的精神营养。

高尔基经历的是苦难的“童年”、“悲惨的人间”，上的是“社会大学”，从学徒到“无产阶级艺术最伟大的代表者”，其中的辛酸、勤奋是不言而喻的。所以，他对天才与勤奋是特别心知肚明的，“勤奋出天才”是他从小学徒到头戴诸多桂冠的至深感慨。看看“高尔基集蜡读书”的故事，能加深我们理解与感受他至深的感慨。

2）牛顿勤奋而忘食

**名人链接**

牛顿是英国杰出的物理学家、数学家和天文学家，近代科学力学的奠基人，是一位有多方面成就的伟大科学家。在力学上，他发现了万有引力定律；在热学上，他确定了冷却定律；在数学上，他提出了“倒流法”，建立了二项式定理，和布莱尼兹几乎同时创立了微积分学，开辟了数学上的一个新纪元。面对牛顿取得如此巨大的成就，曾经有人问牛顿：“你获得成功的秘诀是什么？”牛顿笑着说：“假如我有一点微小成就的话，没有其他秘诀，唯有勤奋而已。”

牛顿

牛顿早年生活在英国西部的一个小镇，12岁那年，他上了中学，寄宿在一个开药店的人家里。他搞一些小把戏，用斧头、锯子和锤子制作了各种各样的小玩具，如：用小老鼠作为动力的小风车、用来定时催起床的水钟等。14岁时，他充满理想，不停地思考学习中的各种问题。然而，他的亲戚却不让他读书，把他带到田里去干活，要他种田谋生。此外，家人还要他学习做生意。牛顿却不喜欢这一套，常常一个人躲到小树林后面去读书。他的舅舅发现了，只好摇摇头，无可奈何地对他说："还是回去念你的书吧，要么你是一个无所事事的大废物，要么一个大天才。"

牛顿的"原来已经吃过"的故事，让我们看到了一个对工作勤奋、痴迷的牛顿。

**名人链接**

有一次，牛顿请朋友到家里做客，饭菜做好后，他就进实验室专心致志地做起了实验。朋友来后怎么也找不到牛顿。他就等呀等呀，还是不见牛顿。朋友急于上班，就独个儿把饭菜吃了，并把吃剩的鸡骨头放在盒子里，然后走了。傍晚时，牛顿做完了实验，走出实验室，准备吃晚饭。但当他看见盒子里的鸡骨头时，显出突然醒悟的样子，哈哈大笑地说："我以为自己还没有吃饭哩，原来却早已吃过了。"

从以上这些牛顿的故事中，让我们读懂了他"唯勤奋而已"的深刻含义。

3）达·芬奇画出了勤奋的奇迹

达·芬奇是欧洲文艺复兴时期最伟大的画家，世界名画《蒙娜丽莎》和《最后的晚餐》等，都出自这位大名鼎鼎的画家之手。要了解他是怎样成为"最伟大的画家"的，还是先看看"达·芬奇画蛋的故事"吧。

## 名人链接

达·芬奇

达·芬奇从小就爱好绘画，14 岁那年拜著名艺术家弗罗基俄为师。弗罗基俄是一位相当严格的老师，他给达·芬奇上的第一堂课就是画鸡蛋。达·芬奇画了一个又一个，画了 10 多天，老师还是让他继续画。达·芬奇想不通，问老师为什么总让他画鸡蛋。老师对他说，不要以为画鸡蛋容易，要知道，1000 个鸡蛋中从没有两个形状完全相同的，即使是同一个蛋，只要变换一下角度去看，形状也不同。

弗罗基俄告诉他：反复地练习画蛋，就是严格训练眼睛细致地观察形象，用手准确地描绘形象，做到手眼一致，不论画什么就都能得心应手。听了老师的这番话，达·芬奇受到很大的启发。从此，他苦练基本功，一年，两年，三年……他画鸡蛋用的草稿纸已经堆得老高了。经过长期不懈的努力，达·芬奇终于用他的画笔画出了奇迹，一幅幅名画不断地从他的笔下诞生，成为传世之作。

4）祖逖“闻鸡起舞”成为勤奋的典故

**名人链接**

在我国的西晋时期，封建统治者十分昏庸、腐败，致使国力虚弱。北方的异族统治者，趁机侵犯，边境地区经常发生战争，人民生活非常艰苦。当时有一个年轻人名叫祖逖，面对社会现实，心中十分气愤。

祖逖一直和好朋友刘琨一起生活，一天夜里，祖逖和刘琨同床睡觉，翻来覆去，总是睡不着。他在想，怎么才能练出好本领，保卫和治理国家呢？半夜，听到了鸡叫的声音，他受到了启发，就用脚蹬了蹬刘琨说：“喂，快起来，快起来！让我们早些起来操练吧！”于是，他俩一骨碌爬起来，拿起武器，奔向场院。祖逖手执长剑，刘琨手执大刀，在皎洁的月光下，刀光剑影，两个年轻人舞了起来。

从这以后，他俩不管是凛冽的寒冬，还是炎热的酷暑；不管是刮风，还是下雨，一听到鸡叫声，就立刻起床练武。他们坚持勤学苦练，本领都十分高强。

后来，祖逖当了奋威将军。他率领军队，日夜操练。在北伐战争中，他的队伍纪律严明，作战勇敢，加上他指挥有方，打了不少胜仗，所到之处受到了人民群众的支持和拥护。后来，祖逖的“闻鸡起舞”也就成了勤奋苦练的历史典故。

从名人说“勤”和对“勤奋出天才”的体会，我们可以看出，勤奋的确是潜力无穷，甚至天才做不到的事情，勤奋却可以做到，所以，还是记住“书山有路勤为径，学海无涯苦作舟”教诲，走勤奋读书之路吧。

## 2. 记笔记是学习的基本功

记笔记，通常是指把听课、听报告、读书、观察事物、接触世情时的内容要点，或心得体会、感受、感慨记录下来。记课堂笔记、读书笔记、札记、杂记则是储存知识的手段，是保持记忆和积累经验的法宝；也是提高语言素养和写作水平的有效途径。下面就青少年学生必须学会的读书笔记和课堂笔记作一些阐明。

### (1) 了解和把握读书笔记

要了解和把握读书笔记，我们就要搞清这样几个问题：一是要了解读书笔记被历代文人重视的情况；二是读书笔记的意义和作用；三是读书笔记的种类和方法；四是要学会做读书笔记。

#### 1）读书笔记被历代文人所重视

读书笔记是文人读书的记录。在我国古代，不少文人学者的读书笔记具有很高的学术价值。比较出名的有宋朝王应麟的《困学纪闻》、清初顾炎武的《日知录》《天下君国利病书》等，这些赢得青睐的读书笔记，至少有两个方面的优点：一是都含有丰富的知识；二是都有作者独到的见解。古代文人流传至今的读书笔记，题材涉及面很广泛，有政治、历史、经济、文化、自然科学、社会科学等诸多领域，也有一些专门记叙、说明、论述某一方面问题的。笔记这种形式在我国产生较早，但作为一种体裁，以“笔记”正式作为笔录类文章书籍命名，应该说始见于北宋的宋祁。笔记体的异名别称有：随笔、笔谈、笔录、札记、杂记等，这些文章书籍虽然有所不同，但只是大同小异而已。

历代的文人学者都非常重视做读书笔记，北宋有一位学者叫苏子容，他对历史知识记得滚瓜烂熟。一次，苏东坡向他请教读书的经验，他说："我曾经按照历史年代排列史实，这样编了一遍；以后又在史实下面注出年月，这样又编了一遍，编来编去自然就熟了。"

据说，新中国一代伟人毛泽东，当年还因为他的读书笔记博得杨开慧的芳心。毛泽东早年读过的书，上面总是朱墨纷呈，圈点满纸。他对那些自己特别喜爱的书，不仅一读再读，而且每读一次都要再做笔记。如他读过的德国鲍尔生著的《伦理学原理》一书，原文约 10 万字，而他写上的笔记却有 1.2 万字。1917 年，有一次，毛泽东去拜望老师杨昌济，杨老师的女儿杨开慧看到他手里拿着一本书，拿过来打开一看，只见书的天头地脚满是记号和批注，杨开慧喜形于色地说："难怪我爸爸总是夸你是'不动笔墨不看书'呢！"

现代作家秦牧说过："作家应该有三个仓库，其中一个仓库存放的就是做笔记积累起来的材料。"

历史上许多文人都非常重视做读书笔记，这是因为读书笔记是一个极好的学习方法。

2）做读书笔记的意义和作用

从历代文人重视做笔记的现象中，我们对笔记的意义和作用有了大略的影像，但还摸不着门道，理不出头绪。根据许多优秀的读书笔记的分析、归纳，做读书笔记的意义和作用可以归结为下面几点。

①可以加强对文章内容的理解。我们读完一本书，自己觉得已知其大略，读完一篇文章，似乎觉得已经理解了，但是要拿起笔来做读书笔记，用自己的话表述书中的内容，就有点犯难了。这就促使你对所读的书再作钻研，力求把全书的内容要旨再作一番领会。所以说，做笔记的过程就是一个嚼食、消化、吐纳内容的过程。

②可以增强对书本内容的记忆。记读书笔记，首先要求对书或文章的内容作一番组织、整理、加工，形成属于自己的知识体系。这一过程也就是一个认知、理解、识记的过程，自然会在脑袋中留下影像，形成记忆。“眼过千遍，不如过手一遍”说的就是这个道理。

③可以备忘。“好记性不如烂笔头”，“笔勤勉思”这些话讲得是很有道理的。因为人的记忆力总是有限的，一个人不论有多么好的脑袋，也不可能保证把所学的知识都记得准确无误。做笔记不仅牢记可靠，可以弥补记忆力的不足，而且可以减轻脑袋的负担，使学习生活变得轻松快乐。伟大的思想家、革命导师马克思是记忆力很强的人，但是他从来不迷信自己的记忆力，而要借助于读书笔记。

④记读书笔记是积累材料的最好方式。积水成渊，积土成山，积沙成塔，集腋成裘，许多东西都是从积累求发展，达到从量变到质变的飞跃，做学问更是离不开积累。人不能一口吃成个大胖子，更不能一天就成为大学问家，都是靠日积月累逐渐提高，才能达到目的的。鲁迅先生为写《中国小说史略》记的读书卡片有 5000 多张，

鲁迅记读书卡片

这些卡片正是他为写这本书积累的重要资料。倒过来想，如果没有这5000多张卡片，单凭脑袋记忆就不可能写好这本书。

⑤记笔记练笔，提高自己的写作能力。“不动笔墨不读书”的确是一种好的读书方法，写读书笔记让人认知、内化、吸收知识，同时在此基础上用自己的话写出书中内容精粹，这是一种提炼、练笔的过程，这对提高写作能力很有好处。“天下一勤无难事”，写文章也是靠“勤能使熟，熟能生巧，巧能成趣”不断提高的。

### 3）读书笔记的种类和方法

做读书笔记因人而异，所以读书笔记有繁有简，有难有易，形式各不相同。采用哪一种方式，做成怎样的读书笔记，这要由个人的水平和所读的书籍内容来决定。因此，做读书笔记，各人要根据自己的知识水平、生活经验和所读内容来决定，从实际出发，讲求实效。读书笔记的形式大致可分为以下几种。

①圈点做记号。只要书是自己的，在阅读时就可以放开手脚，在书上标画出各种各样的符号，也就是做上记号。记号有许多种，最常见的是在字的旁边圈点、画线。

圈点，即画上圈或画上点。这是用做着重点，一般用来标记全句、全段中最重要的部分。同时也表示我们已经理解了这句话的主要意思，或者很欣赏这些字与词。第二次读到它的时候，注意力就会很快集中到标有圆点的地方上来。

②画上单线、双线、波浪线等。这是做读书笔记常用的方法之一，目的和圈点一样。圈点的办法，只能标注一句话中的几个字，如果圈点的字数太多或整句、整段地点就不如画线来得方便。有时根据内容的需要，还可以与标出层次的序号结合使用，如一、二、三或1.2.3，甚至用A.B.C等标出序号。

读书做记号，简单、方便，又很实用，所以这样做记号的人很多。但是要注意，圈点、画线不能用得太多太滥，不然使人眼花缭乱不知其所以然。

③做眉批，做旁注。眉批往往是读者对文章某一处的评论。如“好！”“好极了！”“妙！”“绝妙！”“有见地！”“有道理！”“有特色！”眉批和旁注比记号更具体、更明确。旁注是为了解释字句或内容，也可以写简单的心得、体会、评语、疑问或提要等。所谓眉批、旁注，就要写在书本的天头地脚上，但要知道这些地方是有限的，所以要批得精要，注得简练。

④摘录与摘要。摘录就是把书中的美句、美文抄下来；摘要就是把书中某方面的意思通过整理记下来，也可以是原文的缩写。读书时，常常会碰到自己觉得重要的材料、重要的论点，或者自己最为欣赏的，也很有感触的名言警句、段落文章，为了复习、使用方便，就先把它抄录下来。作为文摘不能改变字句原貌。但大篇文章难以抄录，可以用自己理解的意思先把它记下来，或者用缩写的方法把它记下来，到要用的时候翻到原文再作引用。

摘抄、摘要是读书笔记中最实用、最可取的一种方法，摘录的方式通常有摘到笔记本上，记到卡片上，这也是摘录、摘要的传统方法。但这两种方法摘记的时候比较方便，如果阶段性地为写某一篇文章、某一本书而读书，用起来可能还方便，但是作为平常性的为一般积累知识而读书的，到要用的时候找起来就没有那样方便了。

为了用时寻找材料方便，应该把这种传统的方法作些改进，成了一种“新的摘记方法”。这种方法，让读书的时候摘录、摘要不麻烦，用到的时候找起来也很方便，实施起来也比较简单。即把自己买来的书从封面和扉页之间扯开，粘贴上几张与书本一样大小的白纸，再把封面按原样粘回去。读书时，就用这几张纸代替笔记本和卡片，摘记的时候也不需要像记到笔记本里那样详细，只要记下能起索引作用的内容就行，能找到就好。这样记起来非常方便，写文章要用到某方面的内容就可以找某方面的书，就像囊中取物，非常方便。下面通过举例更能看出“新的摘记方法”的方便和好处。

例一：很多人在阅读《钢铁是怎样炼成的》这部小说时，都会把这段话记在卡片或日记本上：人最宝贵的东西是生命，生命对于我们只有一次。一个人的生命是应当这样度过的：当他回首往事时，他不因虚度年华而悔恨，也不因碌碌无为而羞耻，这样，他在临死的时候就能够说：“我整个的生命与精力，都已经献给世界上最壮丽的事业——为人类的自由而斗争”。

如果用“新的摘记方法”，因为它就记在这本书的前面，所以，只要记下第一句和页码就可以了：“人最宝贵的东西是生命……”p-1

例二：人们不管在《马克思恩格斯全集》或者别的书本里读到“马克思《自白》”，或许都会把它记下来：你喜爱的优点——淳朴；你喜爱的男人的优点——刚强；你爱的女人的优点——柔弱；你的特点——目标始终如一；你对幸福的理解——斗争；你对不幸的理解——屈服；你能原谅的缺点——轻信；你厌恶的缺点——逢迎；你厌恶的人——马丁·塔波尔；你喜爱的事——啃书本；你喜爱的人——莎士比亚、埃斯库罗斯、歌德；你喜爱的散文家——狄德罗；你喜爱的英雄——斯巴达克斯、刻卜勒；你喜爱的女英雄——甘泪卿；你喜爱的花——瑞香；你喜爱的颜色——红；你喜爱的名字——劳拉、燕妮；你喜爱的菜——鱼；你喜爱的格言——人所具有的我都具有：你喜爱的箴言——怀疑一切。

“马克思《自白》”是一篇短文，记到笔记本要一两页，记到卡

片上可能要好几张，但是把它记到书本前的纸上，只要记下一个标题加上页码就行了：马克思《自白》p-2

这种新的摘记方法的确方便、实用，你不妨试试看。

⑤做提纲摘记。提纲摘记就是用自己的话表述全书或一部分段落大意，并简明扼要地写下来。做这种笔记，提纲挈领，能帮助我们理解并记忆原文的主要内容。有些文章原来已经有了提纲，摘录整理就可成为笔记。

为了体现层次，写提纲最好分行排列，并且将每条提纲标上序号，还要注意内容的序列和序号的序列。

⑥写概述。所谓概述，就是把全文、全书内容用自己的话精练扼要地概述出来。它是原文内容精神的概括，比提纲周详。通过这种笔记，既可以让自己更加熟悉文章，理解精义，又能锻炼写作能力。好的概述，是原作的缩影，这就是“把书读薄”的读书本领。

⑦写读书心得。所谓读书心得就是读某书、某文后的体会或感想，把这些体会或感想写下来就是读书心得。写读书心得是检查读书效果的好办法，它比写概述更能反映读书所得。写读书心得是一个感知、理解、联想、感触、表达的思维过程，这是一个实打实的知识发展升华过程，其中的感知、理解是前提，联想、触发是关键，表达是提炼、结晶。这就有点像把黄豆加工成为豆腐的过程，从用水泡胀的黄豆磨出豆浆是前提，点卤水是关键，凝结成豆腐是成果。如果不能从黄豆中磨出豆浆，最好的卤水点下去也产不出豆腐。

写这种笔记能帮助你获得知识，提高写作能力，提升自身修养。写心得没有固定的格式，一般以自己的话为主，也可适当地引用原文语句。但无论怎么写，都要从自己的实际出发，读有用的书，联系自己的学习、工作与生活，谈真情实感，记录人性的那一份真意。

4）明白要求，学会做读书笔记

读书笔记没有固定的形式，写读书笔记也没有规定的公式，但是有几个要求：

①要有明确的目的。写读书笔记前就要明确，我写的读书笔记是为了什么。再根据自己写读书笔记的目的需要确定怎么写，是摘录还是摘要，是写概述还是写读书心得，是详还是简？一切要从自己的实际需要出发，决定内容和形式。

②找准精要内容。这要先读懂读通原文，为找出精要奠定基础。摘录要找美词、美句、美文；摘要需选志趣高远、意义精深、手法独到的段落概括；感想要有触发，记录真情实感，总之要起到画龙点睛的作用，不白费笔墨，不枉费心思。

③笔记要简明扼要。写文章做到言简意赅很难，但语意明确，表达准确，字迹清楚，书写工整还是能够做到的。还要注意内容层次，表述要段、节分开写，以便阅读、复习与使用。

④写到纸上后争取把它记入脑子里。自己写出来的东西，是自己理解、消化后吸收的精华，只要稍微复习就容易记住。所以，对自己的读书笔记要经常翻阅，一来可以发现错误；二来可以“温故而知新”，会有新的发现和提高。

⑤与其他学习活动相结合。做读书笔记只是一种读书方法，它必须以多读书，多思考为前提，并且尽量多练笔。不能“剑走偏锋”，热衷于写读书笔记而不做其他努力。

写读书笔记必须先明确要求，但明确要求还不一定能够写好，所以，一定要多读多思多练笔。

(2) 学会记课堂笔记

笔记是学习、工作、生活的备忘录，特别在学习生活中是不可缺少的一种手段。所以作为青少年学生，必须学会写读书笔记和记课堂笔记。前文已经谈了读书笔记，接下来我们着重谈谈记课堂笔记的意义和如何学会记课堂笔记。

1）记课堂笔记的意义

一般都认为学习的基本环节是：预习、听课、复习、作业。这是一环扣一环的学习过程，少了一环学习就难进行或难有好效果。其中复习这个“记忆之母”就建立在听课的基础上，如果听课的内容忘记了，复习就没了依据。记住听课的内容，这是复习的前提与基础。谁的脑袋能像录音机、照相机一样把上课的内容全记下来呢？所以，记课堂笔记就显得尤为重要与必要。简单地说，记好课堂笔记有这样一些好处。

①储存听课内容要点。“过眼十遍，不如过手一遍。”“好记性不如烂笔头。”这些话都告诉我们，你想记住听课的内容，最好的办法就是记好笔记，用白纸黑字把它储存起来。

②有助于集中注意力，增强记忆力。年轻人兴趣广泛，好奇心强，听课时容易走神，但笔拿在手上，一门心思做笔记，这就很有利于注意力的集中，随之而来的是记忆力的提高。

③能锻炼和提高归纳、概括的能力。听课要听得句句明白，字字清楚，但笔记不可能也没有必要句句照录，字字都记。而且要求通过归纳、概括老师的话，再用自己的语言把它记下来，所以，在记笔记的过程中，归纳、概括能力会得到锻炼和提高。

④提高听课效率，增强学习能力。听课的内容记住了，复习就能落实；注意力集中了，记忆能力增强了；归纳、概括的能力提高了，学习力自然而然就提升了。

当然，做好课堂笔记的好处还有很多，还是在一边做笔记一边体会它的具体好处吧。

### 2）怎样记课堂笔记

记课堂笔记确有许多好处，这是读过书、听过课的人的共同感受。但须解决的问题是如何学会记课堂笔记，如何记好、用好课堂笔记。下面我们着重讨论三个问题，一是怎么记；二是记什么；三是怎样用好课堂笔记。

①课堂笔记怎么记？有不少人，特别是上学不久的青少年学生，感到记笔记很吃力。有的顾不上听就顾不上记；有的记了上句就记不了下句，一急就干脆不记；有的迷信自己的脑袋聪明，以为自己听懂了，就记住了。这都是不可取的。万事开头难，开始做笔记自然也难，这是一种很自然的现象。但只要想法克服困难，坚持一个阶段，困难也就不见了，还能练出做笔记的本领来。不过，要想把课堂笔记做得轻松自如、清楚明白，还需要掌握一定的方法和注意事项。

做课堂笔记要想轻松自如，首先要文字简洁。做笔记不能像抄课文一样一字不漏地照搬，一定要随机应变，思考加工，把老师的话化成自己的语言记下来。其次是方法灵活，如果已经用了简洁的文字，还觉得来不及记，就要用省略法或启动自编自用的密码代号，如：我—甲，你—乙，他—丙等。要想把课堂笔记记得清楚明白，首先要用自己的语言，其次是代号密码必须是自己常用的、熟悉的。如果为了图一时方便，记下来的是连自己也读不懂的“天书”，那无疑是白费心机。

②课堂笔记记什么？课堂笔记切忌两种倾向，一种是逐字逐句地记老师的原话，结果是因速度跟不上，捡了芝麻丢了西瓜，反把该记的重点内容给落下了；另一种是记了个标题，内容空洞，对复习不能起作用。所以，课堂笔记记什么很值得考虑。一般地说，第一，老师在黑板上写的板书内容，往往是讲课的重点，应该记下

来；第二，老师提示过的重点难点内容也应该记下来；第三，老师在讲课时，常常在某些地方说一些总结性的话，或者对一些问题作的评论，对学习这部分内容很有作用，给人联想或启发，这些话要记下来；听课中发现的问题，或者自己预习中存在的问题没有得到解决，也要记下来，以备课外请教解决。

③记听课笔记要注意的几点：第一，以听课为前提。如果为了记笔记而顾不上听课，那是本末倒置。所以要先仔细听，经过片刻思考之后适当归纳，再用自己的话表述，把它记下来。第二，要突出重点。重点就是能体现代表性、关键性、启发性等特点的内容，或者是存在的问题和老师讲的而书上没有的，这些东西都可视为重点。第三，要采用多种方式，体现灵活性，该记的就记，该在书上画的就画，该缩写的就缩写，该用代码的就用代码；还可以用不同颜色的笔来记笔记，只要自己统一把握也能发挥特别的作用。

④怎样记好用好课堂笔记？为了记好用好课堂笔记，在这里推荐一种“5R 笔记法”。所谓“5R 笔记法”，就是指 5 个“R”字母开头的术语：

记录（Record），在听课或阅读过程中，要随着老师的讲课尽量记有意义的知识内容。

简化（Reduce），在记笔记的同时（或课后）将所记的知识内容恰当概括，并简明扼要地再写一遍。

背诵（Recite），即不看笔记，以回忆的形式叙述出学过的内容，叙述过后，打开笔记核实所述的对错。

反省（Reflect），即把自己听课时的想法、意见等，写在笔记的某一单独部分，加上标题和索引，变成提纲、摘要，分成单元。

复习（Review），即每周花一定的时间快速浏览笔记，或结合复习课本内容查阅笔记。

记好用好笔记，也同其他的活动一样，要在不断的实践中总结、改进、提高。所以，还是从头开始，先学习做笔记，克服困难，再着手提高，一旦熟练地掌握了记笔记的技巧，你的学习就可能达到既轻松又高效的效果。

(二)

# 灵活记忆

记忆直接影响学习效果、工作效率，记忆力是构成学习能力、工作能力的主要组成部分。灵活记忆的学习品质是轻负担、高效率学习的关键，也是保持浓厚学习兴趣的内在原因。所谓灵活记忆，即用脑时间不同就要选择不同的记忆内容，记忆内容不同就要选择不同的记忆方法，根据记忆规律的特点采取相应的措施。一般的人大脑结构基本相同，记忆潜力也基本相同，但表现出来的记忆能力与记忆效果大不一样，这往往是记忆品质和方法的不同所致。

为了减轻大脑负担，提高记忆效率，我们应该搞清这样一些问题：情绪影响记忆、营养是记忆的生理能源、用脑时间与记忆效果、记忆规律与应对措施、几种主要的记忆方法等。

## 1. 情绪影响记忆

情绪的好坏和稳定程度，在很多情况下都会左右注意力，影响记忆力。良好的情绪可以增强记忆力。美国当代生物学家哈特·莱茵说："良好的情绪可以激发脑肽的释放，是增强学习记忆的关键动力。”这是说一个人在保证营养、充分休息、适当运动等保养大脑的基础上，科学用脑，防止过度疲劳，保持积极乐观的情绪，能提高大脑的工作效率，这是提高记忆力的关键。

(1) 了解学习与大脑规律性的关系

大脑的工作效率很高，它通过充分利用联系来储存信息。每个人的大脑都有一个联系皮层，它按照不同记忆库将相似的信息连接起来。通过许多脑科学专家的潜心研究，总结出了与学习相关紧要的三条规律：学习将信息分类，这也许是通向开发你大脑的第一步；学习使用你的潜意识；当我们的大脑处于“放松性警觉”状态时，我们能够更快更有效地吸收信息。

了解了学习与大脑这三条规律的联系，我们就应该采取相应的对策，一是要加深理解；二是要严格遵循规律；三是要付诸行动。所谓加深理解，就是要充分认识这些规律的含义。我们细心回顾一下我们的学习活动，我们所学的语文、数学、英语、历史、政治、地理、生物、化学等各学科，就是“学习将信息分类”的产物，再回想一下每一门学科或者打开一本课本看看目录，其中的章节条目也都是分类的体现。了解了这些含义，在安排学习时间时就要合理分配，克服凭兴趣偏科的使用时间，力求做到最佳发挥单位时间的使用价值。了解了“学习使用潜意识”，我们在安排学习内容时就要考虑学习的方式对记忆效果的影响，把复习、记忆活动安排在一天的最后。了解了“放松能更快更有效地吸收知识”的规律，就要在学习一开始就要控制好情绪，去除私心杂念，放松精神，集中注意力，心无旁骛，专心致志地投入学习。为了加深理解，增强记忆，我们就把这三大规律概括到“用脑三大规律歌”中：

读书用脑三规律：学是分类储信息；
记用人类潜意识，放松警觉增脑力。

(2) 情绪与记忆的关系

塞缪尔·约翰逊说得好："真正的记忆技巧是专心。"但不良情绪往往使人分心，严重影响记忆效果。分析一下不良情绪的来源主要是两个方面：一是外部环境；二是内部生理、心理因素。

1）外部环境会造成人的不良情绪

安德鲁·丹顿说："紧张和压力是心理性感冒。"紧张和压力就是不良情绪的主要来源之一，那我们就应该搞清紧张和压力又是怎么来的。压力是人对生理、心理（或同时包括两个方面）的要求超出适应限度时的一种应急反应。引发压力的原因常常是威胁、挑战或者仅仅是突如其来的变化。稍有生活经验的人都会感觉到，内部和外部的刺激都能引发身体的压力反应。具体地说，以下这些方面容易给人造成压力。

①不良环境给人造成压力。当我们不断被外物侵扰时，无论是噪声、灯光、热气还是狭窄的空间，只要到一定的强度和时间，都能导致身体的压力。

②周围的人和社会环境也能给人造成压力。不同的价值观和社会舆论自然而然地会影响每一个人。常见的如要求过高的家长、老师，都可能对青少年学生造成巨大的精神压力。

③工作任务期限太紧极易造成压力。如成年人由于能力有限，而工作任务过重，考核评估制度过严；青少年学生因为基础不够扎实，准备又不够充分，但考试迫在眉睫。

美国华盛顿大学医学院的约翰·纽卡莫博士和他的研究小组对压力作过研究，他们观察了相似压力对人类记忆产生的影响。结果显示，连续几天受到高度的压力激素皮质酮影响，会损伤记忆。当然，只有受到严重的医疗、生理或心理创伤的人才会使压力相关的记忆减退，但许多研究者仍然相信，长期处于低强度的压力下，也可能会加速大脑的老化。

如何对待压力？从长期的角度讲，我们应该创造条件减轻压力，但面对压力时就应该迎着压力上，化压力为动力，咬咬牙想办法挺过去。在压力下不能坚持下来，你就会变得平庸；最后你能生存下来，你的心理承受力就练出来了。

### 2）生理、心理因素会造成不良情绪

一个几乎公认的普遍现象，青少年到了初中二年级就很容易出现分化现象。究其原因，从表面上看，初二比初一的学业明显加重，但这不是主要原因，因为另一部分人成绩却更加优秀。其主要原因是青少年生理、心理发育带来的一些小麻烦。美国的沃尔特·皮特金从数千名学生中，归纳出表现最差的学习者都是属于以下几个类型：无精打采，不愿学习；多愁善感，情绪对立；光说不练，过于老实；畏首畏尾，自以为是。这四组八个方面被称为“表现八差”，有这样表现的学生往往出现在初二年级。如果要分析一下其内在原因，可以把它归纳为以下几个方面。

①生理发展间接影响着情绪。马斯洛说：“人是不断需要的动物。”他把人性需要归纳为五个层面上的要求：生理、安全、爱、尊重、自我实现。爱是人性的本能与要求，它萌发于少年期，成熟于青年期；它既是生命的活力，人生的动力，也是干扰稳定情绪的破坏者，故有人称其为欲火。大家知道，火有两面性，控制、利用得好就造福人类，控制不住就可能毁灭世界。不言而喻，被称为欲火的爱，也如一把双刃剑，存在有利的一面，同时存在危害的一面。有学者说过：“爱是学习艺术的敌人。”所有本原的欲望和激情都会给年轻的学习者带来麻烦。性发育迅速会妨碍学习者的进步，14～18岁的学生尤其如此，因为他们青春萌动。有的学者甚至断言：“好色的少年只要性骚动始终延续，差不多就不可救药。”这显

然是过激之言，因为性骚动不可能都胜过意志力，也只是危言耸听而已。但也说明，性发育迅速时期做好心理开导、行为引导的重要性。

②心理发展直接影响情绪。青少年成长期就是生理、心理迅速发展时期。生理方面如上文所说的“青春萌动”；从心理方面说，由于这时的生命活力的发展，青少年自感力量强大了，可以不需要父母的保护，但由于父母又不能轻易放弃像母鸡对小鸡的“翼蔽”，所以就出现一种像心理学家所说的：“孩子对于溺爱只有用背叛来应付。”所以，面对这个年龄段的人，父母觉得他“逆反”，老师觉得他“不听话”“不可理喻”。

这些现象并不是某个人的特殊际遇，而是处在这个年龄段上人们程度不同的共有现象。翻开《发展心理学》就可以找到类似这样的一些叙述：“初中生是个身体发育鼎盛时期及性成熟时期。生理上成熟使初中生在心理上产生成人感，他们希望能获得成人的某些权力，找到新的行为标准，并渴望变换社会角色。然而，由于他们的心理水平有限，有许多期望不能实现，从而产生挫折感。总之，由于此阶段身心发展不平衡，面临重重危机，并出现一些心理问题。”“由于初中生心理上成人感与幼稚性并存，所以，表现出种种心理冲突和矛盾，具有明显的不平衡性。”这些不平衡性主要表现在：反抗性与依赖性；闭锁性与开放性；勇敢和怯懦；高傲和自卑；否定童年又眷恋童年。以上这几方面的心理发展矛盾性特点，都可以追溯到初中生的既成熟又幼稚的本性特点上。

### 3）其他诸多原因影响情绪

以上谈到了外部环境造成人的压力会影响情绪，生理、心理的发展直接影响人的情绪，至于其他什么原因影响情绪，可能举不胜举，但只要我们记住一句话：“所有本原的欲望和激情都会给年轻的学习者带来麻烦。”本原的欲望就很多了，如饥饿的学生学习好不了；口渴的学生学习效果就很差；贪玩的学生就难以把注意力集中到学习上。

以上，我们从情绪影响记忆出发，追溯了影响情绪的几大因素，目的是为了调控情绪，增强记忆效果。

（3）如何调控情绪

调控情绪，是对情绪的调整与控制。不良情绪需要调整到良好的状态，这是理所当然的事，容易理解；好情绪也需要控制就有点难以理解。凡是碰到难以理解的事情，最好的办法就是联系实际进行思考，或者举个例子就能明白其中的道理了。“吴清源训心”的故事很能说明好情绪也需控制的道理。

**名人链接**

吴清源

吴清源，是一位围棋圣手，11 岁时就成为北洋军阀段祺瑞门下的棋客。20 世纪 30 年代，吴清源在日本下棋前，总要通读一遍老子的《道德经》。结果，吴清源打败了所有的对手，登上了棋坛顶峰。他说：“我的对手全是日本棋坛高手，就棋艺而言，我与他们之间几乎没有差别，我之所以屡屡获胜，全在于精神因素。”日本棋坛一位顶尖高手坂田荣男也曾坦率地说：“我不认为吴先生的棋艺多么高超。”可是，他总是败在吴清源的手下，却弄不明白为什么。其实，正是老子的“和光同尘，为而不争”的哲学智慧，和《道德经》的“无为、无我、无欲、居下、清虚、自然”的思想，使吴清源排除了贪胜之心带来的干扰，心境澄明，发挥了自己棋艺的最高水平。

下棋“不能贪胜”，人生也是如此。无论做什么事情，想成功，想取胜，这无疑是好事。但如果志在必得，心里装的都是必定取胜的想法，甚至患得患失，乱了方寸，就很可能功败垂成，遗恨终生。青少年学生对待学习也是同样的道理，他们心高气盛，一心想考出好成绩，甚至身在考场心里想的还是“考不好太丢脸”，这样也就往往考不好。所以调控好情绪非常重要。需要讨论的问题是：作为父母如何帮助孩子调控情绪？

1）改善环境，减轻压力，调控情绪

有句富有哲理的话叫“境由心生”，这是有很高修养的人才能达到的境界，对一般青少年来说还有待家长的帮助。环境一般分为家庭环境、社区环境、社会环境。社会环境一般是难以改变的，能移居他乡的毕竟是少数人的事；社区环境虽然尚有改变余地，但限于各方面的限制改变起来也有一定的难度，很难做到“孟母三迁”的地步；唯有家庭环境可以说在家长的掌控之中。幸亏家庭是孩子心灵之舟停泊的温馨港湾，也是情绪休整的避风港。作为父母要帮助孩子改善环境，调控情绪，更要紧的是营造充满爱心、民主平等、和谐上进的家庭氛围。爱心是万能天使，民主是亲和使者，上进是共同的目标，有了爱心、民主、上进精神，调控情绪就胜券在握。至于千头百脚、林林总总的影响情绪都可以大事化小，小事化了。

2）交流沟通，知心知情，开导引导

对于孩子的不良情绪要做到早知道，作为父母就要多与孩子交流沟通，也只有多沟通才能明了不良情绪的性质。不良情绪一般来自三个方面，一是来自外界的压力；二是来自内在的生理、心理突变；三是来自意外的突发事件。如果亲子之间有沟通的习惯，孩子就可能主动诉说缘由，甚至主动求助。如果是属于环境造成的压力所致，父母就要尽可能及时帮助改善环境，减轻压力，如果力不从心，使及时安慰也能起到缓解的作用；如果是生理突变所致，父母毕竟是过来人，至少比孩子有经验，适当的时候可以现身说法，缓解紧张，稳定情绪；如果属于心理方面的问题，要尽可能让孩子尽情倾诉，倾诉本身就可以减轻激愤情绪，又可以知根知底，应对有力。

3）制定措施，提供方法，教孩子学会自控

当孩子情绪平稳的时候，借机宣传不良情绪的危害，共同讨论应对不良情绪的方法、步骤。对孩子来说控制情绪可以按下面三个步骤进行。

①及时告诫自己。当自己身上出现滞涩情绪时，不仅要敏感地意识到"我正被某种奇怪念头转移注意力，干扰奋斗目标"，而且要告诉自己，注意排除干扰。如果不及时制止，就可能迁就或屈服于那种念头。如果想增强记忆力，提高学习效果，就要保持清醒的意识：绝不能让形形色色的奇怪的念头所左右，绝不能轻易放弃目标，放纵自己，沦为情绪的奴隶。

②尽快着手的工作。奇怪的念头，随时都可能出现。它或许它像你前进之舟下面的一条大鱼，如果你的船停止了前进，就很有可能被船底下的大鱼掀翻。所以，学习时一定要保持清醒的头脑，前进路上不能分心，也不能有片刻的停滞，既然学习工作已经开始就要一鼓作气，一干到底。记住，行动是最好的解忧方法。

③排除干扰，继续前进。世界顶尖运动员由于过分的紧张，让唾手可得的金牌失之交臂；走钢丝高手一辈子表演从无失手，在告别舞台表演仪式上由于过分紧张，却落得个身败名裂；学生在考场上过分紧张，让本可以出彩的成绩一败涂地，可见情绪干扰对临场发挥影响之大。如果父母平日多跟孩子讲讲“围棋大师吴清源训心”之类的故事，让孩子学一些“为而不争”的智慧，那么到了紧要关头，他就能排除干扰，继续前进，迟早或许能达到“无人与争”的境界。

## 2.大脑营养与记忆

早在中国春秋战国时期，孟子就说过：“心之官则思。”到了一两千年以后，人们才认识到思考、记忆主要都是靠脑袋进行的。我们要想提高记忆力，就得了解大脑营养与记忆的关系。围绕大脑营养与记忆的话题内容很丰富，该说的话很多，但根据本书的要求，我们只谈两个问题，一是生命早期的营养与大脑发展；二是学龄孩子的大脑营养与饮食调控。

### (1) 生命早期的营养与大脑发展

在美国研究人员布莱恩和罗百特·摩根的《大脑的食物》一书中，有这样一段话：“人的大脑在子宫中就开始生长，这种发育的大部分不会慢下来，直到6岁。胎儿、幼儿和儿童脑的发育是随时间而定的。这意味着大脑是在特定的阶段特定的时间中发育的。如果在那个时候没有足够的营养以利于它的生长，那么，损伤或畸形就可能出现，而这在将来的日子里是无法被纠正的。在脑发育的阶段，一个婴儿如果得到的是很糟糕的喂养，那么在他以后的生命中将有可能出现学习无能的状况，在以后的日子里无论如何也无法纠正这种营养不良了。”

苏格兰教授迈克尔·克劳福德，积累了10年对婴儿、胎儿大脑发育的影响研究后得出结论："我们发现任何出生时体重轻、头围小或有智力缺陷的婴儿，其母亲在以前以及怀孕期间都是营养不良的，她们都没有摄入大量所需的营养。"即使在一些发达的国家，就是像英国、美国和新西兰等国家中，至少也有10%的婴孩是低体重的。究其原因，一般都是因为母亲吃糟糕的食物、吸烟、吸毒或者受到所提及的这些有毒物质的影响。

克劳福德对有关食物和营养的教育感到惊讶。他说："在生育前不良饮食对婴儿的影响不限于大脑，7项独立的研究显示，稍后的心脏问题、高血压以及许多病症的突然发作都是产前的糟糕的饮食种下的祸根。"

克劳福德不仅对有损大脑发育的食物向人们作了警告，而且对大脑所需的营养也作了很到位研究和论述。"很不幸，"克劳福德说，"我们已经习惯于把脂肪和猪油联想起来。但是婴儿真正需要的是极为特殊的脂肪——我们称之为必要的脂肪，因为在你的饮食中真的非常需要它们。它们是你营造细胞所需的脂肪，而不是动物或人类那种堆积在腰部的脂肪。"他还对这种脂肪作了明确的指明，他说："这类脂肪多来自海洋生物。当然，现在它是一个老妇人的童话了，什么'鱼是补脑的'。但事情碰巧就是那样，现在我们已经获得绝对科学的依据。我们发现，在于以及所有海生动物中发现的脂肪与大脑的生长发育有特别的关联。"

克劳福德希望每个人都回复到"简单的自然的食物"的时代，吃丰富的绿叶蔬菜、水果、果仁以及植物油。克劳福德和他的生物学家们的研究和论述的目的，就是想让世界上每一个未来母亲都能透彻地了解到一个重要信息，这个信息就是：对你的孩子的脑发育最重要的时间是在你怀孕以前。

大多数饮食专家都说，在怀孕期间及以前，最好有这样一份简单而合理的饮食：一天三餐，大量的水果、蔬菜、果仁、鱼和瘦肉。孩子出生以后，饮食对所有细胞的生长仍然是极为重要的。在世界有较大影响的几十项研究表明，在生命的最初5年中，好的营养与其他脑发育活动之间显示出极为重要的关系。根据美国教育家、心理学家本杰明·S. 布鲁姆对儿童的研究结论，从生理角度看：一般来说，5岁前会达到其发展身高的一半。男孩子在3岁前达到其发展身高的54%，3～12岁又发展32%，最后的14%在18岁前完成。从心理智能角度看：男孩与女孩在4岁前都可达到相当于17岁时测定智力的50%,4～8岁间，发展另外的30%，最后20%在8～17岁之间完成。

无论从生理角度看，还是从心理智能的角度看，生命早期的营养极为重要。所以《学习的革命》一书第六章："从开始就要正确——生出更好、更聪明的婴儿的使用指南"，作者列出了一张"给准妈妈的清单"，它有9点具体内容，可供参考。

①一个孩子所有的活细胞在出生时就已经存在。

②一个营养良好的胎儿平均每分钟将产生25万个新的细胞。

③吸烟、饮酒和毒品会严重地影响胎儿大脑的发育。

④关键时期的不良饮食会导致孩子一生的学习障碍。

⑤食用大量的鱼、绿色蔬菜、水果、坚果和植物油。

⑥怀孕时每天吃一根香蕉，以摄取钾和叶酸。

⑦富含铁和锌的食物对婴儿的大脑发育是至关重要的。

⑧如果可能就用母乳喂养——以增加主要脑细胞的极为重要的覆盖层。

⑨出生以后，保证让婴儿的听力和视力得到定期检查。

### (2) 学龄孩子的大脑营养与饮食调控

大脑是人的思维、行动的总指挥部，对营养、水分、空气、温度、作息的要求很高，也很敏感，所以饥饿、口渴、疲劳都会干扰大脑的正常运作，以致遏制记忆力的发挥，影响记忆效果。上文我们已经讲到生命前期营养直接影响大脑的发育与发展，同样的道理，学龄期青少年的饮食营养直接影响其智能的发挥。为了处理好营养与大脑发育、发展的关系，为了使饮食营养高效发挥智能的积极作用，我们在运用脑科学常识时记住这么一个原则：适当的时候做好适当的事情。为了不偏离这个原则，我们必须了解以下几方面的内容。

#### 1）葡萄糖是大脑的主要能量来源

脑细胞和其他细胞不同，它不能将脂肪或蛋白质转化为葡萄糖，因此需要依靠日常饮食中的糖分才能生存并发挥功能。并且，血液中的糖浓度对心情和记忆都有影响。很多人都可能有过这样的体会，过度饥饿时会精神委靡，脚酸手软。这实际上是一种营养缺乏的生理反应，也就是当血糖浓度过低的时候，许多人会感到昏昏欲睡、心情烦躁，在学习方面可能会遇到困难；但是吃了一顿饭、一块糖或者喝一杯饮料，我们的情绪、记忆和注意力就会马上振作起来。我们吃了饭就等于吃糖了，我们吃的糖实际上就是碳水化合物，它有两种形式：单糖（如蔗糖等）、多糖（也可说是淀粉，包括水果、蔬菜、谷类等）。

值得注意的是，血糖过高时我们的大脑也不会良好地工作。许多专家对动物和人类的研究都表明，血糖太低或过高都会影响记忆和学习能力。现在，血糖对大脑的剧烈影响已经得到了多个实验的证明。与喝加强碳水化合物柠檬水的志愿者们相比，喝糖精加甜的柠檬水的志愿者们记忆能力更好，头脑更灵活。还有研究发现，大脑功能与一些奇妙的生化物质息息相关。比如，与思维敏捷度相关的有各种大脑激素、脑啡肽等，此类物质在脑内的合成，同所摄入的食物品种和质量有关。如果食品低劣或品种残缺，就会使这些生化物质的合成失去平衡，进而影响人们观察、记忆、思维等各种能力及健康情绪的平稳发展。因此，注意营养平衡，提高食品质量及其合理的构成，就成了我们平稳用脑的物质基础。这就让我们想起与其相关的几句话："要好从小好，早餐要吃饱"。"早餐是一天最重要的一顿饭"，"人是铁，饭是钢"。

我们了解了饮食是大脑营养的主要来源，就应该提高对"适当时候做好适当的事情"的认识，该吃饭的时候就吃饭，该睡觉的时候就睡觉，至少不应该不吃早饭或者暴食暴饮。因为这样不仅会严重影响记忆和学习能力，长此以往，还会损害肠胃等内脏器官和人体健康。

2）空腹或饱腹的时候都不利记忆和学习

法国生理学家杰尔利亚通过长期的实验得出结论："吃饱饭后，胃部的活动旺盛，脑部与全身的活动反而会迟缓。当脑细胞的活动迟缓时，记忆力就会降低，但是等到胃部的活动减缓，血液重新由胃部向脑部回流时，是记忆的最佳时机。"所以，我们都有这样的感觉，就是吃饭后稍微休息一下，再工作或学习就比较舒服，于是也就有了"饭后百步走，活到九十九"的说法。

人和动物在空腹的时候情形是一样的，动物饥饿了会全身失去平衡，注意力降低。人类也有一样的表现，肚子饿的时候，也会手脚乏力，记忆力减退。空腹会使动物和人类出现这样的情况，原因众所周知，葡萄糖是人们通过饮食而摄取的营养成分。学习、记忆等高级脑力劳动自不必说，就连为生存而进行的呼吸，以及睁眼、说话等各种活动也需要以葡萄糖为能源。根据实验测定，脑部在人体中是消耗能量相当多的部位。大脑本身的重量只占全身的 2.5% 左右，消耗的能量却占 18%。大脑还有一个格外需要葡萄糖的理由，即葡萄糖在大脑以外的其他器官中，分解后会变成乳酸。乳酸被送到肝脏，再变成葡萄糖，所以经过了某种程度的反复使用。但在脑部，葡萄糖被分解成二氧化碳和水，所以，无论如何需要通过饮食进行补充。

关于脑营养的补充，我们可以观察到这样一些现象：新生儿刚刚出生，睡醒了母亲就给他喂奶，吃饱了就睡；婴儿期，母乳不够孩子吃了，母亲就一手抱孩子一手拿奶瓶；1～2 岁的幼儿一天要喂食七八次，上了幼儿园还要吃点心。这些平常而又平常的传统做法中，包含了非常科学的道理，为人生早期的大脑提供足够的营养。孩子长大了，上学读书动脑多，给大脑提供足够营养的工作不能忽视，至少要安排好他一日三餐的饮食。白天，不光要用脑，还要消耗体力，因而一是要落实“早餐要吃饱”、“早餐是一天中最重要的一餐饭”、“早餐吃好”的要求，绝不允许孩子不吃早饭去上学；二是落实“中午吃饱”的要求；三是具体对待安排落实晚餐，这主要看晚上的学习的工作量，别太相信“晚上吃少”的说法，因为青少年学生跟成年人、老年人不同，他们有的吃了晚饭待会儿就去睡觉，而学生晚上还有学习任务，甚至学习要开夜车，如果不能及时给大脑补充营养，轻则影响记忆、学习，重则影响大脑发育与健康。

有人做过这样的实验：把早餐吃葡萄糖的学生和不吃葡萄糖的学生的成绩进行比较，结果表明，早餐摄入足够葡萄糖的学生，成绩好得多。这说明，进餐后，血液中葡萄糖含量增高，记忆力也会相应提高。知道了这些道理，我们就可能会吃惊地感慨：饿着肚子学习，是多么不科学，多么不讲效率啊！

葡萄糖能够提高记忆力，为了学习就一定要吃饱饭。但必须注意：如果饭后马上进行学习，却会让你感到头昏脑涨。这是因为，进食后，食物经过消化、吸收，在人体内转化为葡萄糖，大约是在饭后两个小时，然后，大脑可以高效率地工作 3 个小时。也就是说，饭后 2 ~ 5 小时是学习的最佳时间。总之，不论是空腹或太饱，都同样会妨碍记忆。因此，我们要提高学习效率和记忆效果，就是要控制好饮食的时间和程度，也就是落实“适当的时间，做好适当的事情”。

## 3.科学用脑，增强记忆效果

科学用脑就是按照大脑的活动规律开展学习、思考和记忆。一般来说，大脑的活动规律特点涉及时间、内容、方式和方法四个要素。时间包括时段、长度；内容即要思考的具体问题或要记忆的材料；方式包括认知、识记、回忆等大脑活动状态；方法是为了达到某种目的而制定的用脑的具体措施。下面就几个方面的问题展开讨论。

### (1) 用脑的最佳期

用脑的最佳期指的是大脑本身最具活力的时期和用脑效果最好的时期或时间。它具体包含了人一生中用脑的最佳期、一年中用脑的最佳期、一月中用脑的最佳期、一周中用脑的最佳日和一日中用脑的最佳时。

#### 1）人一生中用脑的最佳期

一般来说，人的一生中最好用脑时期是呈阶段性特征的。1 ~ 17 岁，是学习吸收的最佳期；18 ~ 45 岁这一阶段，是发明创造的最佳期。科学史上的统计资料恰好证明：25 ~ 46 岁为科学发现的最佳年龄区。其中，37 岁为巅峰。在 45 ~ 46 岁的这一阶段，是巩固、提高和传授知识的最佳期。对一些大器晚成者的剖析发现，45 ~ 65 岁的中老年人，其智力发展依然大有作为。65 岁以后，还会出现一个再学习、再创造的“第二青春期”。

2）一年中用脑的最佳季节、月份

这里面包含了一般和特殊的两个方面，一般地说，使用多数人的共同季节和月份，即春天和秋天是思维最理想的两个季节。另一种情况是使用个体的最佳月份，根据生物遗传学和医学专家的研究，人类各个器官的机能，一年中要数自已出生后的第一个月为最佳。

3）一个月中用脑的最佳期

随着脑科学的发展，人脑活动和运行规律在月周期上的表现已被揭开。研究的结果表明，从人出生之日算起，其体力活动以 23 天为一个周期，情绪活动以 28 天为一个周期，智力活动以 33 天为一个周期。其中的每一个节律又分为高潮和低潮两个阶段。当这些活动处于高潮时，尤其是当三个节律波峰重叠时，大脑运转就格外灵敏与高效。

4）每周中用脑的最佳日

人类历史上度星期、过礼拜的出现已有一两千年的时间，这种 7 天为一个周期的学习、劳作习惯，必然对人脑活动的节律产生一定的影响。德国有专家发现，即使是最勤奋、最有才能的学生，也只是周二、周三对教学内容掌握得最好，而周一、周四、周五，所有的学生都毫无例外地表现出学习精力不够集中的现象。据此发现，周二和周三，往往是用脑的最好日子，我们应该精心安排这两天的学习内容。

5）每日中用脑的最佳时间

中国的“一年之计在于春”“一日之计在于晨”等谚语看来都与

人的用脑有关。俄罗斯脑科学专家格雷宾研究指出，人体生理功能在一个昼夜中有5个起伏，其中，清晨5～7时，上午9～12时，下午4～6时，为一天最佳用脑时间。这是人们的一般概况。但每个人因个体的先天遗传和后天的学习、工作习惯的不同，其昼夜用脑最佳期的时刻也造成很大的差异。一般地说可以分为三种类型：一是“妙悟皆随晨曦出”的百灵鸟型；二是“奇思常伴夜色来”的猫头鹰型；三是集百灵鸟与猫头鹰特性于一体的混合型。这种人整天用脑比较均衡，但上午9时，下午5时，常常是用脑涨潮波峰时刻。在人群中，百灵鸟型的人和猫头鹰型的人只占5%，而混合型的人占95%。我们了解了用脑最佳期的规律后，就要尽可能按规律安排学习或工作的内容，只有这样才能收到满意的效果。

6）怎样安排时间

《中学生创新学习法》中的论述，很值得我们参考：上学前的清晨与放学后的晚上，是最大的可利用时间。清晨，头脑清醒，往往是识记的最佳时间。“一日之计在于晨”，要抓住这个有利时机识记新的内容。识记是记忆的基础。要想成功地提高记忆能力，首先必须从识记入手。所谓“记忆”，包括“记”和“忆”两大部分。“记”是“忆”的前提，没有识记就没有记忆。所以，识记是成功记忆的最重要的一环，把它放在清晨最适当不过了。当然人与人之间也可能存在着细微的差异。有的人刚刚醒来时记忆效果好；有的人，则在醒后过一段时间，记忆功能才会逐渐达到巅峰状态。但总的来说，清晨识记东西特别快，这是一个基本的事实。

夜间，思维活跃，往往是理解的最佳时期。心理学研究表明，晚上8～10点，人们的大脑皮层处于最兴奋状态，记忆系统最为活跃，对信息的回收能力也最强。借此良机，最好去重温早上识记的内容，这样，就能记得更多更好。

### (2) 了解记忆规律，采取积极的应对措施

记忆是学习效果和效率的关键，人们都非常关注记忆的方法，也很注重自己记忆能力的提高。许多心理学家对记忆进行了卓越的研究，发现了一些很有价值的规律。我们在学习的同时，了解一些主要的记忆规律，并采取符合规律的应对措施，以提高学习的效果与效率。

#### 1）艾宾浩斯的遗忘规律

德国著名心理学家艾宾浩斯是发现遗忘规律的第一人，他用实验的方法证实了某些明显的记忆事实。例如：要学习的材料越多，学习所花的时间就越长；习得某事物后经历的时间越长，回忆的难度就越大。艾宾浩斯在心理学上最著名的还是他建立的至今仍为经典的遗忘曲线。他经过反复实验发现，熟记之后经过 1 小时，就忘记了 56%，两天后又忘记了 16%，此后以往的速度就大幅度放慢，6 天后虽然还有遗忘，但仅继续遗忘 3%。他还把这些数据画成曲线图，该曲线表明遗忘的进程起初很快，然后随距离最初学习的时间的延长而缓慢下来。

专家们作了统计，学的知识在一天之后，如果不进行复习，就大约只剩下原来的 25%。随着时间的推移，遗忘的速度减慢，遗忘的数量也就减少。还有人做过这样的实验：两组学生学习同一段课文，甲组在学习后不久进行一次复习，乙组不复习，一天后甲组保持 98%，乙组只保持 56%；一周后甲组保持 83%，乙组才保持 33%。乙组的遗忘平均值比甲组高，这说明了及时复习的重要。由遗忘规律和相关的实验数据，我们就可以总结出一些记忆规律的特点：一是一次记忆和学习不可能把所有的记忆内容都记住，但也不可能全部忘记；二是记忆中遗忘率在记忆学习后的第三天达到最低；三是在合适时间进行重复记忆，效果会更好。

根据记忆规律的三个特点，我们就应该积极地采取相应措施，

以提高记忆和学习的效果。第一个特点告诉我们，只要学习就会有收获，哪怕是零碎时间，只要去学就会有所得；第二、第三个特点告诉我们，第一次复习要及时，最好在 9 ～ 12 小时内进行，抓住记忆还比较清楚、记忆的信息量还比较多的时候进行强化，效果会更好；第二次复习的时间间隔可稍长一些，可以在两天后进行，再往后还可以再延长，如一周、半个月、一个月、一季度、半年、一年。复习要在第三天达到最低以前就要进行复习。一般来说，在记忆后 9 小时内复习，能够增强记忆，而且复习的时间越早效果越好，睡眠 3 小时后醒来正是复习的最好时机。有人说："复习是记忆之母。"只有及时地复习才能不至于遗忘太多，才能收到最佳的效果。

2）达登堡的遗忘规率

德国心理学家达登堡曾做实验研究，得出了这样的数据和规律：完全记住的东西在 20 分钟后，有 42% 已经忘掉；1 小时后遗忘率达 56%；9 小时后则达 64%。实验是将一些无意义的文字排列在一起做的，如果是有意义的文字，遗忘率会低一点，但在基本原则上，人的记忆有遗忘倾向是绝对不会错的。

根据这一遗忘规律，我们就一定别等遗忘达到最高值时在进行复习。因此，我们每天早上醒来，不仅要朗读，还要复习一下昨夜所记的东西。虽然经过一夜的睡眠，昨天的记忆会淡忘，甚至消失，但是，只要在第二天稍微复习一下昨天读过的内容重点，就能轻而易举地唤起昨天的记忆，就能让你从容地面对作业或者考试。

3）佛哥特记忆量和费时翻倍规律

法国著名的记忆研究专家佛哥特，进行了有关记忆量与记忆时间的关系的研究，结果证明记忆量增加 2 倍时，所需的时间就要增加 4 倍；若记忆量增至 3 倍，时间就要高达 8 倍。总之，学习时间同记忆量的关系是比翻倍增加还要多的。

这一规律告诉我们，学习同一内容时间过程会使学习效率大大降低。根据这一特点，我们要做到：①在计划安排一个时段的学习，就要考虑各科内容相互穿插（日课表的间隔可以给我们这方面的启发），不要“只在一条道上走到黑”；②学习要靠日积月累，不能搞突击、开夜车。开一个晚上的夜车，也只有几个钟头的时间可以利用，但时间分配的错误，会将心血付之东流。③学习疲倦时，效果甚差，应该活跃气氛，改变一下记忆的内容，文理各科穿插进行，理解记忆、巩固练习齐头并进，以提高学习效率。

总之，我们要牢记规律，明确特点，按规律办事，才能提高效率，巩固效果。

(3) 常用的记忆方法

对于记忆的特点，我们也有一些体会，比如：平淡无奇，影响不深，记忆肤浅，忘记就快；惊奇特殊，影响深刻，记忆牢固，难以忘怀；理解的东西容易记忆，不理解的东西难以记住；很赞成学者们“理解是记忆之父，重复是记忆之母”的说法；也很赞成美国著名记忆术专家哈利·洛雷因“记忆的基本法则是用新的信息联想已知的事物”。

古人说得好：“工欲善其事，必先利其器。”同样的道理，要想记忆效率高，记忆效果好，就先要掌握记忆的方法。记忆的方法很多，我们只能通过几种常用的方法来说明。

1）理解记忆

理解记忆又叫意义识记，是通过对材料的理解而进行的记忆。即学习并运用已有的知识经验，积极地进行思维，弄清材料的意义及其内在联系，从而把它记住。有人说“理解是记忆之父”，就因为理解是掌握了材料的精神要义。例如要记住 S=vt 这个公式，就要弄清楚 S、t、v 的意义及它们之间的关系。S 代表距离，v 代表速度，

t 代表时间，距离等于速度乘以时间。对这些意义了解以后，记住了 S=vt 这个公式，就是理解记忆。许多实验证明，以理解为基础的理解记忆在全面性、精确性、巩固性和速度等方面，都比机械记忆好得多。艾宾浩斯做了 7 次实验，每次用英国诗人拜伦的长诗《唐璜》中的 6 节为学习材料，约 80 个字音的诗，只需要 8 次就可以正确背诵，而用同样数量字音的无意义音节，差不多需要 80 次诵读，才能正确背诵。可见识记有意义可以理解的材料比记忆无意义的材料容易得多。

理解记忆之所以比机械记忆效果好，这是因为材料的意义反映了事物的本质及其内在联系，也反映了记忆材料和学习者的知识经验的联系，即新的材料被纳入了学习者已有的知识体系之中，这样的记忆效果自然就好。

机械记忆也就是我们平常说的死记硬背，这是一种没有办法时的记忆方法，而理解记忆应该说是科学记忆的第一级阶梯，也可以说是记忆方法中最常用、也最实用的方法。学习是为了掌握更多的知识，老师的上课是为了学生的理解、记忆和运用打基础，所以作为学生专心听课这是记住所学知识的前提。除此之外，还要做好复习工作，尽可能地做到通读教材，进一步加深对所学内容的理解，这样才能达到巩固所学的内容目的。

2）重复记忆

有学者很早就说过：“重复是记忆之母。”可见重复在记忆中的地位和意义。记忆的敌人就是遗忘，而遗忘的克星就是重复。艾宾浩斯的遗忘规律告诉我们什么时候进行复习才算及时，及时的复习是巩固记忆的最好保证。老师建议学生及时复习要坚持这三种做法：①当堂复习。这一工作，往往老师在每堂课将要结束的时候，都要进行课堂小结，这实际是把当堂复习领着学生落到实处。②当天复习。这一工作按照记忆规律和特点，一般都放到晚上来做，因为晚上是一天中大脑最后一个最佳活动期，是记忆的大好时光；按照正常的学习程序，复习过当天的所学的知识这才算完成了当天的功课，接下来做预习，为了明天做准备。③周复习。教学计划性强的老师往往会有一两节课的周复习，有的还会进行周测试。但由于教学任务重，时间紧张，有的老师不一定进行周复习，所以学生应该自主进行周复习，而且要养成习惯。这是按记忆规律办事的好行为，别人不做，你做了，你就有可能胜人一筹。

采用重复记忆获得良好效果，从而成才成名的人不少。如著名桥梁专家茅以升，他在 83 岁时还能准确地背诵出圆周率到小数点后 100 位数。当别人问他记忆的诀窍时，他的回答是："说起来很简单，重复！重复！再重复！"我国著名学者、漫画家、文学家、美术家、音乐家丰子恺，他曾留学日本，翻译了大量外国的文学作品，他学习外文有一种特殊的方法：他要求自己对每篇课文都要读 22 遍；第一天读第一课 10 遍；第二天读第二课 10 遍，第一课 5 遍；第三天读第三课 10 遍，读第一课、第二课各 5 遍；第四天读第四课 10 遍，读第二、第三课各 5 遍，再读第一课 2 遍。

他每读一遍，写"读"字的一笔，22 遍读完正好把繁体字的"读"字写完。坚持了这样的读，记忆效果自然就好。根据丰先生自己的说法，读了几个月后，他就能看外文的长篇小说，并从事翻译工作了。其实这也不是个别现象，因为这样的读法中包含了深刻的道理，也印证了《三国志》作者陈寿说的"读书百遍，其义自见"体会，也验证了德国哲学家逖慈根说过的"重复是学习之母"的论断。

### 3）歌诀记忆法

我们说的歌诀记忆又称口诀记忆，即把记忆的材料编成诗歌的形式，借着诗歌的节奏、韵律帮助记忆的方法。歌诀记忆可以改变原来材料的零散、枯燥、乏味等缺点，使其成为朗朗上口的朗读材料。诗歌的形式激起人的兴趣，特别是能让青少年学生兴趣倍增。为了方便模仿使用口诀记忆的方法，下面列举了几种常见的歌诀可供参考。

①二十四节气歌：

春雨惊春清谷天，夏满芒夏暑相连；
秋处露秋寒霜降，冬雪雪冬小大寒。
上半年为六、二一，下半年为八、二三；
每月两节不更变，最多相差一两天。

我国劳动人民根据丰富的实践经验，把一年中气候变化用二十四节气来表示。这二十四个节气是：立春、雨水、惊蛰、春分、清明、谷雨、立夏、小满、芒种、夏至、小暑、大暑、立秋、处暑、白露、秋分、寒露、霜降、立冬、小雪、大雪、冬至、小寒、大寒。

每个节气相隔半个月。一般来说，在七月以前，每个月里的两个节气，一个在6日；另一个在21日；七月以后，每个月里的两个节气，一个在8日；另一个在23日。这种规律有时也可能有一两天的出入。这样多的内容记起来很不方便，但把它变成8句口诀，组成一首诗歌或顺口溜，记起来就轻松有趣得多。

②声母学习歌（部分）：

右下半圆bbb，拉开天线听广播；
右上半圆ppp，端上脸盆把水泼。

两个门洞mmm，蒙上眼睛摸一摸；
一根拐杖fff，庙宇寺院有大佛。

马蹄印子ddd，伞把朝下ttt；
一个门洞nnn，一根小棍lll。

9字加弯 ggg，树上几只和平鸽；
水草蝌蚪 kkk，河边柳树一棵棵；
一把椅子 hhh，妹妹口渴把水喝。

竖弯加点 jjj，院里有只大花鸡；
左上半圆 qqq，少年儿童升国旗；
一个大叉 xxx，要吃西瓜把手洗。

像个2字 zzz，老鼠叫声 zizizi；
半个圆圈 ccc，轮胎漏气 cicici；
半个八字 sss，春蚕吐丝 sisisi。

z 加 h，zhzhzh，c 加 h，chchch；
s 加 h，shshsh，小树发芽 rrr。

树枝树枝 yyy，波浪波浪 www。
……

汉语拼音是学习语文的基础功夫，拼音字母是抽象的表音符号，学起来往往会感到枯燥乏味，如能按照以上编歌诀的方法进行学习，那就可能兴趣盎然；如果自己动手动脑编歌诀，可能编一次就可能记忆深刻，甚至终生难忘。

③标点符号记忆歌：

一句话说完，写上小圆圈；（。句号）
句中有停顿，小圆点带尖；（，逗号）
并列词句中，点个瓜子点；（、顿号）
并列分句中，逗号加圆点；（；分号）

引用原话前，上下两圆点；（：冒号）
引用他人话，蝌蚪上下蹿；（“”引号）
疑问或发问，耳朵坠耳环；（？问号）
命令或感叹，冰枝滴水点；（！感叹号）
文中要解释，弧线套两边；（（）括号）
转折或注解，直线加后边；（——破折号）
意思说不完，六点紧相连；（……省略号）
强调词语句，字下加圆点；（•着重号）
书名要标明，四个硬角弯。（《》书名号）

歌诀记忆应用非常广泛，学医学会有《方歌》《汤头歌》等，学历史会有《历史朝代名号歌》《历史年代歌诀》，学地理会有《行政区域名称歌》等。总之，各学科知识的学习根据需要都可以自编歌诀帮助记忆，你也试试看吧。

4）谐音记忆

所谓谐音记忆，就是把有些知识的读音按照其他同音字去理解，使原来无意义的音节变成有情节有意义的词句，使之生动有趣起来，使人记忆深刻，甚至难以忘怀。这方面最典型的要数记圆周率的故事，圆周率22位数为：3.1415926535897932384626，那位聪明的学生用的就是情节谐音记忆法，他把老师上山去和寺院老和尚吃酒，与老师要自己背圆周率的事用谐音联系起来，于是就有了：山巅一寺一壶酒，尔乐苦煞吾，把酒吃，酒杀尔，杀不死，乐尔乐。

谐音记忆法，特别适合记忆数字方面的内容，尤其是电话号码。这方面笔者也有几次难忘的经历，影响很深。10多年前，一个同事家里新装了一部电话，他家的电话号码是7781793，我当时跟他开玩笑说：你家的电话号码这样记最好，你和老婆孩子一起去舟山旅游，在宁波轮船码头，你对他们说“吃吃饱，要吃舟山”（船上吃东西太贵，要吃得等舟山下船）。这件事情说过也就放到一边了，不料10年后有人向我问起他家的电话号码，我想起当时的情景，居然回忆起来了。另有一次几个学生要找30多年前的一位老师，他们向我要他的电话号码，我回答同学们：现在没有，但是会碰到他，问来后再转告。一次偶然在路上真的碰到了那位老师，他告诉我他家的电话号码：7812620，但是找不到笔，当时重复念了三四遍。我知道把这位数念几遍，当时可以记住，但是一等回到家里肯定会忘记，于是就用了谐音记忆法：吃白蚁——两鹿两羚。其中意思为：吃白蚁的是两只梅花鹿、两只羚羊。动过这么多的脑筋，我就相信自己能够记住了，也就没有记到电话号本上。过了几个月，再碰到那拨学生时，我就把那位老师家的电话号码告诉了他们。

谐音记忆法，借助情节与谐音两种因素使记忆生动形象，于是就影响深刻长时难忘。用这一方法时，要注意谐音的选取尽可能是自己熟悉和感兴趣的内容，情节要生动形象，以加深影响。

5）数字形象法

美国图论学者哈拉里有一句名言：“千言万语不及一张图。”可见图像对于记忆的重要性。数字图像法，即把数字转化成图像，理解时再由图像联想到数字。如把1想象成一个如竹竿的瘦子；把2想象成一只小鸭子；把3想象成耳朵；把4想象成帆船；把5想象成秤钩；把6想象成哨子；把7想象成拐杖；把8想象成雪人；把9想象成热气球；把10想象成一个瘦子和一个胖子。这样我们只要看一遍三十六计中前十计的内容与顺序，具体的做法是：

第1计：瞒天过海——一个像竹竿的瘦子瞒着天庭跳到海那边；

第2计：围魏救赵——一只小鸭子因为胃痛吃酒糟；

第3计：借刀杀人——借别人的刀来割人耳朵杀人；

第 4 记：以逸待劳——医生坐着帆船出诊去抢救病人；

第 5 计：趁火打劫——用秤钩秤打火机；

第 6 计：声东击西——吹着哨子，举起冬瓜砸西瓜；

第 7 计：无中生有——老人丢拐杖，丢到了学生朋友的身上；

第 8 计：暗度陈仓——雪人按着肚子说唱；

第 9 计：隔岸观火——坐着热气球观看河对岸的烟火；

第 10 计：笑里藏刀——一个瘦子和一个胖子一起，戴着笑脸面具藏着刀。

数字图像法要注意的是，把数字想象成的图在各处的用法要一致，不然自己也记不清数字和图像的关系，就会陷于混乱。从记三十六计的顺序与内容开始，试试数字图像的记忆方法吧，虽然想象联系比较麻烦，但效果也会让你觉得神奇。

## 4. 培养孩子的记忆能力

苏霍姆林斯基在《怎样培养记忆力》一文中，写了这么一段话："大概我们每一个人都在这样的现象面前感到过茫然失措：儿童在小学学得很好，可是在小学毕业后就开始学得不好了。这是怎么回事，为什么会发生这样的现象？原因就在于：在小学里，缺乏一种以发展思维、培养智力、打好记忆力基础为目的的专门工作。在小学里，应该打下记忆力的牢固基础；而让儿童在教师指导下，在直接认识周围世界的过程中，去探求、获取和掌握的知识，就是记忆力的牢固基础。"苏霍姆林斯基的这段话，主要告诉我们两方面的道理，一是在小学阶段就要打好发展思维、培养智力和记忆力的基础；二是要让孩子在教师指导下，在认识周围世界的过程中打好记忆力的基础。

从苏霍姆林斯基的这段话中，我们更加深刻地认识到，记忆力是孩子持续学习的潜力。记忆毕竟是掌握知识的基本手段，记忆能力提高了，学习效率自然就会提高。如果记忆能力低下，记不住旧知识，学习新知识自然就困难。忘了公式、法则、定理就没法解题思考；忘了字、词就难以读书、作文。这样就连完成作业都有困难，别想考试成功，所以说，没有好记忆，就没有成绩。下面就谈谈如何培养孩了的记忆能力。

（1）调整动机，明确记忆的目的、任务

动机是体现人的需要的一种欲求，是一种强大的内动力。但是青少年常常心理懵懂，需要父母、老师的激励与鼓励才能端正动机。动机端正了，求知欲望高涨了，只要稍作点拨，记忆的目的、任务自然也清楚了。不管哪一节课，要记住的无非就是那些作业、考试中要用到的基础知识。

（2）提高对记忆内容的兴趣

“兴趣是最好的老师”这话的确很有道理。哈佛大学研究发现：如果一个人对他所学的科目有兴趣，那么他的学习积极性就非常高，就能发挥他全部力量的 70% ~ 80%；反之，积极性就会很低，只能发挥他全部力量的 20% ~ 30%。要让孩子提高对记忆内容的兴趣，我们还是要从愿学开始，因为兴趣是好之、乐之，而好之、乐之的前提是知之，知之的前提是学之。如果是不愿学之，就不可能知之；不能知之，就不可能知之、乐之。所以，要想孩子对记忆内容有兴趣，还是从激发、激励他学习的积极性上多做工作。

（3）帮助孩子树立“记性好”的自信和“能记住”的信心

要想让孩子树立“记性好”的自信，就要从孩子小的时候开始，每当发现他可以表扬其记性好的地方就及时地夸奖他“记性好”；而对于孩子记不住、忘记快之类的事却熟视无睹，就当做没看到，不知道。这样，逐渐地，他就有自己记性好的自信了。要让孩子找到“能记住”的感觉，我们还是要记住那两句老话：“理解是记忆之父，重复是记忆之母”，并且引导孩子踏踏实实地按照这两句话去做。因为记忆最基本的方法的确就是理解和重复，理解了就能记住，重复就是遗忘的克星。有了“记性好”的自信和“能记住”的信心，孩子的记忆能力就一定会日益增强。

(4) 训练分类的习惯和方法

世界五六十亿人口，的确是一个天文数字，但需要时很快就可以找到某一个人，这就因为运用了分类的方法。其实分类的方法是最通常的管理手段，执政者永远也离不开这一方法。无论称做统治、管理还是领导，其实就是分而治之。同样的道理，学习记忆知识最起码的方法就要学会分类，用脑的“三大规律”之一就是：学会分类储存信息。从本质上说，学习就是认知、整理、储存、运用信息的过程。整理信息是根据信息的结构、模式和类别系统地安排信息。学会有效整理日常活动，是练就整理信息的前奏。如果从小就把玩具胡乱地撒满一地，长大了生活用品乱放一气，生活总是一团糟，那么要想学习时条理清楚、思路清晰就不大可能。所以，要培养孩子的记忆能力，还得及早从他的生活习惯入手，如果能够做到生活上有条不紊，那么学习知识时也会条理清楚、记忆高效。

(5) 引导孩子经常练习几种基本的记忆方法

对于记忆的方法，我们可以把它分成两类，一类叫基本方法；另一类叫技巧方法。基本方法是常用而感觉不出它是一种方法，也用不着刻意去花心思怎么去做的基本措施。学习中的理解，复习中的重复，就是记忆方法中最基本也最常用的方法，也是最重要的方法。技巧方法，即需要根据记忆的材料特点，采取一定的技巧手段进行记忆的方法，如：歌诀记忆法、谐音记忆法、图像记忆法、分类记忆法、联想记忆法等。面对具体的记忆材料，首先要区分它是一般的还是特殊的记忆材料，找出相应的方法；其次是根据材料的特点采用相应的方法。如材料具体可感，意义明白，重复几次就容易记住，就不需用什么记忆方法，但这里面已经用了理解和重复的方法。对于数字、字母、地名等一些挖掘不出什么意义的材料，就不得不想方设法，这就自然而然地要用一些技巧来帮助记忆。所以，对于用不用方法，用什么方法的问题，我们应抱这样的态度：立足基本，精用技巧。即以理解、重复为基本手段，对于特殊内容适当采用相应的技巧记忆方法。

# 四

# 认真阅读，规范写算

## （一）

# 认真阅读

读、写、算，可以说是孩子学习的三个核心技能，也可以说它是传统概念智力的主要表达方式，更是传统评价体系里的三大主体内容。所以，我对于读、写、算有过这样的感慨：“成绩分数有渊源，关键就在读写算；意志品质是支柱，基础打在上学前。”

这一感慨发于面对一些家长的“近视”行为，他们都过分重视分数、名次，几乎要给孩子造成压抑，每次的问题都带着“分数味”。但他们对读、写、算的基础知识却不够重视，对技能培养也缺乏认识与措施，更不能从长远着眼培养孩子的意志、品质。

当然，对于一般的父母因为没有从事过教育工作，也没有接受过学习培训学习，看到的只能是分数、名次之类眼前的东西。但不能让读过这本书的父母再那样“近视”了，要让他们有远见，使他们能够从分数联想到读、写、算、学习方法、学习品质，好让他们在孩子没有上学之前，甚至更早的时间培养孩子的学习品质，为孩子的学习打好这一基础的基础。

认真就是严肃对待，毫不马虎。我国著名科学家钱学森说过："科学是严肃的、严格的、严密的，是不允许马虎的，所以科学工作者必须首先有良好的科学习惯。""上学要圆大学梦，下笔不忘小数点。"严肃对待，毫不马虎，首先体现在细心上，下面先谈谈细心阅读。

细心是一种良好的心理品质，阅读是一种主要学习方式和手段，细心阅读是一种优良的学习品质；细心阅读是学习、思考、写作和应试的基础环节和基本功。"诸葛一生唯谨慎，吕端大事不糊涂。"能否细心阅读往往是优等生和一般学生的差别；能否细心阅读也是会不会独立学习的关键。

英国的一个教育家说："平庸的教师向学生传达知识，较好的老师向学生讲解知识，优秀的老师激励学生自己学习知识。"激励学生自己学习知识，起点就要从培养孩子细心阅读的品质和本领开始。

细心阅读既是一种学习品质，也是一种学习本领。为了把细心阅读这一学习的基础环节讲得透彻些，本节分阅读和细心阅读两大块来阐述，以突出阅读技能的重要性与细心阅读的必要性、重要性，动员更多的人自觉参加阅读，自觉地细心阅读；让孩子们在阅读中学会读书，在细心阅读中提高学习品质，增强学习与工作的能力。

### 1. 了解阅读，体验阅读，学会阅读

中国从古至今，一种通俗的说法就把学习叫读书。这是有其道理的，因为读书是学习的最主要方式。读书即阅读，既然阅读是学习的最主要的方式，我们就必须要了解阅读，体验阅读，学会阅读。

(1) 了解阅读

阅读是一个联合动词，《说文解字》解的是字不是词，所以没有“阅读”的条目。我国现代几部大型语文工具书中也查找不到“阅读”词条。《辞源》分别解释“阅”为“看，观览”，“读”为“诵读”。但总不会“踏破铁鞋无觅处”的，《中国大百科全书·教育卷》从认知心理学的角度说：“阅读是一种从印的或写的语言符号中取得意义的心理过程。”《现代汉语小词典》中有“阅读”这个词条，并释“阅”即“看”，“读”即“看着文字发出声音”，“阅读”则是看并且领会其内容。

以“知识教育”为重的西方文化，它与以“识字教育”为重的东方文化不同，西方学者则更注重的是接受信息或认知过程。如俄国文献学家古德曼说：“阅读是书面语言传递的信息接收体……因此，必须把阅读看做是一种由读者对来自著者的信息的再构成，而产生的读者和书面语之间的相互作用。”历史学家史密斯则说：“阅读是对书写记号的感觉，是书写记号与读者积累的经验之间相互联系的过程。”信息学家萨哈罗夫说：“阅读是一种旨在汲取文字中所记录信息的交流活动。”

阅读对学习语文的好处是，可以提高孩子的听、说、读、写、思的能力，语文学习以外的意义还有：情感的发育，学习能力的培养，知识背景的拓宽，文化的自觉认同，开发右脑，发展思维等难以说尽的好处。研究结果显示，阅读的成效是，在孩子的脑海中，将阅读与愉悦联系在一起；创造了背景知识；建立了词汇基础；增强了语感能力；树立一个阅读的典范。阅读还有一个良性循环的好处，即读得多，理解力就好；读得越多，知道得也越多；知道得越多，就越爱阅读，人就越聪明。

美国阿默斯特学院的汤姆·帕克说：“全世界最好的准备学力测

验的方法就是，当孩子还小时，在床边读书给孩子听。如果孩子觉得这是个美好的经历，他们就会开始自己阅读。”“如果一个国家阅读得不够多，难么它就懂得也不多。”托马斯描述过这种危险：“在文明世界中，如果一个国家想要在无知的同时得到自由，这种期盼以前没有实现过，以后也永远不会实现。”所以，美国国家阅读委员会对阅读的要求是：“孩子小学毕业前，都应该保持一定的阅读习惯。”

对于阅读这个问题，虽然仁者见仁，智者见智，但透过表层差异，我们可以发现以上论述已经共同揭示了如下几方面的特点。

①阅读是读者与读物之间相互作用的过程，其中读者是主体，是主动的一方，读物是对象，是被发掘的一方。

②阅读的实质是理解、领会读物的内容。

③从过程看，阅读现有“阅”，即看、注视信息符号，后有“读”，即感知—发出声音—朗读，或默读—不动嘴、不发声地读。

其实，阅读就是看书、理解、记忆、表述、消化。当然还有特殊人的特殊方式，如盲人的摸读、听读等。语言学家们给阅读的定义是：阅读是读者与读物相互作用的过程，也是读者感知并理解文章内容、掌握读物意义的过程。

### (2) 了解阅读的技法

阅读可以说是一门独立的学问，它包括阅读原理、阅读技法和阅读训练三个部分。所谓阅读技法，就是阅读原理应用于阅读训练当中，是读者渴求阅读入门的必由之路。研究阅读技法的目的，在于实现阅读主体（人）和阅读客体（文本）的契合。开放一点说，凡是能帮助阅读主体，有效把握文本要义的手段和途径，都可以认为是科学的阅读技法。

阅读的技法也和孩子学走路、学游泳一样，来自阅读的实践，读得多技法一般也会多，读得精心技法也会更精湛。我国古代就有许多学问造诣很深的人，他们的阅读技法流传至今堪称典范。如：诸葛亮的“观其大略”阅读法：后人把它归纳成——提纲挈领地领会精神实质和要点的读书方法。陶渊明的“会意”阅读法：着重领会读物的深刻旨意，而不死扣字句的读书方法；杜甫的“破万卷”阅读法：透彻理解而取其精神，犹如蚕食桑叶而吐其丝的读书方法；韩愈的“提要钩玄”阅读法：写读书笔记，提出要点，掌握纲目，钩出精义，领会精神的读书法；朱熹的“虚心涵泳”阅读法：以虚心、认真的态度，沉浸于读物之中，周密思考、反复琢磨的读书方法；陈善的“知出入”阅读法：体会前人著作精神实质，注重实际运用，而不死守前人的言辞的读书方法；诗人纪宇的“挑选区分读书法”：他说：“读书无禁区，思考要独立，博览最必要，精读大有益。”他把读书区分成三种情况：①粗读书：浏览，知道书名、著者、主要内容就可以了。用时可查，能找到就行。②细读书：动笔墨，圈画，摘抄重点。③常读书：爱不释手，几乎一有空就看，反复思考；每天睡前看一会书，出差时带着书，细嚼慢咽……

英国作家伍尔芙的“二步读书法”：第一步是尽量敞开胸怀，来容纳作者给自己的无数印象；第二步是比较与判断。法国著名作家大仲马的“精选读书法”：“在我罗马的书房里，将近有 5000 本书，我把它们读了许多遍以后，我发觉，一个人只要有 150 本精选过的书，对人类的一切知识都可齐备了，至少是够用或应该知道的都知道了。我把生命中 3 年时间用来致力于研究这 150 本书，直到我把它们完全记在心里才罢手。”爱因斯坦的“一总、二分、三合读书法”：一总，先浏览书的前言、后记、序等总述部分，然后认真地读目录，以便概括了解全书的结构、内容、要点和体系等，这样便可对全书有总体的印象。二分，在读了目录以后，先略读正文，要着重对那些大小标题、画线、加点、黑体字或有特殊标记的句段进行阅读；三合，就是在翻阅略读，对这本书已有一个具体印象的基础上，再回过头来细读一遍目录和全书内容，并加以思考、综合，使其条理化、系统化，以弄清其内在联系，达到深化精化的目的，进一步深入领会初读时所不能领会的东西……

可以说，没有阅读就没有阅读的方法，不精心阅读，就不可能有精湛的阅读技法。因为，从学习型阅读来说，只有通过读者亲身反复、长期阅读的历练，才有可能有“养成好习惯，阅读自动化”的效果，才有可能真正形成有特点、有特色的阅读技巧和阅读方法。

阅读因目的不同技法也有一定的差异。从阅读的功能看，阅读一般可分为学习型阅读、应用性阅读两大类。学习型阅读也称为基础性阅读，它是从学校阅读教学的效度分析来说的，包括选读、精读、略读、速读、问读、参读等。应用型阅读是从读者的职业分工角度命名，它包括导读、研读、审读、校读等。

学习型阅读中的速读，迎合了时代的飞速发展，正在成为热门的话题。我们也需作一些了解，速读就是加快读书的速度，在单位时间内使阅读的内容成倍地增长。它不是一字一字地读，而是一句一句，一行一行地看，甚至“一目十行”地看，以收集、理解为目的。速读不仅是一种迅速吸收信息的读书方法，而且也是高效率的思维方法和记忆方法。它关系到孩子智力的发展和学习的成效。苏联赫尔科夫师范学院作过调查，发现阅读速度快的学生中，学习优良的占53%，而阅读速度慢的学生中，学习成绩优良的还不到4%。提高阅读速度的根本是速度观念，就是强迫自己比过去读得快，这首先要提高速度，然后再去考虑理解、把握与记忆。

也和学习的其他活动一样，采用方法上要灵活机动，具体情况具体对待。我们可以用一首“方法歌”来加深理解、加强记忆：

阅读可以说“目的不同方式异，选用技法如裁衣；穿鞋着袜为生活，合适与否问自己”。

### (3) 学会应试阅读技法

学会应试阅读技法的标准：一是读对；二是读懂；三是读通。读对，起码的要求是，字的音不读错，词的意不理解错，句意不搞错，文章的主题思想不偏离；读懂，从理解作者的遣词意图，组句用意，到要表达的主题思想都能准确把握，或者再创造；读通，就是在读对、读懂的基础上进一步深化，达到融会贯通的程度，“通”首先是娴熟于心并能灵活运用。

从小学到中学，从易到难，依次加深，按从前向后发展的顺序逐步提高要求。①理解词语在文中的含义；②理解文中重要句子；③筛选和提取文中的信息；④分析归纳文章内容和中心；⑤分析文章的结构；⑥分析和概括作者在文中的观点态度；⑦鉴赏文学作品；⑧评价文章的思想内容。

#### 1）理解词语在文中的含义

本项大体可分为两类，一类是词语的一般含义；另一类是词语的特殊含义。前者也称为基本含义；后者也称为语境意义。正确理解词语在文中的含义，一靠平时读、写中的积累，即掌握一定数量的常用词语；二靠对语境的具体把握；三靠掌握一定的方法和技巧。

#### 2）理解文中重要句子

重要句子一般指中心句、总领句、总括句、过渡句和特色句等。阐释重要句子的技法主要有下列几种。①从理解句中的关键词语入手。②从分析句子的结构入手。③从分析表达意图入手。

3）筛选和提取文中的信息

信息指的是新概念、新理论、新观点、新材料、新知识等。其方法为：①从理解基本概念中辨别和筛选信息；②从文章的重要句子中提取信息。

4）分析归纳文章内容和中心

一是分析归纳文章的内容要点，即对相关文字的层次作大致分析和找到相关的概括性语句。二是分析归纳文章的中心思想，即从文章体裁特点出发，如：记叙文把握住所写人、事、景、及作者借以表达的感受或见解。说明文要紧扣说明的事物的特征或事理归纳中心，并点明写作意图。议论文要抓住作者的主张和见解归纳中心。

5）分析文章的结构

文章的结构包括：段落和层次，开头和结尾，过渡和照应，还有线索。从阅读的角度看，把握这些要素，学会分析，有助于对文章内容的理解，有助于对文章思想内容和表达技巧的评价、鉴赏。具体的分析层次方法是：分意群，找标志；分析照应的方法是：找内容联系，注意语言关联；开头结尾、过渡、线索均找关键句。

6）概括作者在文中的观点态度

所谓观点就是作者对事物或问题的看法，在议论文中表现为中心论点、分论点以及结论，在说明文中表现为对事物特征或事理的暗示。所谓态度，就是指作品的倾向性，包括思想倾向、感情倾向等，简单地说就是指支持什么，反对什么。分析作者在文中的观点的方法是：一抓概括性句子；二抓表达观点的材料；三抓文章的基本倾向。

7）鉴赏文学作品

鉴赏文学作品的内容是：鉴赏文学作品的形象、文学语言和表达技巧。文学作品的形象是指所描绘的生活图景，主要是指文学作品中的人物形象。鉴赏人物形象，主要任务是揭示人物的典型意义，分析人物的性格特征。文学语言包括作品中人物的语言和作者的语言。鉴赏它的主要目的是评述语言在刻画人物、表达思想感情方面的作用。文学作品的表达技巧，包括以下三点：一是运用某种表达方式的技巧，如叙述技巧、描写技巧等；二是作品中运用的变现手法，如象征、对比、烘托、反衬、比较，以及人称的运用等；三是作品谋篇布局的技巧等。鉴赏表达技巧主要是揭示运用某种技巧所表达的内容，评述表达技巧在文中的表达作用。鉴赏技巧主要有两个方面：①坚持内容和形式的一致性。文学作品中的人物形象属于思想内容的范畴；语言和表达方式属于形式的范畴，除了自身的审美价值以外，总是为表达一定的思想内容服务的。因此，鉴赏文学作品要坚持形式和内容相一致的原则。②注重揣摩语言。即指从分析语言的组合关系入手评说其表达思想内容和蕴涵的思想感情。

8）评价文章的思想内容

思想内容一是指思想内容的主体材料；二是指作者凭借这些材料所表达的观点、态度和写作意图。评价思想内容有三方面的任务：①评述材料在文中的作用；②评述作者某种观点、态度形成的原因和依据；③评述文章的主旨。具体的评述方法是：一要整体把握文章的内容；二要坚持观点和材料相统一的原则。

以上关于现代文阅读技法的阐述只能说是粗浅的，更主要的是要靠学习者在阅读的实践中逐步领会，从把阅读当成是学习的任务到把阅读当成乐趣和享受的转变，也许人生就会出现巨变。

## 2.细心阅读既是一种学习品质，也是一种学习本领

阅读是读书的一种方式，要了解阅读的意义需从理解学习的原理开始，学习是建立新旧知识之间联系的过程；阅读就是学习知识的基

本方法，是积累知识的最常见的形式；阅读积累知识就像滚雪球一样，也就是说你原有的知识越多，阅读得到的新知识也会越来越多。细心阅读，从技能上来讲它就是精读。精读是一种咬文嚼字、深钻细研、一丝不苟的阅读方式，目的是为了深入理解和有效记忆。它要求根据一定的学习目的，对阅读材料的内容、结构、语言、表达方式等认真琢磨，从而全面掌握，深入理解，融会贯通；然后，通过练习，再将阅读材料中所蕴涵的知识技能转化成自己的知识技能。

“朱子读书法”是我国古代一个读书方法的典范。南宋著名教育家朱熹，他不仅直接教导学生，还整理编著教材，一生中从没放弃过教育活动。关于读书的方法，他提出了两个极其重要的原则，即：“循序而渐进，熟读而精思”，对后代影响极大。他的学生把他的读书方法归纳为“朱子读书法六条”，即：循序而渐进；熟读而精思；虚心涵泳；切己体察；着紧用力；居敬持志。朱子读书法更是细心阅读的典范，也是我国古代教育史上的宝贵遗产。

著名教授冯友兰的读书法就是一种精读法。冯友兰总结自己80余年的读书方法，概括为四句话：精其选，解其言，知其意，明其理。精其选，即在浩如烟海的书籍中，选出好书阅读。即我们现在称其为经典著作的书，就是经过时间考验而应该精读的书。

解其言，即读书首先要读懂它的文字，即语言。要攻破语言文字关，要作许多准备，用许多工具书，如使用字典和词典等工具书之类。

知其意，即读书要在文字以外体会它的精神实质。如果是浮光掠影，只看表面现象，不求甚解，那就不会有什么收获。

明其理，即读书只得其意还不行，还要明白它的道理。这样，就可以把自己的意和前人的意加以比较，加以补充，加以纠正。

精读训练，要求对阅读材料从整体到部分，从部分到整体，从形式到内容，从内容到形式，反复思考，深入理解。在精读时可采取以下一些方法辅助阅读。

（1）做记号或评注

对有疑问或者有不同意见的内容，可以做上记号，以提醒自己去解决。有的内容需要解释，如果文字不多，可以写在旁边的空白处。如果有感想或总结要点，也可以写在旁边的空白处。评注可以记下对字、词的含义的理解、认识，对写法的分析和评论，还可以写下读后的感受。

（2）画线和加着重号

对关键性的词语、句子，在下面画线或加着重号，这样有利于区分重点和非重点，使重点部分醒目突出，便于复习与记忆。但着重号需加在重点内容上，所以必须要有选择，不能太多过滥，以致失去了画线和加着重号的本来意义。

（3）写读书心得，做笔记摘抄

在精读时，如果能够注意做卡片、记笔记、摘抄精彩语句、整理有用的资料甚至抄写全文，加上写心得体会、书刊评论等，这样就能读得精一些，熟一些，也就能想得多一些，深一些，从而就读得好一些。

精读适用于学习和研究性阅读，如教师、学生读教科书，科学工作者读科学论文，学者读学术论文、学术专著等理论文章。精读，对孩子来说，就要从读教材开始，而且要从预习教科书开始，其目的首先是读懂，让自己在上课时心中有数，其次是培养细心阅读的好品质，如果有了细心阅读的好品质和本领，读的书就像一块块的垫脚石，不断地垫起人生的高度。

## 3.细心阅读帮人成材、成功

阅读是知识积累的基本环节，细心阅读就能发现更多的问题，获得更多的知识。一旦发现问题就会想办法去解答问题，每解答一个问题就能获得一点知识。许多人的进步成材，都是因他们的细心阅读，许多名人的成功、成名，就因为他们有细心阅读的学习品质。

### （1）细心阅读才能进步、成功

从某种角度讲，学习的品质决定人是否进步与成功。下面的两个故事可以说明这方面的道理。宋代的黄鲁直就因为细心阅读提高了写作水平。

**名人链接**

黄鲁直是宋代的一个文学家。他酷爱阅读文学作品，而且读得非常细心、认真。一次，他在开封相国寺看到了一本宋子京写的《唐史》初稿。这本初稿宋子京多次修改过，有的字已经模糊不清了。密密麻麻的蝇头小字占满了稿纸的空白地方，非常难认。黄鲁直并没有放弃，反而对《唐史》初稿进行了仔细地阅读与研究。他把修改前后的文稿各抄在了一个本子上。用比较的方法，从遣词造句、拟形摹声等各个不同的角度分析作者修改的原因，找出写作规律。最终，把学到的经验用到自己的写作中去，以此来提高自己的写作水平。

黄鲁直是靠着细心阅读、刻苦研究的精神不断进步，才成为一个文学家的。下面是一个有关阅读试卷的故事，对关心学习的人都会有所警醒或启发。

某公司要招聘一名总经理助理，广告刊登后，应聘的人很多。经过筛选，50 个人有幸被通知参加考试。考官把试卷发给每一位考生，只见试卷上的题目是这样的。

综合考试（限时 3 分钟）

①请把试卷认真读完；

②请在试卷的左上角写下尊姓大名；

③在你的名字下面写上汉语拼音；

④请写出五种动物的名称；

⑤请写出五种植物的名称；

⑥请写出五种水果的名称；

⑦请写出中国五座城市；

⑧请写出外国五座城市；

⑨请写出五位中国科学家的姓名；

⑩请写出五位外国科学家的姓名；

⑪请举出五本中国古典名著；

⑫请举出五本外国文学名著；

⑬请写出五个成语；

⑭请写出五句歇后语；

……

不少考生匆匆地扫了扫试卷，马上拿起笔在试卷上写了起来。一分钟……两分钟……三分钟，时间就到了，除了有两三个考生在规定时间内交卷外，其余的都在忙着写答案。考官宣布考试结束，未按时交卷的一律作废，考场上像炸开的锅，未交卷的考生纷纷抱怨："时间这么短，题目又那么多，怎么可能按时交卷呢？""对，题目又很偏！"

只见考官面带微笑地说："很遗憾！虽然各位不能进入下一轮考试，但不妨把试卷带走作个纪念吧。再认真看看，或许会对你们今后有所帮助。"听完考官的话，不少人拿起试卷继续往下看，只见后面的题目是这样的：

⑲ 请写出五个"认真"的同义词；
⑳ 如果你已经看完了题目，请只做第②题。

而那些考生们只因未读完试卷，匆匆答题造成终身遗憾，这两个故事的两种结果，应该能够为我们如何阅读指明了方向。

（2）刨根问底，终成大学问家

**名人链接**

戴震小时候读书刨根问底，长大了才成名成家。

戴震

清朝年间，一间蒙童馆内传出琅琅书声，接着是老师讲授"四书"《大学章句》的话音。这本书由南宋大学者朱熹编著，是朝廷科举取士的标准课本。老师讲完了"右经一章"，正准备接着往下讲。这时，一个年幼的学生突然站了起来，问道："老师，你凭什么知道这一章叫做《经》？又凭什么知道以下十章叫《传》？”老师说：“这明显是朱熹说的，注解上不是明写着的吗？”那位学生还是不满意，又问道：“朱熹是什么朝代的人？”“南宋人。”“那么，孔子和曾子又是什么时代的人？”“周朝人。”“周朝和南宋相隔多少年？”“有两千年。”学生又问：“既然相距两千年，朱熹又是根据什么作出这样的判定呢？”老师被问住了。

这位学生名叫戴震，他读书非常细心认真，又很爱思考，爱提问，而他的提问是很有道理的。正是由于他勤学好问，所以学业大进，后来成为著名的考据家、数学家和思想家。20岁时便写成了他的第一部著作《筹算》，他一生的著作和编纂的书近50部。后来他的学生段玉裁在总结戴震的读书经验时，特别称颂他的那种“凡读书，每字必求其义”的细心阅读、刨根问底精神。

(3) 追本求源，成为名作家

钱锺书先生，也得益于他的细心阅读和打破砂锅问（璺）到底的求学精神。

**名人链接**

钱锺书是中国现代著名作家，先后任清华大学、西南联大、蓝天师范学校教授，中国社会科学院古典文学研究所研究员。他的主要作品有《管锥篇》《谈艺录》《围城》等。

钱锺书平生酷爱读书，他说：“只要有书可读，别无索求。”

钱锺书读书

他的追本求源读书法，就是在读书时发现问题，然后联系多种读物，经过分析、比较、求证，最后使问题得到解决。他在读书时，一是善于发现问题；二是善于追本求源，对于每一个问题都争取做到“打破砂锅问（璺）到底”。

中国清代的袁枚在《随园诗话》里，批评了毛奇龄错评苏轼的诗句。苏轼在诗中说：“春江水暖鸭先知”。毛奇龄评道：“定该鸭先知，难道鹅就不知道吗？”袁枚很生气，认为照毛奇龄的看法，那《诗经》中的“关关雎鸠，在何之洲”也是错误的，难道只有雎鸠，没有斑鸠吗？袁枚和毛奇龄这场笔墨官司，谁是谁非，一般人看看也就过去了，无需求索，但钱锺书却要追本求源。

他找出了《西河诗话》，先看毛奇龄的原话到底是怎么说的。毛奇龄的原意是：苏轼的诗是模仿唐诗“花间觅路鸟先知”一句来的，但模仿得很拙劣。人在寻路，鸟熟悉花间的路，所以鸟比人先知。而水中动物都能感觉出冷暖，苏轼却只有鸭先知，就不对了。

钱锺书又找出了苏轼的原诗《惠崇春江晚景》中的诗句：“竹外桃花三两枝，春江水暖鸭先知”。这首诗是苏轼题在一幅画上的，画上有竹子、桃花、春江、鸭子，所以写“鸭先知”。这样看来，苏轼是没有错的，还是毛奇龄搞错了。

为了进一步将问题搞清楚，钱锺书还查了唐人张惠的原作《春园家宴》，其中有“竹里行厨人不见，花间觅路鸟先知”的诗句。人在花园里寻路，不如鸟对路那么熟悉，这是写实。而苏轼的鸭先知水暖则是写意，意在赞美大好春光，这是对画面意境的升华，是诗人内心的独特感受。应该说，苏轼的“鸭先知”比张惠的“鸟先知”更高明。

最后，钱锺书又引用了王凯运的《湘忆楼日记·二十六》中，称赞苏轼的这个诗句为“上上绝句”的话作为佐证，才下结论，肯定毛奇龄的错误评论说：“会讲理学的，讲诗往往别具心肠，卑鄙可笑，不懂得东坡苦心。”

对于一句诗——历史上的笔墨官司，钱锺书先生花了那么多的心思，可见他在读书上的认真劲儿。这里可以让我们看到，钱锺书先生细心读书的品质和实事求是的治学态度，还有他那种把各种作品相互联系起来，参照研究的学习方法很值得我们借鉴。

### (4) 生活、工作也需要细心阅读

人活着是为了生活更美好，美好的生活就在于能够享受人类文明的高级成果。欣赏文艺界、艺术界的杰作首先需要细心地阅读。如果对艺术作品缺乏阅读能力，就可能生活在文化沙漠之中，那是没有真正的幸福可言的；如果因缺乏细心阅读的品质，不能发现艺

术精品中的细节而不能欣赏真正的美，那也是人生很大的遗憾。这方面，“吴育评画”的故事可以给我们很大的启发。

**名人链接**

宋代大文学家欧阳修得到一幅古画，这是一幅非常有趣的画。画面上有一丛牡丹，枝叶下面还卧着一只花猫。欧阳修正在欣赏这幅画的时候，恰好儿女亲家吴育来访。

欧阳修

吴育一见此画，就高兴地说：“好画，好画！此画画得妙极了！这是正午牡丹。”欧阳修吃惊地问：“阁下是怎么知道它是正午牡丹的呢？”

吴育解释说：“你看，这幅画上的牡丹，花瓣懒散，叶子耷拉，颜色干燥，只有正午牡丹才会出现这种现象。要是早晨的牡丹，花叶上就会带着露水，花瓣紧凑，而且颜色润泽新鲜。”欧阳修点头称是。

吴育继续说：“你再看那小猫的眼睛，早晨和黄昏时，它的瞳孔应该是又大又圆，随着太阳升高，就会变得狭长，逐渐眯了起来，到了正午简直成了一条细线。这只猫的瞳孔现在是一条细线，岂不是恰好说明是正午的猫吗？所以说，这幅画反映的是正午的景物。”

吴育分析得对极了，这说明他有极其丰富的生活经验和极强的读画、赏画能力，这种能力首先来自于他细心阅读的好品质，所以才能使大文学家欧阳修也很佩服他的评画能力。生活中能细心阅读会提高生活质量，工作中能细心阅读同样能提高工作质量。“邓颖超审稿”的故事就是一个很好的例子。

**名人链接**

1979 年 10 月 16 日中午，邓颖超同志审阅了采访她会见海外侨胞的稿件后，对记者说：“这篇稿子写得不错。”接下来她严厉地指出：“你们写的《中秋佳节话友情》登报了，我也看过。那篇文章有两个地方不符合实际情况。第一，文章说‘人民大会堂江苏厅秋菊盛开’。你们看，那里摆放的‘秋菊’是绢制的，怎么能写成‘秋菊盛开’？第二，那天朋友们唱了《在北京的金山上》和《歌唱敬爱的周总理》两支歌，而在你们的文章里，却写成只唱了《歌唱敬爱的周总理》一支歌。”邓颖超同时还强调说：“我们的新闻报道一定要真实、准确。”

细心阅读关系到人们的成材、成功和生活质量，作为孩子的父母应该在认识到细心阅读重要性的同时，努力培养孩子细心阅读的学习品质，为孩子美好、幸福的人生打好基础。

(5) 阅读能积蓄、提升学习力

通过研究学习成功者的成长轨迹，会发现一些规律性的东西，可以帮助家长指引自己的孩子的学习之路。如：坚持培养阅读和写日记的习惯，具体一点，就是让孩子坚持早读，爱好看课外书，坚持写日记。坚持早读与爱好看课外书都属于阅读，这样就可以说是两样事情。所以再简单点说，就是让孩子坚持做好这两样工作，就有可能让他走上成功的学习之路。这里的道理是有其科学依据的，学习的主要手段就是这样几个字：听、说、读、写、算。听与说是吸收信息，吸取知识，考听与说的极少，所以听与说主要是为读、写、算的考试作准备。而在考试的主要方式读、写、算三个字中，课外练习坚持了两个——读与写。另外从学习的原理讲，学习就是靠原有知识像滚雪球一样吸收同化新的知识的过程，由于坚持阅读，坚持写日记，也就是说读得多知识多，吸收同化的能力就强；写得多用得多，熟能生巧，能力就强，这样成材、成功条件充足，可能性就大。

2002 年考入北大外国语学院，学习方法总结得很好的王洪印同学，有很值得借鉴的经验。他在《学习经验总结》一文中写道："纵向上，首先是小学阶段，我觉得在这个阶段，学习经验、学习方法对学习还不是决定因素，因为大部分的学习都是在老师和家长的帮助下完成的。但在这个阶段形成对学习的兴趣是十分重要的，我个人觉得，在小学的时候，如果不能形成对学习的正确认识，那么，今后随着学习的深入，课程的变难，信心和兴趣都会骤减。之所以如此，是因为，从小就对读书写字没有兴趣，那么很难想象，未来会对这件事有多么浓厚的兴趣。

"其中，我觉得获得一个很好的阅读习惯是至关重要的一点。获取知识，最直接、最常用的办法就是阅读，至少目前的社会中尚且如此，因此，从小养成一个很好的阅读习惯，可以使孩子在今后的生活中不断获取新知识。并且，对书本有亲切感，可以使他获得更多的信息，可以自觉地完善自己。另外，在阅读过程中，孩子集中注意力的能力，理解内容的能力，体会他人情感的能力能获得较大的提高，而这些，不仅对今后的学业，乃至对未来的生活都是有很大的作用的。写到这里，我特别要感谢自己的父母，他们在我上小学的时候，为我准备了很多图书，同时，帮我阅读，回想起来，这一切是我今后学习道路上取得成功的坚固基石。

“当然，我觉得在这个时期，学习固然重要，但让孩子在没有较大压力的环境下成长也是很重要的，因为这个时期在某些程度上是孩子形成健康人格，学会与人交往的关键时期。

“其次，中学阶段，这个阶段是人生中，至少是学习道路中，至关重要的阶段。我的经验是，一方面，在这个阶段，应当开始培养自己的学习能力，总结自己的学习经验，形成一套自己的行之有效的学习方法，因为这个时期是步入成年之前的一个预备时期，今后的学习更多的是在没有老师帮助、家长监督的情况下进行的，因此也就需要大量的自学，如果没有一套自学的方法，未来就没有办法使自己不断得到提升……”

王洪印同学的学习经验的确总结得很好，他的这个经验首先是阐明了小学、中学这两个不同学习阶段的特点：小学要形成对学习的正确认识，从小养成很好的阅读习惯；中学开始培养自己的学习能力。尤其是其中对阅读意义和功能的认识，他对阅读的意义强调地说：“我觉得获得一个很好的阅读习惯是至关重要的。获取知识，最直接、最常用的办法就是阅读。”他对阅读的功能概括得也很到位，他说：“在阅读的过程中，孩子集中注意力的能力，理解内容的能力，体会他人情感的能力能获得较大的提高。”特别是“获取知识，最直接、最常用的办法就是阅读”的判断，是很有见地的。可以说这是“路漫漫其修远兮，吾将上下而求索”的结果，也是这位考进北大的“过来人”对学习规律的揭示。面对年轻睿智者，让我这位有了 40 多年教龄的老教育工作者也非常佩服，觉得后生可畏也可敬。

## （二）

# 规范写算

“三足鼎立”，告诉我们鼎靠三足才能立起。孩子的学习也要靠三足，哪三足？一足就是阅读，另两足就是写与算。所以，本章一开头就讲到了，“成绩分数有渊源，关键就在读、写、算；意志品质是支柱，基础打在入学前。”这首诗说明了孩子的成绩、分数有其原因，其中关键性的原因是读、写、算的技能掌握的程度；但关键就是开锁的钥匙、电路中的开关，比这开关更重要的是电源，电源是能量之源、动力之源即人的意志品质。意志品质就像大厦的支柱，就像人的脊梁骨，没有支柱、脊梁骨就立不起来，可见意志品质比读、写、算更为重要，但它的基础在孩子入学之前就开始成型。本节着重讲写与算的重要性，写就是书面表达，算就是根据已知与未知之间的关系演算出结果。写与算简单点说就是孩子平时的作业的基本方式，是应对学习阶段结业检验的基本手段。

演艺圈有一句行话叫：“台上三分钟，台下十年功”，说的就是台上风采源于台下苦练功夫，简洁点说就是一种演与练的关系。学习也是这样，考试是台上，作业是台下，所以有高人说：“如果把作业当成考试，那么考试就会如作业。”这是很有道理的，这也告诉了我们考试成功的秘密：把作业当成考试。下面，我们就谈谈如何规范作业。

## 1.规范作业

作业，对孩子来说就是老师布置下来的学习和训练的任务。规范有三种含义，一是标准；二是符合标准的；三是使行为符合标准。在规范作业里这三种意思都有，简单点就记做“符合标准”。那么作业的标准又是什么呢？创导“多元智能理论”的哈佛大学霍华德·加德纳教授，曾经概括过做题步骤：“做作业是一个环环相扣的过程，准备工作、审题过程、解题过程和复查阶段这四步一个都不能少，只有前一步做好了，才能保证下一步的顺利进行。”下面，我们就根据霍华德·加德纳教授的“四步骤”阐述规范作业的问题。

### (1) 作业的准备工作

“预则立，不预则废”，“要打有准备之仗，不打无准备之仗”，这些古今名言都告诉我们准备工作的重要性。孩子的作业也同样，也必须“打有准备之仗”。作业的准备其实就是学习准备的一部分，可以把它称为课前预习、课堂学习、课堂笔记、课后复习的“作业准备四环节”。作业准备四环节的工作就是新知识的学习过程，也是旧知识的温习过程，更是新旧知识的链接过程，准备工作做好了，作业就会水到渠成，得心应手，一气呵成。

如果准备工作不到位，那么做起作业来就会少、慢、差、费。少，就是单位时间做出来的题目少；慢，就是进展慢，做作业不顺利，甚至做不下去；差，就是出错多，正确率低，效果不好；费，就是费时费力费心思，耗费多收效少，就没有快乐可言。苦恼多，乐趣少，久而久之就会消磨学习的积极性，失去学习的主动性。

作业有准备就能得心应手，准备不到位就会少、慢、差、费，一正一反给我们说明了作业准备工作的重要性。“作业准备四环节”其实还只是小准备，此外还有“作业三大准备”，即思想准备、知识准备、技能准备。

思想准备即对做作业意义的认识，要从思想上认识到作业至少有五方面的作用：检查学习效果；加深对学习内容的理解；通过作业落实对所学知识的记忆；锻炼了思维能力；为复习积累资料与经验。

知识准备指的就是拓展知识的宽度、钻研知识的深度、提高知识基础的高度，让人的学习力不断加大。因为学习是一个知识的同化过程，一个人的学习力越强，他学习起来就轻松愉快，同样的时间、同样的内容学到的东西就更多。表现在作业上，同样题目由于学习力的提高，所花的时间、精力就可少用，而得到的却多，如正确率高，愉悦感强等。

技能准备主要指读、写、算能力方面的准备，有句训练技能方面的行话叫：“曲不离口，拳不离手”，说的就是练习出技能的道理。杜甫的“读书破万卷，下笔如有神”，说的就是熟能生巧的道理。学习实践中许多实例都说明了这一点，有一个中考数学满分的学生，同学问他的奥秘时，他说：“我的奥秘是三年作了近一万道的习题。”一个高考数学满分的考生说：“我数学得满分的原因就是少说多做，三年作了一万多道题目。”当然他们数学满分肯定还有其他的因素，但训练刻苦，技能熟练，达到了熟能生巧的程度，为作业与考试作好了技能准备。

(2) 作业时要落实审题细节

作业时的审题过程要落实这样一句话，叫做：一读，二析，三连，四拟。

一读，就是读得准：读题目要逐字逐句细心地读，包括标点符号及括号里字句、注释、说明等有关信息，做到读不错漏，理解不偏离。如作文题目：我的同学、我和同学。读的时候就要逐字去读，并且看到其中一个时，要主动拿相近的题目进行比较。有比较才能鉴别。聪明的人就辨出同中之异、异中之同，在辨别中提高，在辨别中长进。

如果由于对题目读不到位，造成理解的偏差，那么差之毫厘，谬以千里；如果只为求速度而忽视正确率，往往会后悔莫及；如果因为基础知识不够落实，一知半解而对做作业贸然从事，往往只能望叉兴叹；如果马马虎虎，想当然套题目，结果大出意外，到时候只有自敲脑袋；如果的确反复读了题面，而对题目还是不知其所以然，那只能耐心一点多读几遍，检查一下断句有没有问题，也可以换个角度去理解一下试试。概括地说，审题阅读中要做到认真、仔细、冷静，不急躁、不马虎、不被误导。

第二个要点就是分析得清楚。分析就是要把题目提供的条件、信息一个不漏地加以理解，并且找出已知（包括隐含的）、未知和要求的具体字眼，再从这些字眼中挖掘出相关的信息；接着根据题目的要求综合考虑全部的信息，为下一步工作作好准备。

第三个要点是连得起。连有三方面的内容，一是把题目里的已知、未知与要求连起来；二是让头脑里旧知识与眼前得到的新知识连起来；三是把以前做过类似题目的经验、方法，与眼前的题目连起来。通过横竖连接，就可能触类旁通，为分析加深理解，为拟出思路作好铺垫。

第四个要点是拟成解题思路。要解题，必须先要思路清晰。解题是行，思路是知，只有先知然后才能去行，不然行动也是盲目的。所谓解题思路，就是根据已知、未知向要求发展的步骤、过程。拟解题思路往往可以从两个方面入手，一个就是按已知、未知、结果的顺序进行；另一个可以从结果开始逆推的方式进行，要知道这样的结果，就必须要搞清那个条件，要搞清这个条件就必须弄清那个问题，这也可以称为因果倒溯法。

总而言之，做作业时要落实认真阅读、仔细分析、连接信息、拟出思路四个环节。如果这四个环节逐一落实了，那么做作业解题就会势如破竹，无往而不胜。所以，做作业绝不能让各种原因干扰审题工作的落实。

### （3）规范解题

课前预习、课堂学习、课堂笔记、课后复习等是作业准备工作；一读，二析，三连，四拟等是为解题做准备的审题工作。这些按“台上三分钟，台下十年功”的说法，都是台下的功夫。“台下十年功”如果练得炉火纯青，那么“台上三分钟”肯定精彩。但必须注意到“台下虽然功夫深，需防台上不经心”。做作业也是这样，准备工作充分，审题工作到位，但绝不能掉以轻心，否则也会前功尽弃，后悔莫及。为了在作业上防止后悔、杜绝遗憾，我们要记住“规范作业”的要求。规范，就是按照规定了的去做，如果训练有素，规范成为了习惯，那么解题就如两指捉田螺——稳拿，就不会错，至少是不会因疏忽而出错。

对于解题，我们应当给自己作出哪些规定呢？解题就是运用解题思路对题目进行解答的过程，在这个手脑并用的过程中，首先要保证思路运用的正确和答案的正确；其次是速度要快；要做到这两点，就要靠规范这一点来保证。所以，对于作业须要求自己：一要做对，二要规范，三要快速，即又好又快的要求。

做作业要求一次性做对，这是很好的要求。但要做到这一点需要有充分的准备、稳定的知识结构、正确的审题过程、细心的运算和准确的表达。对于解题来说，其中的运算与表达容易出错。造成运算出错的原因主要有几个方面：一方面是平时不重视运算，认为运算太烦，也太简单，不值得下大工夫，也就不去运算。就如“平时不烧香，临时抱佛脚——不灵。”也像“想中彩票而不愿买彩票——没门”。另一方面，解题的独立性差，不等解出题目就想对答案，一对答案了事，长此以往，造成了很大的依赖性，离开了对答案就难以成事，久而久之就会对解题失去自信与兴趣。还有一种原因是想走捷径，图方便，平时做作业时都靠计算器做帮手，自己的运算技能没学会或没得到巩固。这自然缺乏独立性，一旦忘了带计算器或规定不能用计算器，就会轻则错误百出。重则傻了眼或束手无策，

当然，要想作业一次性做对，单靠规范还是很不够的，还要靠坚实的基础和熟练的技能。坚实的基础指的就是系统把握基础知识，让基础知识就像开门的钥匙挂在腰带上随时备用，让基本技能就像唱歌的口和打拳的手，张口伸手便是，应用自如，得心应手。

### (4) 作业的检查

作业的检查也叫复查，就是在作业做完以后，自己想办法来判断作业做得是否正确。要确保作业正确无误，就得像工厂的质检员一样一丝不苟地严格检查。检查的方法很多，一般常用的是这几种：检查过程的每一步；再做一遍校对答案；把答案代进题目看等式。

1）检查解题过程的每一步

这种检查的方法，就是在已经做过的基础上，按照解题的思路和步骤顺序复述一遍，就像顺藤摸瓜一样寻找出错的环节。一个一个的环节一个不漏地摸过去，如果没有发现错误，就可放心了，对的把握性也就大了。

2）再做一遍校对答案

这种检查办法是一种比较保险的办法，它比检查每一个解题步骤要稳妥得多。再做一遍有两种方式，一种就是“走老路”，即原原本本地按原来做过的方法再做一遍，“人很少在同一个地方跌倒”，只要思维不钻进牛角尖，一般也能检查出有错的地方。另一种方式就是按照不同的解题思路，即用一题多解的方法再做一遍。这样的检查方法的好处，一是不仅更有把握地检查出错误；二是锻炼了思维，使解题的思路更开阔，如果养成这样的好习惯，人的脑筋也能越来越灵活，学习生活也会越来越丰富多彩。

3）把答案代进等式

这种方法就是根据等式两边平衡的特点，先把题目演算的结果代入到题目中，再检查等式的两边是否相等，如果等式能保持平衡，就说明运算是对的。这种方法有好的一面，也有不够明白的一面。即把结果代入算式中，如果等号两边能平衡，说明没有错，这样检查也就比较简单。但是，如果等号两边不能平衡，那么就有点麻烦了。这个麻烦就是不知道运算过程错在哪里，在这种情况下，不得不再做一遍了事。

作业是学习的重要环节，作业的检查是学习抓落实的一个重要环节，抓住了作业检查的环节，一般的孩子都能把学习搞好。笔者碰到过小学一年级读了两年，但学习还不能上路的孩子。他的父母为此非常懊恼，要我为他想办法。我给他的办法是：①按时睡觉，及时起床；②早上起来坚持朗读；③放学回家先做作业，做好作业须自己检查。就靠这样简单的办法，不到两个月就明显进步了，期末成了班里的优秀生，以后还考上了重点学校。从这一事例说明检查作业不仅能够提高作业的质量，还让整个学习环节更加规范、落实。

## 2.提高解题艺术

做作业解题目可以是苦差使，也可以是兴趣盎然的乐事，问题的关键是看你有没有摸到了命题的思路和解题的策略。如果你摸到了命题的思路，那么尽管题目千转百变，但它还是逃不脱你的火眼金睛；尽管题目经过伪装，设了一道道的卡，但在你娴熟的解题技巧下，三下五除二，一下子被大卸八块。这时的你就会有一种痛快淋漓的感觉，就会有一种舍我其谁的自豪感，还会有一种跃跃欲试难逢对手的冲劲。下面就让我们一起看看命题的思路和解题的策略吧。

### (1) 了解出题的思路

解题一般表现为三档水平。一档是疲于应付；一档是靠熟能生巧；一档是了解出题的思路。疲于应付这一档，好一点的对待老师布置的作业能及时应对，差一点的就会显得捉襟见肘，丢三落四，有点喘不过气来。熟能生巧一档，即是通过反复学习、理解课文及大量习题的练习。了解出题思路这一档，就像老练的渔夫，他心里“蚌螺有路，蟹鳖有道”，捕捉有方，手到擒来。这三档中，只有摸清老师的出题思路才是最高明的一招。

**典型案例**

2005 年考入北大的张宁，是云南省某重点中学的学生。他能取得优异的成绩，在很大程度上是因为他能够摸清出题的思路。摸清了出题的思路，就能了解出题的意图和目的，这就好像题目是他自己出的。题目如果就像自己出的，那么解起题目来自然就得心应手了。

上高中的时候，张宁的物理老师很有经验，大家都非常地敬佩他。他出的题目既没有超越学生的课本学习范围，又具有一定的难度。这使张宁感到奇怪，于是张宁找机会上门到那位物理老师家里，请那位老师就最近所学的知识出几道题。只见老师拿出课本，一课接一课地翻，思考了一会，就出了几道题。

于是，张宁就问 :“老师，你出一道题，为什么还要翻课本呢？”老师说 :“出题目，就是要把各节课的实质性的东西集中在一个题目上，才能考出学生的水平来。”张宁顿时明白了其中的缘由，从这以后，他不再满足于做习题，而是把学过的课程一节一节连贯起来思考，把彼此相对独立的知识变成一个知识体系。所以，每次考物理，他的做题速度就特别快，成绩总是全班第一。

许多优秀生在解题的时候，总是先揣摩出题人的思路和意图，把探讨出题思路当做是掌握知识的手段。他们认为 ：平时做作业，并不仅仅是为了做习题而做习题，而是探求知识的好机会，特别是与出题人玩玩捕捉思路的游戏很有意思。他们不满足于分数、成绩，偏要与出题人斗智斗勇，顺藤摸瓜，发现规律。这实际上是以博弈的姿态投入学习，是一种非常高明的学习方法。

(2) 把握解题的策略与技巧

《孙子兵法·始计篇》中说：“夫未战而庙算胜者，得算多也；未战而庙算不胜者，得算少也。多算胜，少算不胜，而况无算乎。吾以此观之，胜负见也。”这段话翻译成现代文应该是：“在开战之前，郑重算计能胜过敌人的，是因为算计周密，算到的胜利条件多；开战之前，算计不能胜过敌人的，是因为算计不周，能胜利的条件少。算计周密，胜利的条件就多，就可能胜利；算计不周，胜利的可能就少，不能胜敌，更何况不算计、没有胜利的条件呢！我们从这些方面来考察，谁胜谁负就可以看出来了。”这就是我国古代伟大的军事理论家孙武的“计策”理论，这个理论的特点就是开战前就能知道战斗的胜败。

战场上的胜负决定个人生死、国家存亡，讲算计策略就顺理成章，但孩子的学习要讲算计策略就似乎有点像“抬蚂蚁——小题大做，虚张声势”。其实，仔细想想，做什么都同样需要讲究计策，只不过讲得通俗点就叫策略技巧。德国当代教育家鲍罗就这样说：“妙计可以打胜仗，良策有利于解题。”其中“良策”指的就是学生对知识、思想方法学习和运用到一定娴熟的水平时，就可能升华到策略的境界。事实也说明，只有到了这一种境界，即掌握了解题的策略，才会在遇到问题时，迅速、正确地找到题的重点和切入点，并稳健地进行解题。所以，在辅导孩子学习时，要注重对解题策略的训练，不断地优化思维品质，提高独立的解题能力。

“冰冻三尺，非一日之寒”，“绳锯木断，非一日之功。”解题策略与技巧也不是一日掌握的。它有三个层面上的内容，一是遵循解题原则；二是多做多练，熟能生巧；三是把握解题的一些规律。下面就按照这三个层次展开论述。

1）把握解题的原则

①目标性原则。解题时答案就是目标，实现问题的要求是解题策略的首要内容。一些孩子做作业的动作不够利索，甚至磨磨蹭蹭，首先是因为目标不够明确。因为目标不明确，所以围绕目标的相关条件也熟视无睹，不为所用，这样只能以失败而告终。反之，解题首先要明确目标，抓住要求，用好相关条件，逐步转化，实现目标，圆满完成任务。②全面性原则。解题时，首先要细心阅读题面，善于全面思考，抓住问题的背景、特点、已知、未知和它们之间的联系，弄清问题的实质和隐含的因素，设计出解题方案。在此基础上再考虑一题多解的方案。全面性原则的“全面”，包含了三个方面的内容，一是全面阅读题目的内容；二是一个不漏地利用所有的因素；三是能罗列出自己力所能及的所有的解题方法。③简单化原则。俗话说：“能干的人把复杂的变得简单，愚笨的人把简单搞成复杂。”同样，做作业过程中关键的一招就是能不能把复杂的事情变得简单些。在题目中，复杂问题的特征是式子结构繁复，逻辑关系严密，已知条件间接，未知量较多，运算量大。面对复杂的问题，很关键的一步就是能不能化复杂为简单，即分解繁复为简单，把一道题当成几道题或几步来解答。④具体化原则。一般来说，具体形象的事物容易理解，容易记忆，容易把握；而笼统抽象的问题难以理解，难以捉摸。如果我们能够把抽象的问题化成具体形象而又贴近的问题，那么困难也会变成容易的。具体化从基础上说有几个前提条件，一个是阅历深，见多识广，深奥的问题也解得简单；二是知识面广，类似的知识多，同化知识的能力强；三是分析的能力强，能把比较复杂的问题条分缕析，条理清楚。

2）多做多练，熟能生巧

实践出智慧，熟练成技巧，这是颠扑不破的真理。

**典型案例**

2000年考进北大的陈永华，他的学习经历很能说明这个道理。他说："从高二到高考前的每一个傍晚，我都匀出了两小时左右的时间做题，当天的课堂作业做完了，就做以前的，以前的做完了，就做后面还未学的"，"谈数学就不能不谈到'做'。不做，一切免谈，做了，面包会有的，一切都会有的。马克思告诉我们，做事要坚持适度的原则，不可走极端，而我也没说过搞题海战术，除了做，还要将自己不会做的，或想了很久才会做的，收集到一个本子上，只将这些答案提示写上去，不细抄解题过程，这样，复习时做做笔记本上的题就可以了。"

陈永华同学之所以能获得省数学竞赛第一名、省高考第四名的好成绩，很重要的一点就因为他从高二到高考前，每一个傍晚都匀出两个小时左右的时间做题。高二到高考可以说两年的时间，每天两小时，他虽然没有说做了多少题，但我们可以估算，三年中他课内课外，作业考试中做的数学题不会少于万道。根据相关资料统计，理科单科考满分的往往做题都超过1万道。当然还有其他的原因，但多做多练，熟能生巧起了很重要的作用，这一点是毋庸置疑的。

3）提高解题艺术

做什么事情都在于不断提高，只有不断提高才能臻至完善、完美。王国维在他的《人间词话》说：古今之成大事业、大学问者，必经过三种境界："昨夜西风凋碧树，独上高楼，望断天涯路。"此第一境也。"衣带渐宽终不悔，为伊消得人憔悴。"此第二境也。"众里寻他千百度，蓦然回首，那人却在灯火阑珊处。"此第三境也。这

王国维

是他借用了晏殊《蝶恋花》、柳永《凤栖梧》和辛弃疾《青玉案》里的词句，表述的古今成大事业、大学问者经历的三种境界。由此得到启发，今天学生的学习也可以分为三种境界："厚积薄发"为第一境界；"举一反三"为第二境界；"游刃有余"为第三境界。第一境界重视一个"积"字，中国自古就很重视积累，从流传下来的词语中可以反映出来，如：积水成渊、积沙成塔、集腋成裘、积跬步以至千里。第二境界的"举一反三"突出了一个"反"字，反：类推。类推属于推理的一种，逻辑推理又属于高级思维。它可以由近及远、由表及里、由已知推出未知，谚语中说的"秀才不出门，便知天下事"，靠的就是推理，触类旁通也就是这个道理。第三境界的"游刃有余"，指的就像《庄子》里说的庖丁解牛，因为掌握了客观规律，按规律办事，所以一把刀用了 19 年还如新磨的一样锋利，这就是因为技能娴熟，游刃有余。

以上讲的"把握解题原则"和"多做多练，熟能生巧"都是属于"厚积薄发"的第一境界。要达到"举一反三"的第二境界和"游刃有余"的第三境界，还得从提高解题的艺术性着手，而艺术性又是实践出真知、熟能生巧的结果。所以，要想提高艺术性还得从具体的科学练习、举一反三、开发逻辑思维、订正汇编错题等几个实实在在的方面去提高。

①进行科学的练习。英国的桑代劳教授跟学生们说过这样的

话：“知识只有通过大量的练习才能掌握，但练习也绝非是简单的做作业，它需要你讲究一定的方法。”学习实践中也确实如此，读、写、算的练习在学习中占主要的地位，它是课堂学习的深入发展，是知识变成技能的必经之路。为了使学到的知识转化成技能，一定要亲自去做解题的练习。当然，练习绝不能是盲目的，而要进行科学的练习。具体的可以说是这样的过程：学习基础知识，运用知识，拓展知识。所谓的学习知识，即通过阅读、理解，用原有知识吸收同化新知识，“把知识装进脑袋”。所谓运用知识，就是把学到基础知识当做钥匙去开问题这把锁，开锁的实践越多形成技巧的可能性就越大，“实践出真知”说的就是这个道理。所谓的拓展知识，就是在熟练地运用知识的基础上，一题多解，熟能生巧，进而向举一反三、游刃有余的境界发展。

②训练举一反三的迁移能力。举一反三，语出《论语》：“不愤不启，不悱不发，举一隅不以三隅反者，则不复也。”这段话是我国古代关于教育、教学最有价值的经验总结，是世界教学法中启发式教学的源头，这里面饱含着孔子的教育智慧和经验。它的大体意思是：教育学生，不到他反复思考不得其解的时候，不去开导他；不到他很想说出来而又说不出的时候不去启发他；没到能举一反三的境界，不再教下去。这对于我们今天的教与学都有极大的帮助，特别是培养孩子的独立思维和解决问题的能力极为重要。举一反三，实际上是一种迁移能力。迁移是先前学习的基础知识、基本技能在后来的学习中的一种灵活运用。举一是一种示范，是一种导向，反三是一种灵活运用的能力，而举一与反三的灵敏程度即是一种艺术水平。所以举一要有代表性、典型性、启发性，又要浅显易懂，容易透彻理解，便于推而广之。总而言之，举一反三就是在多做多练的基础上熟能生巧，再在熟能生巧的台阶上生发悟性，再由悟性形成推

理，通过推理把未知变成已知，最后得到问题的答案。

③开发逻辑思维能力。逻辑是揭示事物规律的真理，逻辑的力量是无穷的，所以要提高解题艺术就得开发逻辑思维的能力。

逻辑思维，也叫抽象思维，也就是人们在认识事物过程中借助概念、判断、推理反映现实的思维方式。它以抽象行为特征，解释事物的属性，是一种依据一定的系统知识，遵循特有的逻辑程序进行的思维活动，被人们誉为人类认识自然和人类自己的最基本的理性工具。逻辑思维被钱学森列为关于个体思维的三种形式之首。也就是说，逻辑思维是形象思维与灵感思维的基础和前提。初中阶段，孩子们的智力发育在生理上基本成熟，是发展抽象的逻辑思维能力的重要阶段，学业上也要求孩子们从形象思维过渡到抽象思维。这一阶段，中学生的抽象思维水平如何，常常成为学习水平高低的依据。

对于孩子的学习来说，学会类比推理法尤为重要，因为它可以帮助人练就举一反三的能力。类比推理法是由一种现象联想到另一种现象，并对两种现象进行比较，由已知现象的规律去推出另一种现象的规律，或解决另一种现象中问题的思维方法。类比推理常能在其中起到点化疑难开拓思路的作用。特别是在数学等理科学习中，类比法曾与归纳法一起被人们称为发现真理的主要工具。天文学家开普勒曾经说过："我珍视类比胜过任何别的东西，它是我最信赖的老师，它能解释自然界的秘密，在几何学里它是最不容易忽视的。"

但需要搞清楚的是，类比法是一种由特殊到特殊的推理方法，即包含着或然性的推理，也就是说通过类比推理得出的结论不一定正确，还需要佐证和实践的检验。

④订正汇编错题。有人说："错误是个宝，长进少不了；错误是财富，改错大进步。"这话很有道理，没有错误就如一马平川，没有波澜也没有奇峰，平平常常没有深刻感受，就没有美好的记忆，收获就不

会大。而错误虽然是坏事，但是改错的过程不仅让人知其然，还会让人知其所以然，让人对事物的认识程度大幅度地加深；另外通过犯错的懊恼给自己的教训，让人悟出人生或事例的真谛，使人有较大的开悟与进步。下面就解题出错订正汇编的事情谈一些看法。

所有的错误都需要改正，但这里划定的范围是指理科做错过的题目（一方面因为文科错题在老师讲评、自己改正以后保存备用；另一方面把学科基础放到早上的朗读和课外阅读这两个环节去加强落实，可以不再搞错题汇编），订正汇编错题的工作可以分三步进行，第一步当然是订正，即先搞清错的要害之处和原因，再按正确的解题思路做一遍。第二步叫做一题多解和多题一解，一题多解就是在订正的基础上再寻找其他的思路，越多越好；多题一解，即面前这道题的解法和以前做过的那些题是同一个解法的，这样一联系就可能让知识进入它的体系，自动地进入记忆的深层。第三步是汇编，汇编就是汇集编撰到一块。汇编成册的办法可以数理化共一本，也可以一个理科的科目独立一本；汇集的办法可以用抄写的方法，也可以用剪贴试卷（或复印剪贴）的方法。顺序就按教学进度或自己安排的系统顺序编排。汇编成册后要妥善保管，每到考试前阅读几遍，至少不至于犯同样的错误，更有效的是其中解题方法和防止出错的方法可以得到借鉴。

(3) 提高写作水平

作业已经包含了写作这一块，这里又把作文独立出来再作阐述，这样做的道理可以说是不言而喻的。从大道理上讲，作文是一种心声的表达，是生存、生活的需要，也是人生发展的需要。从社会现实来讲，这是孩子的学习和其人生提高的需要。简单点说，中考、高考都非常重视作文，从分数上看作文占语文总分的40%，被称为占分的“大块头”。有人说：如果要让中国人都重视足球，那就在高考中加试足球。中国人是非常重视升考的，升考这么重视作文，那么我们对作文怎么重视也不过分。为了把握作文，不断提高写作水平，我们有必要对作文的方方面面作一些阐述。

1）了解新中国建立以来，升考作文的历程

新中国成立以来的升考包括高考、中考、小升初考（国家实施九年义务教育以后从政策上取消了小升初考）。不管是几级升考，高考总是起了指挥棒的作用，以下几级考试都有照仿、照跟的意思，这可以说是年年如此，历年如此。60年来，升考作文的命题形式可以概括四种主要方式，一是从新中国成立初到改革开放前的命题作文；二是改革开放带来的材料作文；三是随着高考改革降低难度而来的话题作文；四是近年来话题作文、材料作文、命题作文混合的方式。

2）了解作文困惑所在

随着人类社会的发展、人们智能的提高，作文的命题方式可能还会不断地变化，但许多人对作文的困惑似乎就没有变，那就是面对题目有的“没什么可写的”，有的心里想写却“难开头”，有的开了头却“不会结尾”，有的写了却不知道“是否跑题”……对这些情况稍作分析就可知道：没什么可写是因为缺乏生活，缺乏阅读。如果像一副对联说的那样：“风声雨声读书声声声入耳；家事国事天下事事事关心”，就可以肯定地说，写起文章来洋洋洒洒，文思如涌，而且像古人说的“一气呵成、一挥而就、倚马可待”；另一种情况是缺乏阅读，笔下无言，如果做到了“读书破万卷”，那就完全可能达到“下笔如有神”的境界。开头难、结尾难，难就难在写得少，懒得练，远远没有达到熟能生巧的地步。写了还不知道是否跑题，一是因为不会审题，二是缺乏主题、中心观念，写的时候胡诌乱编，应付交差。为了改变上述种种情况，我们还是从作文的基础要领入手训练。

### 3）做好作文的基础工作，提高写作水平

①审题。审题即审清题目的含义和要求，理清出题人的基本思路。审题要根据题目的方式落实相应的要求，如材料作文，给你一篇小短文，一个小故事或者一幅画，然后让你分析，自拟题目。对于这一类型的作文，首先要反复阅读、分析、思考材料的含义，看它还有什么引申含义，揭示哪些问题。针对文中揭示的问题，找出与当前时局、人生的联系点。其次，根据自己的感受和掌握的资料来拟定题目。

命题作文的审题方法，最好也最实用的方法是添加词语法，这种方法就是增加题目这个已知条件的附属条件，这些附属条件一方面起着修饰限制的作用；另一方面起到解释、说明的作用。修饰、限制帮助你划定表达的范围，解释、说明帮助你开阔写作思路。从逻辑的角度看，添加词语是增加内涵，随着内涵的增加范围就会缩小，范围越小题意就越明确，把握的就越准确。如像“妈妈”这样的题目，在其前面可以添加“好”字，就会成“好妈妈”，再添“我的”就成为“我的好妈妈”，再添“勤劳”二字，就成为“我勤劳的好妈妈”；在其后面如添加“爱心”、“心事”，就成为“妈妈的爱心”，“妈妈的心事”；还可以添加表示行为动作的词语和行动结果的词等。依此类推，在审题中碰到题目词素少的题目，我们可以在题目的前面、后面、中间加上一些词，使题目的内容变得具体，中心思想也变得明白，让人一看就知道该写什么了。

话题作文的审题难度已大大降低了，材料作文首先要求读懂、读通材料，如果抓不住材料的主题或中心，文章就会跑题或偏题；命题作文如果吃不准题意也会犯跑题或偏题的错误，就会严重影响作者思想的表达和评分；而话题作文，顾名思义就只需要扣住话题

就行，这就降低了作文的要求，为升考提高得分大开绿灯。话题是开放性、方向性审题，不像命题限制在某一个划定的范围那样死板。但应该记住的是，话题作文的命题方式是应降低要求之运诞生的产物，所以学习基础好的孩子一定要学会材料作文、命题作文的审题，只要练就一身技艺，就能够以不变应万变。

②立意。立意就是确立文章的主题与中心思想，它一头连着审题，因为它是在审题的基础上确立主题；另一头连着表达，即作者要表现自己内心世界的主张、观点、态度、用意。有人说：作文离不开人和事，他的意思就是，写人的要通过人物的做事来表达，写事的要通过写人来表达，所以写人与写事只是侧重点不同，但都离不开人物和事件。立意讲求的是“新”和“深”，所谓“新”就是创新，即别人所没有说过的意思，比如说荷花的“出淤泥而不染”，宋朝就有人说得很有名，你再去说，说得再好也不新鲜了，因为早有人说了；如果说它安于清淡的水中独自在香，可能就会出现新的意境，或许能给人耳目一新的感觉。立意的所谓“深”，就是通过去伪存真、去芜存菁、或由表及里、由形式到实质的一番分析之后，挖掘出了事物的本质，再生发联想，推而广之，由物及人。比如面对“小草”这样的题目，先分析它的特点：它默默无闻，自强不息，有顽强的生命力；它无私奉献，不图名利；再由小草的这些特点联想到具有小草精神的人，像普通的农民、工人，普通的教师、员工，普通的父母、家长，他们都像小草。如果就事论事，小草就写小草，那么尽管你功底多么深厚，笔法多么高明，也只能是肤浅得难以打动别人。

③表述。表述就是表达与叙述，也就是写作的“写”，即立意之后，怎样把已确立的主题或中心思想表达出来。从文章的结构讲，它涉及开头、主体与结尾；从文章的表现手法讲，它涉及记叙、议

论、抒情、说明等手段；从文章的主次讲，它涉及详写与略写等；从文章的体裁讲，它涉及各种文体的特点，如：记叙文重在叙述、描写，以情动人；说明文重在说明事物特征，以物告人；议论文重在议论，以理服人。至于表述的具体方法，不想在这里一一阐述，因为写作有点像学游泳，理论讲得太多如果不去实践是毫无用处的，如果能够经常下水去游，只要关键处点拨一下就足矣，所以还是借用几句老话来开窍，“学诗的功夫在诗外”，“读书破万卷，下笔如有神”，还是多进行一些基本功的训练吧。

④基本功的训练

a. 勤于诵读，善于表达。坚持朗读、阅读，该读熟的读熟，该读背的读背，对于名文美文特别要读熟读背，对于其中的美言美句更要熟记于心，待到用时就可以信手拈来，为语汇丰富、语句通顺打好基础。

b. 乐于观察，善于触发。观察能使人获得智慧，正希鲁斯说：“使人获得智慧的不是岁月，而是观察。”触发即由一件事感悟到其他的事，熟读能够触发，经事能够触发。观察生活，入木三分，透过现象，看到本质；看到甲事物想到乙事物；见此思彼找联系。哲学家的本领就在于能够观察到别人所忽略的事物之间的联系，诗人的本领是能够看到众人看不到的美妙事物。

c. 精于思考，勇于创造。从已学、已读的文章中找出典型性的范文，如莫怀戚的《散步》、莫顿·亨特的《走一步再走一步》等文章，先理清其思路、结构与特色，以其特点开启自己的思路，做到踏雪无痕地再创造。

d. 巧妙攻心，争取高分。《文心雕龙》的作者刘勰说过：“缀文者情动而词发。”叶圣陶说：“作文之形为文字，其内容实不出思想和感情两端。”人心都是肉长的，攻心的武器莫过于情。白居易说过："感人心者，莫先乎情。"成功学家戴尔·卡耐基说："打动人心的最佳方式是跟他谈论他最珍贵的事物。"俗话说："人间最贵是真情，真情最能打动人。"所以拿到题目要写文章时，立意要尽量往真情方面靠。真情中尤以亲情为贵，亲情中又以父母与儿女之间的情为最真。如果能写父母之情的事情，又能抓住细节突出重点，就很可能打动读者，特别是感动评卷者，甚至能使他热泪盈眶，慷慨给分。

⑤注重细节。古人说得好："天下大事，先作于细；天下难事，先作于易。"作文者能大能小，大者为治国君民平天下，小者为修身齐家过日子。文章主旨，大至涵泳道真，小至探索精微。这里要讲的内容却是文章以外，而与作文的得分很有关系的一些细节。当然注重细节也不能杜撰、臆断，既要有政策依据，也要有现实价值。所以，注重细节是根据升考的作文评分标准而确定的，做起来也是实实在在的。有人把升考作文的评分标准归结为四句话：a. 内容健康，符合题意；b. 思路清楚，结构完整；c. 表达准确，语句通顺；d. 卷面整洁，书写工整。归结升考作文的评分标准，意在把几百字，条目不清、难以执行的原评分标准化成简单易行的准则，一为简化升考评卷的工作；二为学生明确了写作目标；总之，于教于学都很实用。a 为考查审题立意的能力；b 为考查构思的能力；c 为考查表达的能力，这几方面都属于作文的基本功，上文已有所论及，此处不再重复。d 为版面整洁，书写工整。这不仅是作文的要求，也是所有学科考试都有要求的但不计分，只不过作文这方面要特别注意，因为不管评分标准中有无点明计分，但评卷者心中都是计分的，甚至还带有感情分。大家都知道批阅升考作文，每天都有定量，评卷者整天都在看作文，身心疲劳，眼睛也有点昏花。另外，版面整洁书写工整的文章有美感，也便于阅读，至少不会给评卷人增添烦恼，评卷者也会认真阅读，打分时文章的质量分加上好的印象分，得分

就不会吃亏。所以，考生必须明白：a. 规范书写。书写没有书法的要求创新，而要写出汉字的方块特点——横平竖直，不能用极富个性甚至无法辨认的“书法”。b. 字要大、方。字体大到占作文格子的4/5，如果字体细如蝇足，评卷者以为你要找他的麻烦，他能客气给分吗？方，上文已说及即方块字。c. 标点规范。所有的标点符号做到规范，的确很难，因为标准不一，认识各异的现象时有出现，但句号、逗号应该用得规范一些。首先不能“一点到底”，一个小圆点，既不像句号又不像逗号。其次是“逗号要像蝌蚪，尾巴必现；句号像眼珠，瞳孔必见”。这些看起来是极小的事，但有评卷阅历的人说：写字认真，便宜三分。关键时刻一分定胜负，“三分”的意义明白人都知道。

五

# 规整课业，自主学习

（一）

# 规整课业

规整即规矩整齐，合于一定的标准。课业，指的是功课、学业。规整课业的意思，就是规范学习程序，有序地按照预习、听课、复习、作业四个环节进行学习。自主学习，指的是自己作主，自己规划学习；自己主动实施学习计划，自己监控、调节，实现学习目标。规整和自主可以说一对矛盾，规整要合于一定的标准；自主又要按自己的主观意愿办事。看起来是一对矛盾，实际是统一的两个方面，即在继承、发扬传统的基础上，发展提高，学出自己的个性特色。

前面的各章节的学习，基本上是在老师的指导下，按部就班打基础，本章应该说孩子在前四章：专心听课，用心思考；踊跃发言，大胆提问；勤记笔记，灵活记忆；细心阅读，规范写算等学习品质得到培养的基础上发展提高。

有人说：人生乘的是单程车，没有回头路可走。所以，不管是谁新做每一件事都是第一次，谁都缺乏经验，尤其是青少年。如果做事之前，既没有把每一件事都做到最好的要求，又没有规整做事的程序，真的像骑驴看唱本——走着瞧，那结果也只能像狗熊掰玉米——掰一个丢一个，难有所得。规整课业的目的就不仅是为了防止程序混乱、劳而无功，更为不贻误青春，达到有效果、高效率地学习的目的。对于前人定下的规矩、标准，我们要有深刻的认识。遵循规矩，依照标准那是立身、立业的根基，也是创新发展的前提与基础。对于优良传统，我们要继承和发扬。对于课业的程序，我们就把它规整到两个方面，一是制订计划，有序地学习；二是规整课业，循序渐进。下面就对这两个方面作一些简要地阐述。

## 1.制订计划，有序学习

古人说得好，“预则立，不预则废。”做每一件都要做好准备，这是有经验的人的理念。对于学生的学习更要做好准备，制订学习计划这是许多准备中必不可少的重要准备。有了学习计划，学习就可以有序地进行。如果做事无准备，学习无计划，就可能会出现无头苍蝇乱打的现象，那就别提效果、效率的要求了。

英国当代教育家查尔斯汉迪说：“制订学习计划就是运用统筹方法，实现在短时间内学习更多知识的过程。”这里的话语不多，但内容丰富。一是告诉我们制订计划的方法——运用统筹的方法；二是强调了制订计划的意义——在短时间内学习更多的知识。下面就制订计划的方法再提一些建议。

### （1）统筹兼顾制订计划

统筹，就是全盘地考虑。说到统筹，我们就很容易想起另一个词——兼顾，人们习惯把这两个词连起来说成“统筹兼顾”，因为这两个词意义相关联，筹划事情的时候通盘考虑就要兼顾各方面的因素。那么，学生制订学习计划应该如何统筹兼顾哪些方面的因素呢?

#### 1）根据学习内容和学习时间来确定学习的目标

学习的内容包含两个方面，一是教材的容量；二是教学大纲的要求；学习时间要先计算到上课的天数，在考虑每天可供自主学习的时间有多少，然后将学习内容与可用时间结合起来作安排。

2）参考老师的教学计划安排学习进度

在校的学生的学习都要实行“两条腿走路的方针”，即一方面紧跟老师的教学活动，不打折扣地完成学习任务；另一方面自主制订独立学习的计划，密切配合老师的教学进度有序地学习。

3）根据学科的特点安排每天的自主学习活动

学科特点不同，学习时间、方法也相应地有所不同。如：语文、英语等相关学科要以诵读为基础，就要安排在早上起床以后来朗读；数学、物理、化学等相关学科放在白天的空余时间和晚上来学习。这样把一天的课余时间也分成了两块，一块是早晨用做朗读语文、英语；一块是白天空余时间和晚上用做数理化的自学。

4）根据自身学科学力差异相应作适当倾斜

各学科的学习应该齐头并进，这是“全面发展”的要求决定的，也是升学看总分的升学制度决定的。但由于各种各样的原因造成了孩子各学科学习不平衡，这是一个不容忽视的事实，所以在自主制订学习计划的时候不能忘记了这一事实。要改变这一不好的倾向，就要按照查漏补缺的原则，在时间、精力等资源上对自己的弱科倾斜，按计划及时补上。

5）根据自己的学习经验和特点选定学习的方法

但在选取学习方法时要记住：“世界上没有最好的方法，只有最适合自己的方法”。这正像普劳图斯说的：“有价值的东西只有对懂得的人才有意义。”对于学习方法，不仅要懂得，而且要符合自己的实际情况，善于发挥自己的特长才有真正的意义。“有特点就抢眼，有特长就吃香，有特色就增值”，选用学习方法的标准是：符合自己的特点，能发挥自己的特长，会显现自己的特色。因为鞋子穿在自己的脚上，是否合适、舒服，只有自己才知道。

以上只是关于制订学习计划的一些原则意见，具体怎么制订或制订成什么样的计划应该因人而异，但对于初学者我们建议先做一些模仿。

(2) 模仿同龄人同类型的学习计划

俗话说，“模仿是创造之母”，这话很有道理。从孩子玩积木上就可以看出创造与模仿的关系，开始的时候孩子总是模仿大人的玩法，但稍多玩几次他就不满足于模仿的玩法，而玩出各种各样的花样（为此有儿童教育专家提出：玩积木是培养孩子创造力的最好活动之一）。胡适先生也曾说过：“凡是善于创造的人必敏于模仿，凡不善于模仿的人必不能创造”，“其实创造只是模仿到十足时的一点点新花样。”

应该说模仿是一个积累经验的过程，这一过程能获得解决同类问题的一般方法。经验积累到一定的程度，它也按照质变量变的规律由经验上升为创造力。为此，下面举一些有模仿意义的中学生的学习计划，供参考。

1）初二新学年的学习计划

徐书航同学是一所普通中学的学生，他根据在初一学年学习的实践经验，在初二新学年开学前，制订了初二学年学习计划。

①按时就寝，及时起床：晚上9点30分就寝，早晨6点钟起床。

②坚持晨读（包括节假日）：6点5分至6点45分读语文、英语。

③阅读教材，预习功课：白天的自修课和晚上的时间先复习当天的功课，完成作业后再预习功课。

④自觉复习，落实基础知识：完成每天功课之余和节假日，自觉复习学过的课程——通读理科教材，摘记定理、概念、法则、公式等基础知识，为复习考试做好准备。

⑤落实改错办法：把经过老师讲评、自己订正的语文、英

语的试卷分科汇集，把数学、科学（物理、化学、生物三科综合）考试做错过的题目订正到“改错本”上，争取一题多解。

徐书航同学的学习计划很实在，抓住了学科的特点，区别对待，采取相应的方法。很有参考价值，不过，实行起来要靠较强的自觉性和坚持的毅力。但是，如果坚持实行了，就一定会有两方面的收获，一是学科基础打扎实了，成绩会稳步提高；二是独立自学的能力也会有较大幅度的提高。

2）高一新学年的学习计划

刘军同学在 15 岁初中毕业后，考取了上海的一所重点高中。下面是他第一个学年制订的学习计划。

①认真学好课堂上老师讲的教材内容。课外的时间自学英语和物理。

②课外英语学习分成两条线：一是学习《英语 1000 句》，听校广播台的英语广播，提高朗读能力和听力；二是每天至少熟记 5 个英语单词，全年达到 3000 个词汇量，开始阅读较浅的英语读物。

③课外物理自学的主要任务是拓阔视野，扩大知识面。主要是阅读各种类型的物理小册子，做好阅读笔记。

④每日作息时间：早晨 6 时起床，跑步 30 分钟，背英语单词 30 分钟。中午休息前看半小时英语。午后到 3 时自习时间，做作业、自习。6 时吃晚饭。晚饭前体育活动 30 分钟。晚自习到 10 时。随着季节变化，稍作改动，但学习计划的内容不变。

订计划容易，执行计划困难，这除了各种原因以外，计划没订好也是一个重要原因。刘军同学的计划容易执行，因为他有三个优点：一是有很强的针对性。因为初中时物理、英语的成绩不够理想，于是就把课外时间主要用在自己基础薄弱的学科；二是实践安排具体。每件事情花多少时间，都做了具体的安排。三是目标明确具体。英语，主要是记熟单词，目标是 3000 个词汇的量；物理，主要是扩大知识面。

## 2. 规整课业，循序学习

学习中的知识与能力、技能与技巧、规整与创新都存在着基础与提高、积累与发展的辩证关系，其中主要的是有依存关系和循序渐进的规律的支撑。规整课业，就把学习环节规整为以下四个主要流程。

### (1) 预习

预习，顾名思义就是为学习提前做准备。“不打无准备之仗”。这话确实是一种经验之谈，在上课之前思想和知识上的准备直接关系到听课兴趣与效果。通过预习，孩子对新课的内容会有初步的了解，对自己把握该部分知识做到知己知彼；由于对内容难易的了解，思想上会有所准备，潜意识也能会有一定的调动；听课时就能做到有的放矢、突出重点、难易不惊。预习的过程还能培养孩子独立思考能力和良好的自学习惯。

根据时间与内容的关系，预习也是多种多样的。对第二天听课内容提前预习的，叫及时预习；学期中对下一阶段内容提前学习的，叫阶段预习；寒假、暑假中对下一学期的内容进行预习的，叫学期预习。其实，学期预习也是阶段预习。下面就针对即时预习和学期预习作简单的阐述。

#### 1）及时预习

从规整学业、规范学习程序的角度讲，预习指的主要是及时预习。下面就讲讲这种预习的步骤和方法。

①根据学科特点合理安排时间。作为学生所学的学科，有两类内容特点分明，学习方法各异，一类是语言文字类的语文、英语；另一类是属于运算类的数学、物理、化学。针对这两类学科的特点，预习的方法应该不同，所以时间的安排也应该不一样。语文、英语就应该放到当天的晨读去落实预习这一工作；数理化应该放到前一天晚上来落实预习，对于内容特点不明显的学科，如生物、地理、历史等，可以稍微机动一点。

②查阅目录了解学习内容的地位。对于事物的了解，一般是先从它的外部了解其来龙去脉，再从它的内在结构上了解其特点。预习学习内容也可以用这样的方法，先了解它的来龙去脉，所以最好的办法是查阅教材的目录，看看它是属于哪一章、哪一部分，能够大致了解该内容的坐标位置，就好像偶然碰到一个外国人，凭所见的肤色、五官、体型等特征作一个大概的判断，以便下一步作更深层次的了解，也为学习该内容后知识的系统化打好基础。

③阅读该课教材后面的思考题、练习题。这一做法是为了彰显目标，集中注意力。一般地说，文后的思考题是为了引导我们的思路朝着正确的方向，练习题是为了让我们把学到知识转化成能力的载体。打个比方说，思考题就像灯塔，是为了我们思路的航船明确方向，习题就像船只，是为了把我们学到的知识载到技能的彼岸。在听课、预习之前先看思考题和习题，就能让它吸引注意力，使我们事先心中有数，到时候就能保证效果，提高效率。

④阅读教材，理解教材。一般地说，一节课的教材没有太多内容，完全有可能做到精读它。精读要体现出这样几点：一是基本理解教材内容；二是能够把握重点；三是对照思考题、练习题和读后的感觉明确难点。

⑤借助工具书自行排除难点。预习时用得上的工具书，主要是两类，一类是词典；另一类是参考书。能把身边有的工具书用上就够了，办事总得要切合学生的学习生活的实际，不然就难以落实。

⑥把握预习工作的度。具有五千年文明的中国，对于办事很早就提出了“大中至正”的要求，其中一个意思就是指度的把握。做什么事情都要讲究度，既不能敷衍了事，也不能太过火，所以留下了一个警策性的成语“过犹不及”。做预习工作，也是如此，走马观花不行，过分花时间也没有这个必要，这毕竟是预习。如果花了九牛二虎之力，得不偿失地完全搞懂了，但感觉可能是减退了对上课的兴趣。所以，预习应该控制在这种程度：①熟悉内容，扫清障碍；②大致了解新课内容的思路；③记下不明白的问题。

2）学期预习

爱因斯坦说：“人的差异是业余造成的。”如果把这句话引用到学生身上，则可以说：学生的差异是课余造成的。有的学生，心不在学习上，可能还没听到“学期预习”的说法；有的学生却在假期偷偷地学，以显示自己的智力水平；有的学生为了心中的目标，整个假期不看电视，不游玩，发奋读书，乐此不疲。这样，差距自然就拉开了，差异也渐渐地出现了。许多家长担心自己的孩子输在起跑线上，却没有意识到会输在假期的自学上。要想不输在假期上，就要鼓动孩子做好学期预习。学期预习主要是做好两方面的工作，一是复习旧课做好学习力的预习；二是阅读新教材做好下学期新课的预习。

①复习旧课，做好学习力的预习。所谓学习就是让旧知识去吸收新知识，让老技能去发展新技能。学习的最基本的规律，就是循序渐进，逐步提高。南宋教育家朱熹，从事教育50多年，他对自己的自学经验是这样说的：“为学之道，莫先于穷理；穷理之要，必在于

读书；读书之法，莫贵于循序而致精；至精之本，则又在于居敬而持志。”所以，假期是进行学习力预习的最好时机，以前学到的所有的知识和技能是学好下一个学期功课的前提、基础。要想提高自己的学习能力，就必须巩固已经学到的知识和学会的技能，这就需要复习。因此，学习力的预习最好的方法就是复习学过的课程，“循序至精”，夯实现有立足的基地，才能弹得起，跳得高。

**典型案例**

河南省濮阳市高新区庞王合村有一家人家，三姐弟相继考上北大，成为家庭教育成功的一大新闻。2009年继两位姐姐考上北大之后，弟弟庞杰锋又以濮阳市理科第一名，高出一本线95分的成绩填报了北大。按他父亲的说法，庞杰锋高中前期的成绩并不怎么好。但高二时，他从年级200多名，最后跃到年级第一名。说起学习秘诀，庞杰锋笑着说：“那一年寒假，我几乎没有出过家门，把以前的课本从头到尾复习了一遍。然后，我又找来下学期的教材，进行预习，开学后，我觉得学习轻松多了。”原来，这就是两位姐姐教给他的学习秘诀，每年寒暑假，她们都是这样学习的。

三姐弟复习又预习，相继考入北大

②阅读新教材做好下学期新课的预习。假期里进行新教材的预习，没有老师的指导，大部分家长也帮不上大忙，要靠孩子自己独

立进行学习，这实际上成了一种自学的尝试。这一工作，难度较大，但很能锻炼人，如果能够坚持，并按一定的方法进行，这不仅能达到预习功课的目的，而且还能大大提高孩子的自学能力。所以，对于学期预习，首先思想上要充分重视，措施要切实可行，方法要符合学科内容特点，具体地讲应做好以下几方面的工作。

第一方面：统筹兼顾，合理安排。先要明确这个假期可用来预习的总天数，可利用的时间确定以后，就可以决定预习的学科；再根据可利用的时间和各科的权重分配好时间，并对一天中的早晨、上午、下午、晚上四个时段做好规划；然后根据各科交错的原则和大脑功能特点，排出预习的功课表。

第二方面：明确预习目标，制定相应措施。预习目标分为预习总目标和各科预习目标。预习总目标：一是初读教材，扫除认知障碍；二是熟悉教材，摘记基础知识；三是明确自己搞不懂、攻不下的困难堡垒。明确了预习总目标以后，再根据学科特点确定各科的预习目标。各个学科自成一个体系，各自的特点的确很多，一下子难以说得清楚，但是只要牢牢记住“掌握基础知识、训练基本技能”的学习大方向，明确各学科的基础知识的具体内容，就可以确定各科的预习目标——掌握基础知识。明确了预习的目标，措施也就可以相应采取，如语文、英语学科以朗读为主，数学、物理、化学以通读教材、摘记基础知识为主。

第三方面：实施计划，实现目标。计划制订，目标已定，接下来就是具体实施，落实目标。具体地说，就是调动自己已有的知识体系吸收同化新知识，在发现困难问题时借助工具书、参考书以及教辅材料攻克明雕暗堡。具体要做好以下几方面的工作。

a. 粗读一遍教材，结合目录，列出教材的纲目。

b. 细读教材，扫除障碍，认知内容。

c. 理解教材内容要旨，明确各章节的知识重点。

d. 分学科设立笔记本，摘抄每章节的重点知识。

e. 记忆那些已经理解的基本概念、公式法则、基本原理等基础知识。

预习工作是学习进程的第一仗，我们一定要记住“预则立，不预则废”的古训，力争学习的开门红。

(2) 听课

听课是学生跟着老师学习的中心环节，也是影响学习成绩的关键所在。对于在校学生来说，老师的传授毕竟是知识的头等来源，如果不重视听课，或听课的效率不高，都不可能有好的学习成绩。

课堂听课占据学生大部分的学习时间，按照每学期四个半月、每月四个半星期、每星期五天、每天6节课计算，就有600来节的功课。如果把每节课的好的和差的效果都乘以600，那么就是一个不小数字。所以，我们一定要重视听课，尽可能地争取每一节课的效果最大化。追求效果最大化的前提是提高效率，要提高听课的效率，就得将听课工作规范化。规范听课一般要做好以下几方面的工作。

一是课前“四准备”。

①知识准备——预习，靠预习打好理解新知识的基础。

②心理准备——高涨的求知欲和积极热情欢迎老师讲课的态度。

③物质准备——课本、笔记本、文具等上课所需的学习用品。

④身体准备——前夜充足的睡眠、课间放松的休息养足精神。

二是听课“五要点”。

①明确目标——搞懂预习中的问题，掌握老师传授的知识、思维方法、解题技巧。

②专心听课——脱离课间余兴，主动进入状态，边听边想，紧跟老师的讲课思路。

③用心思考——不钻牛角尖，不开小差，对老师拓展思路的内容，多问“为什么”。

④跟踪重点——关注各科的基础知识，紧追重点内容。

⑤记好课堂笔记——用自己的话记下老师的讲课重点和新想法以及没听懂的老问题。

（3）作业前的复习“三落实”

①回忆上课内容——把老师上课讲的内容像放电影一样回放一遍。

②阅读课堂笔记——把本节课的笔记与老师讲课过程结合起来阅读一遍。

③阅读课本教材——带着对听课和笔记内容的记忆，认真阅读本节课的教材。

（4）作业

做作业的过程是运用所学知识解决问题的演练过程，是对课堂所学到的知识的加深理解和巩固记忆，更是将知识与训练升华为技能的重要过程。反过来说，如果不重视作业或者不按要求完成作业，那么对上课学过的知识的理解就难以加深，记忆就不能巩固，知识不仅不能转化为技能，而且还会很快地遗忘。所以，必须认真地对待作业，并自觉地落实作业的几方面要求。

1）细心审题，严格把关

做作业最重要、最关键的一步就是细心审题。做题目，如果审题失之毫厘，那么答案就会差之千里。细心审题就要多琢磨，细推敲，深思考。具体的要做好以下几个步骤。

①弄清题意，搞明要求。弄清题意，即弄清楚题目的内容，所给的已知条件，有什么限制。搞明要求，就是题面提出怎样的要求，需要联系哪些知识才能达到题目的要求。

②明确思路，确定步骤。上一步就像作战前的形势分析，这一步就像确定对策，制订作战方案。它就是要考虑好解题思路、方法、步骤，并能分解题目的要求，化整为零，化大为小，化难为易，搞清已知未知的条件，根据各部分的关系，设计出解题步骤。

③严格把关，正本清源。审题就是分析形势、决策把关，如果棋错一着，就会全盘皆输。所以，一定要严格把关，要让自己做到：不明白题意不做题，不清楚方法、步骤，不下笔。

2）准确做题，规范步骤

审题过程已经搞清了题意，做题就要讲究准确。下面，我们分两个方面阐述。

①准确做题，一锤定音。这要求一遍做对。在从哪里入手，怎么展开，哪里结束等思路指引下，有条不紊，步步为营，稳扎稳打。我国著名科学家钱学森说过：“科学是严肃的、严格的、

严密的，是不允许马虎的，所以科学工作者必须首先有良好的科学习惯。”把钱老的话用到孩子的做作业上，就是每一个作业题目，乃至每一个标点符号、小数点都要力求准确。要把“上学要圆大学梦”的大志落实到“下笔不误小数点”的行动上。

②规范步骤，一丝不苟。这就要求在解题时严格按照规定的格式进行，步骤规范，条理清楚，书写规范工整——行直边齐、字迹清楚，解题简明易看。作业虽然不计分，但是如果平时能把作业当成考试来做，那么考场上就会有“考试就如做作业”的感觉——轻松自如。

3）认真检查，防错堵漏

工厂产品出厂之前必须要严格检查，不然就会有可能让次品流入市场，以致严重影响企业的声誉、形象。同样，做完作业也要认真进行检查，不然就会出错，造成遗憾，更为严重的是养成马虎了事的坏习惯，不仅影响学习，而且影响人生的品位。所以，在上交作业以前，一定要认真检查。作业要求做到“四检查”。

①检查题目：不需要抄写的，要重读一遍题目；需要抄写的，检查抄对了没有。

②检查思路：把解题的思路放到重读题目中检验，看看有没有错。

③检查步骤：按照解题思路，一步步检查下来，看看与思路是否符合。

④检查运算：运算是一个思维要求很严密的过程，需要逐步检查，直至答案。

### 4）重视反馈，认真反思

老师批改完了作业发回来以后，不要只把要求停留在了解上，看一看是否全对了，接着就往书桌里一放了事。正确的做法应该是：对于做对了的题目，回顾一下这是采取什么方法做对的，这等于复习了一次；还要想一想，除了已经采用了的这一方法以外，还有没有更好的方法。对于做错了的题目，要找出做错的原因，可以对照以下三种原因，明白错误所在。

①基础知识没有掌握，基础不扎实。

②缺乏根据，思路不对。

③由于慌张、马虎、粗心大意，审题不到位、运算出错、答案抄错。

认识错误所在只是改正错误的开始，要把改正错误落到实处，还要做到以下几点。

①踏实改错：找出做错的原因，把做错的题目认真改正过来。

②矫枉过正：做错过的题目改正后，再想一想还有什么解法，争取一题多解。

③登记入册：把经常出现的错误记入“改错簿”，特别是理科，数、理、化各设一本，考试前读一读。

规整学习环节，从教和学的两个方面看，除了以上的预习、听课、复习、作业，还有检测和总结，特别是总结，是提高学习能力的好契机，但这是在落实以上四个环节的基础上的更高要求，就把它放到复习应考环节去讲述。

## （二）

# 自主学习

自学的含义，《现代汉语词典》的解释是："没用教师指导，自己独立学习。"苏联心理学家阿·克·马尔科娃对学生的自学是这样说的："所谓自学，不只是学生改善自己的知识体系（知识的广阔性、深刻性、巩固性和系统性等）的另一种积极的活动，而是为了改善活动本身所表现出来的积极性，一边用新方式来丰富活动，并在活动中掌握新型的社会态度和新的观点，使个性的内部得到深刻的发展。在这个意义上，真正的自学，按其内容始终是和自我教育不可分割的，并且服从于自我教育。"这段话告诉我们，自学是自我教育的一种学习行为。联合国科教文卫组织编写的《学会生存——教育的今天和明天》一书中，关于自学的原则是这样说的："新的教育精神使个人成为他自己文化进步的主人和创造者。自学，尤其是在帮助下的自学，在任何教育体系中，都有无可替代的价值。"

在"使个人成为他自己文化进步的主人和创造者"的呼唤中，自主学习应运而生。

自主学习的概念引入我国时间不长，众说纷纭难以定论。

1979年，HenriHolee（以下简称Holee）向欧洲理事会作了一个题为“外语自主学习”的报告，后来这个报告成为讨论自主学习的基础文献。Holee将自主学习定义为“自己主宰学习的能力”，也就是“能够就学习过程中所遇到的各种问题进行决策的能力，包括确定学习目标、内容和进度，选择学习方法和技巧，监控严格意义上语言的习得过程，评价已掌握的知识”。即在自主学习的过程中，学生自己确定学习目标，自己选择学习方法，自己为学习进程及目标管理负责，自己评价学习效果。换句话说，在自主学习的过程中，课程的设置由学生根据自己过去的经验以及现在和将来的需要来确定。

DavidLittle教授是最早进行自主性学习研究的学者之一，他于1991年撰写的《自主性学习：定义与问题》，已经成为自主性学习研究中的经典之作。他认为，学习者自主的实质是学习过程与学习内容的心理联系，即进行客观的、批判性反思的独立学习的能力。他也是最早将心理学家克利的“个人建构理论”引入到自主学习研究的学者，因此他被誉为将“建构主义理论”引入自主性学习研究的第一人。他说：“思考和分析能力是培养自主性学习的根本，而思考和分析能力的培养取决于能否充分参与到社会互动中，并在社会互动中进行批判性思考。”学习的原动力在于社会和互动这个提法一经提出，随即掀起了课堂教学与自主性学习能力的培养关系问题的大讨论。

根据自主学习概念的含义，联系青少年学生的学习阶段特点，我们主要阐述两方面的问题，一是自觉要求自己学会自主学习；二是高效地进行自主学习。

## 1. 自觉要求自己学会自主学习

要求自己去做什么，一般是出于两个方面的原因，一是现实明摆着的利弊影响决策何去何从；二是社会发展的大趋势让人预见到利弊而决定何去何从。要让人自觉要求去学会自主学习，这不能只看眼前得失就短视地决策，而要站得高，看得远，多从社会的发展趋势和孩子的发展前景去考虑。这方面，作为青少年学生或其父母，要把握两个问题。一是及时了解信息，正确认识发展趋势；二是应顺大势，学会自主学习。

### （1）及时了解信息，正确认识发展趋势

早在自主学习提出以前，面对知识爆炸的时代，许多社会学家和预言家就呐喊、呼吁："走向大灾难还是黄金时代，应由我们决定。"初版于 1993 年，后被翻译引入我国的《学习的革命》一书传达了八个理念。

①世界正飞速地经历着关键的历史转折点。

②我们正经历一场改变我们生活、交流、思维和发展方式的革命。

③这场革命将决定我们和我们的孩子们如何工作、赚钱和最大程度的享受生活。

④这是一个我们想要获得的一切几乎都会成为可能的世界。

⑤但也许 5 个人中至多只有 1 人知道怎样从巨变中充分获益。

⑥如果我们找不到答案，占人口 20% 的精英就会分享全国总收入的 60%，而占人口 1/5 的最穷的人的收入则只占全国总收

人的 2%。这将导致贫穷、学业失败、犯罪、吸毒、绝望、暴力和社会冲突。

⑦我们需要一场与信息革命并行的终身学习革命，让所有的人分享巨大潜力时代的果实。

⑧值得庆幸的是，这场革命——一场能够帮助我们每个人更快更好学习一切的革命——也正在加快着速度。

《学习的革命》的作者，一位是来自美国的珍妮特·沃斯；另一位是来自新西兰的戈登·德莱顿，他们来自不同的国度共写一本书，而且一起提出了惊世骇俗的八个理念，这绝非是空穴来风。这是因为，社会发生重大变革的时候或者现实的世界顿时失去平衡的时候，人们总把目光投向教育。同样，面对信息革命席卷全球的时候，越来越多的预言家指出，完全新型的教育形式能够向更多的人提供致富的钥匙。

英国教授、咨询家查尔斯·汉迪在《非理性时代》中指出，势不可当的变化速度要求"彻底地重新考虑我们的学习方法"。他说，教育将不再是我们大多数人所了解的教育。"教育需要被再发明。教育将不随学校学习的结束而结束，也并限于 18 岁的成绩出众的那些人。学习……贯串人的一生，除非我们终止它。"

约翰·奈斯比和帕特丽夏·阿巴顿也描绘了这样一幅类似的图画。他们在《2000 年大趋势》的开头说："我们站在新纪元的开端，在我们面前的是文明史中最重要的 10 年，是充满令人眼花缭乱的技术革新、前所未有的经济机遇、令人惊奇的政治改革和非凡的文化复兴的一个时期。"是他首先提出了解决的办法："走向大灾难，还是黄金时代，应由我们抉择。"

美国商业顾问汤姆•彼得斯认为，新的信息系统正在极大地减少“中层管理”的职位，并且每个人现在都必须成为“自觉的经理”。在《解放管理》中，他给了学生们这样的忠告：“记住：①教育是通向成功的唯一途径；②教育并不以你获得的最后一张文凭而终止。终身学习在一个以知识为基础的社会里是绝对必需的。你必须认真地接受教育，其他所有人也必须认真接受教育。教育是全球性相互依存经济中的‘大竞赛’。如此而已。”

这些就是21世纪初的最重要的信息，也是我们身处这个世界该明白的发展趋势。

(2) 顺应世界趋势，学会自主学习

读了预言家们的预言和指引出路的警语，对于站在2010年的我们要感谢他们的高瞻远瞩，但更要记住的是“我们需要一场与信息革命并行的终身学习革命”，并且自觉投身于终身学习的行动，才有可能去“分享巨大潜力时代的果实”。

信息领域正发生着一场伟大的革命，世界也正在发生着巨大的变化，如果我们还停留在传统的学习方式上，老师教多少，学生学多少，学校毕业了就远离学习，那么将来只能属于最贫穷的人中的一员。要想成为占人口20%却分享全国总收入的60%的人群中的一员，就得树立终生学习观念，学会主宰自己的学习。时代已经进入了一个崭新的时期，只有学会了自主学习才算学会生存，不会学习的人将被称为“21世纪的文盲”。

从学习的本质来说，学习是一种自发性行为，目的是为了满足个人的需要。对行为有重大影响的学习是一种自我发现、自我肯定的学习过程。学习者只有通过个人独特的体验才能有效地进行学习，真正的有价值的学习能够改变学习者的行为方式。

从教育的意义看，教育积极的意义应该是保证所有公民参与社会的一种手段。教师在学校里给我们传授知识，我们只要掌握教师传授的部分知识，就足以回答问题、完成甚至可以通过考试，但这些知识没有成为我们自己的东西。如果我们不把学到的知识应用到实践中去，我们就可能会忘掉这些知识。但是我们能够自觉地应用已经学过的知识，就可以将其融入自己的知识体系，并应用其中的一些知识来应对生活。一旦这些知识融入了我们的知识体系，就会变成活的知识，成为获取知识的工具，成为活水源头。这就告诉我们，要保证自己能积极参与社会，并在其中获得可喜的结果，就一定要提前学会学习。也只有主动、自发的学习者才有能力积极面对这个变化无穷的世界。

### 2.高效地进行自主学习

高效地进行自主学习，即在自主学习的框架内高效率地学习。自主学习是新生事物，可以说我们在这方面还都缺乏经验，但另一方面却提出高效的要求，这显然是一对矛盾，是一个难题。既然已经提出了这个问题，就有希望得到解决。解决这个问题的基本思路应该是，一方面按照自主学习的要求进行学习；另一方面把传统学习方式中的精华部分纳入自主学习的框架，达到学会自主、自控地独立学习的目的。围绕这样的基本思路，要着重做好以下几方面的工作。

#### （1）准确理解，正确把握自主学习

自主学习的概念已经讲得比较清楚了，但是对于在校的青少年学生来说，还需要进一步地准确理解，正确把握。因为自主学习的概念是就成年人的终身学习问题提出来的，成年人不可能一辈子都有人在身旁指导学习，而只能在就业的同时，为明天的发展要坚持

终身学习的方针，采用一种自主学习的手段，这是最好的，也是大势所趋的。但是，如果我们把适用成年人的方案搬来用到孩子们的身上，那可能会犯机械主义的错误。比如成年人为了实现自己的学习目标，要为自主学习自选教材，这一点放到在校学习的孩子们身上就行不通，至少要加一个前提条件。青少年学生是专职学习的阶段，他们必须坚持“两条腿走路”的方针进行学习。即一方面紧跟老师的教学进程；另一方面坚持自主学习。

1）搞清为什么要学习

青少年学生为什么要学习？青少年像早晨八九点钟的太阳，未来是他们的。但未来是一个无法确定的舞台，会有无法预计的际遇。也就是说，未来需要我们用智慧去驾驭际遇，而智慧缘于我们对学习的反应程度和对知识的领悟程度。说白了，就是不学习就不可能有智慧，没有智慧就不可能驾驭自己的未来，对自己的未来负责，就得学习，而且要学好。

没有人一生下来就什么都懂，都是通过学习而有智慧的。人的大脑就像一个储存知识的仓库，而学习得到的知识就像钥匙，可以帮助你解开一道道如锁的难题。解难题多了、熟练了，一方面知识就变成技能；另一方面知识不仅扎根于脑中，而且让知识系统化。系统化的知识就像钥匙串，碰到需要解决的问题，这些储存在大脑里的知识就如钥匙开锁一样帮你解决问题，解决问题的历练让你日益聪明、充满智慧，那美好的未来就会属于你。

2）紧跟老师的教学进程认真学习

老师毕竟是专业的教学人员、学科专家。一年又一年的教课，反复研究教学大纲、教材、学生，对于重点、考点、难点都可以说了如指掌。中小学青少年学生在专职的学习阶段，他们的学习目标非常明确，通过学习知识，训练能力，为升入高一级学校的学习做好准备。所以，在把握自主学习上要与老师的教学处理好关系。首先是不能与老师的教学对立；其次是不能游离于老师的教学之外；最后是要积极配合老师的教学部署，即把自主学习的各个环节的活动融入到老师的教学活动之中。

3）坚持自主学习

“孩子总有长大的时候；学生总有离开老师的时候。”一方面，从终身学习的长远利益考虑，学生需学会自主学习；从提高成绩，争取在同学中胜出的眼前需要看，更需要学会自主学习。因为地球人都知道，两条腿走路肯定比一条腿走得快，而且更稳。另一方面，只会跟着老师学习的人往往是被动学习者，而能自主学习的人肯定是主动学习者。主动学习者任何时候、任何情况下都要比被动学习者学得更多更好。

学生的自主学习，讲得实在一点，就是要主动利用课外的时间，特别是像假期的学期预习、迎考复习的课余自学等有大块时间的学习活动，都需按照自主学习的要求，制订计划、确定策略措施、实施计划、评估学习、调控计划，在学习的实践中学会学习，一方面为升入高一级学校打好基础；另一方面也为终身学习打好基础。

(2) 调动内在动机，提高学习热情

动机是引起和维持个体的活动，并使活动朝着某一个目标进行，以满足个体需要的内部动力。好奇心、兴趣、自我实现、自尊心、好胜心、上进心、责任心、荣誉感、义务感、对理想前途的期盼等心理因素，都可以转化成推动人们工作和学习的内在性动机。关于调动内在动机，爱尔兰的 DavidLittle 在《自主学习方法与途径》一书中有很好的阐述，可能对我们调动内在动机，提高学习热情会有一定的帮助。该书中说：“我们已经指出两个与自主性学习有特别关系的动机概念：自励和内在动机。”

1）自励与自主学习

“自主意味着积极参与学习过程，并对学习负责，而自励意味着控制学习过程中的情感维度。因此，自励在促进和保持自主学习方面起着积极的功能性作用，影响学习者的思维方式，让学习者正确认识自己的学习过程，从而使学习者以最积极的状态参与学习。他还能使学习者保持积极的学习态度，不断进行反思，调整消极的学习经历对自己所造成的主观影响，最终产生积极的结果，使学习者获得成功。

“自主学习不仅需要有效的自我调节动机的能力，还需要一个前提，那就是学习者要把一定程度的动机引进到学习过程，因为没有动机就没有自主性。但是这种动机究竟来自何方？毕竟，学习动机的发展不完全局限于课堂，如对教师、教材、学习任务、同学以及成绩等的态度。学习动机影响到我们与周围世界的相互作用。这种影响是一辈子的，从我们孩提时代探索周围世界就已经开始。我们在成长过程中总是不断掌握新的技能和观念，迎接新的挑战，发展新的能力，不断满足我们的兴趣和好奇心，这些都是激发我们生活中自主学习的内在动力。”

2）内在动机与自主学习

“内在动机的特别价值在于能产生理想的教育结果，因为内在动机能激发自主学习，使学习者意识到学习本身就是一种动机行为。但是内在动机并不意味着为了学习而学习，并不意味着不关注课堂以外的世界。有内在动机激发的学习是对学习者本身有意义的学习，和学习者密切相关，使学习者意识到自身的技术、能力和潜能。学习不是一种抽象的活动，它必须和某一生活领域紧密联系，使技能和知识能有意义地运用到这一领域中去。因此，一般来说，由内在动机激发的学习是一种在做中学的过程，是一种尝试过程，是一种观察技能模式的过程，是一种练习过程——总之，就是在自然使用技能的过程中发展技能。这就好比我们通过练习画画学会画画，通过练习打乒乓球学会打乒乓球，通过练习开车从而学会开车。

“毫无疑问，内在动机激发的学习不仅仅局限于体育或艺术方面的技能发展。如果我们渴望提高能力，渴望掌握知识或者获得满足，我们就会很愿意与环境展开互动。我们可以在与这些技能相关的环境中，通过互动掌握它们；对能力的渴望有助于改善技能、增加知识。当学习以这种方式在具体的环境中进行时，获得的动机是‘内在动机’，即一种探索并征服周围世界的原始愿望。

“探索并征服周围世界的内在冲动是发展性学习和体验性学习的特征，构成自主学习的基础。正是这种面对挑战的满足感促使一个孩子去骑自行车，激励一个人去猜谜。总之，由内在动机激发的学习不是仅仅为了学习而学习，而是与现实生活紧密相关的学习。”

以上的论述告诉我们：没有动机就没有学习，探索并征服周围世界的内在冲动是促使孩子去学习的内动力。自主意味着积极参与学习过程，并对学习负责，而自励则意味着控制学习过程的情绪维度，内在动机驱使学习者努力奋斗，不断前进，直至最后的胜利。

(3) 确立自己的目标，激发内动力

学习需要策略，策略的第一步就应该确立自己的目标。因为目标是产生动机的源头，目标也是激发内动力的最有效的办法。有了明确的目标，当你碰到难以克服的困难，目标会让你鼓起勇气迎着困难上；当你遇到危难，选择逃避还是坚持的关头，目标会让你选择坚守。

**典型案例**

“二战”期间，从奥斯维辛集中营活下来的人不到5%。根据有过亲身经历的犹太人心理学家弗兰克的研究，这5%的幸存者都有一种共同的特质，那就是从未放弃过生活，怀抱积极的目标。他们想活着，要和亲人重逢，所以他们战胜了一切困难，结果真的活下来了。

这一事实告诉我们一个深刻的道理：拥有一个积极的目标，可以让人在任何艰难困苦的条件下活下来，在看似不可能完成的任务面前保持斗志，直到最后的胜利。这是确立目标的好处，但确立目标也需要讲究艺术。特别是确立了大目标以后，还要确立阶段小目标。在一个小目标面前，我们往往会信心倍增、干劲十足。有一则寓言很能说明这方面的道理：

**经典故事**

一只新组装好的小闹钟来到两只老钟的中间，只见两只老钟“滴答”“滴答”地响着。一只老钟对小闹钟说：“来吧，你也该工作了。可我有点担心，你走完3200万次后，恐怕便吃不消了。”

“天哪！ 3200万次，”小闹钟吃惊不已，“要我做这么大的事？办不到，办不到。”它非常失望地站着。这时，另一只老钟见了便说：“别听它胡说八道，不用害怕，你只要每秒钟‘滴答’摆一下就行了。”“天下哪有这么简单的事！”小闹钟高兴地叫起来，“只要这样做，那简单极了，好，那我现在就开始吧。”小闹钟很轻松地每秒钟“滴答”摆一下，不知不觉中，一年过去了，它摆了3200万次。

很多成功学的书都讲到确立大目标的好处，和确定阶段小目标的必要，为了加深对这个含意的理解和实施，我们就记住这首“目标歌”。

人生梦想大目标，雄心壮志干劲高；

步步为营如登山，坚定信念不动摇。

应该说，学习先确立目标是利用学习策略的明智之举，在大目标的统帅下确定小目标，通过各个击破的方法获得成就感，树立、坚定信心这是落实目标的好方法。

(4) 继承优良传统，独立自主地学习

自主学习从1979年在欧洲被提出至今，最多也只有30来年的历史，辗转传入我国的时间则更短，无论在社会还是在教育界都堪称新生事物，人们只知道它是终身学习的一种手段，对于它的特点、内容等还知之不是很多。所以，要做好自主学习工作尚有一定的难度。但是，我们可以从事物由低级向高级、由特殊到一般的发展规律中把握自主学习。

1）继承传统教育中的精粹

事物由低级向高级发展的过程中，肯定有其科学、合理的因素，当事物向更高层级发展的时候，其科学、合理的因素就是发展的内动力。为此，可以说，我们只要继承传统教育优良的部分，就可以成为创新的基础。哪些东西是应该继承的部分？时间是最好的标准和检验师，传统教育中那些几百年，甚至几千年流传下来的东西。具有五千年文明的古国，有关治学方面的经验，流传至今的可以说琳琅满目，异彩纷呈，但总结得又比较全面的要数南宋哲学家、教育家朱熹。“朱熹读书法”，应该说是系统学习的理论，是我国学习理论中的上乘之作，也很符合自主学习的特点和要求。朱熹认为：“为学之道，莫先于穷理；穷理之要，必在读书。”他一生酷爱读书，对如何读书深有体会，提出了许多独到的见解和精辟的论述。他的学生们将其概括为“朱子读书法”六条：循序渐进、熟读精思、虚心涵泳、切己体察、着紧用力、居敬持志。下面就逐条介绍他的读书方法。

朱熹读书

①循序渐进。朱熹读书法中的“循序渐进”，包含了三方面的意思：第一，读书应该按照一定的次序，不能混乱，更不能颠倒。“以两书言之，则通一书而后又一书。以一书言之，篇、章、文、句、首尾次第，亦各有序而不可乱也”。第二，应根据自己的实际情况与能力，安排读书计划，并切实遵循它。“量力所致而谨守之”。第三，读书要扎扎实实打好基础，不可囫囵吞枣，急于求成。“字求其训，句求其旨。未得乎前，则不敢求乎后；未通乎此，则不敢志乎彼”。否则，“若奔程趁限，一向趱着了，则看犹不看也”。

②熟读精思。朱熹认为，读书既要熟读成诵，又要精于思考。他说：“所以记不得，说不去，心下若存若亡，皆是不精不熟

之患”。他还认为，读书的要求是“使其言皆若出于吾之口”。所以，他主张读书要能成诵，认为“横渠叫人读书必成诵，真道学第一义”。他还认为，读书不仅要成诵，而且读的遍数越多越好，他说：“百遍时自是强五十遍时，二百遍时自是强一百遍时。”熟读的目的是为了精思，精思的要求是“使其意皆若出于吾之心”。他认为精思应该是这样的一个过程：“无疑—有疑—解疑”。具体可以从他的话中感到，他说：“读书始读，未知有疑。其次则渐渐有疑。中则节节有疑。过了一番后，疑渐渐解，以致融会贯通，都无所疑，方始是学。”

我们果能做到“熟读精思”“使其言皆出吾之口”“使其意皆出吾之心”，那么融会贯通、举一反三的效果也会随之而来。

③虚心涵泳。虚心，是指读书时要虚怀若谷，精心思虑，仔细琢磨、体会书中之意，不要先入为主、主观臆断、牵强附会。涵泳，本义是潜水游泳，形象一点讲，就是钻到水中游。这里用来比喻读书要深入钻研，反复咀嚼，细心玩味。用他的原话说就是“读书之法无他，唯是笃志虚心，反复详玩为有功耳”。

④切己体察。朱熹说了“读书不可只专就纸上求义理，须反来就自家身上推究。”他强调读书不能仅仅停留在书本、口头上，而应该要用于自己的实际行动当中，做到身体力行。他反对为读书而读书，为求义理而求义理，不联系自身实际的读书方法，认为空对空地读书，即使“广求博取，日诵五车”，也对学习没有真正的好处。认为对读书真正有意义的是“从容乎句读文义之间，然后心静理明，渐见章味”。

⑤着紧用力。朱熹治学严谨，“既博求之经传，复遍交当世有识之士”。他在给长子的信中告诫说：“早晚受业请益，随众例不得怠慢。日间思索有疑，用册子随手札记，偶见质问，不得放过。”归纳

他的“着紧用力”读书法，包含了两方面的意思：一是必须抓紧时间，发愤忘食，用心专一；二是必须情绪高昂，精神饱满，奋发上进。他把读书形象又深刻地比喻为救火、治病、逆水行舟，认为读书应该像救火、治病那样有紧迫感，如逆水行舟着紧用力，全力以赴顽强前进，否则不进则退。

⑥居敬持志。朱熹说：“读书之法，莫贵乎循序至精，而至精之本，则又在于居敬而持志。此不易之理也。”他还说：“大抵穷理以致其和，反躬以践其实，而以居敬为主。”在给其长子的信中说道：“居处须是居敬，不得倨肆堕慢。言语需要谛当，不得戏笑喧哗。凡事谦恭，不得尚气凌人，自取耻辱。”居敬，就是读书时精神专一，不受形形色色的事物的影响，注意力集中。按照朱熹的话说：“读书须收敛此心，这便是敬。”“读书须将心贴在书册上，逐句逐字，各有着落，方始好商量。大凡学者须是收拾此心，令专静纯一，日用动静间，都无驰走散乱，方始看得文字精审。”持志，就是要树立远大志向、高尚目标，而且能以顽强意志毅力长期坚持，直指目标的实现。他还慷慨激昂地说：“立志不定，如何读书？”

朱熹说的是读书，我们今天说的是学习，不管是不是一回事，至少可以肯定，读书是学习的主要和重要的学习手段。而且，朱熹的读书之道应该说在今天还是科学的、高效的方法。所以，对于古人的优秀方法、良好传统，我们应有博大胸怀，像海纳百川那样接受、发扬光大，并赋予新的生命力。

### 2）独立自主地学习

学习效果好的学生，不一定“头悬梁，锥刺股”“两耳不闻窗外事，一心只读圣贤书”，其根本原因往往是学习品质好，并且在学习中应用一系列的学习策略。通过元认知的策略可以选择合适的认知策略。元认知策略也可以用以监控认知策略的实施过程，还可以用来自我评估。所以，要想提高孩子的学习效果，就要进行应用认知策略的训练，也只有这样才能让孩子积极独立地参加学习。当然，要能积极独立地参加学习，还要有一定能力要求，具体地说，要具备以下一些能力。

①明确老师提出的学习目标，即了解当前教什么，知道自己该学什么。

②能够自己制订自己的学习目标，即配合教师的教学活动，制订自己学习的目标。

③选择并采用合适的学习策略来达到目标内的学习任务，即知道自己应该学什么，怎么学，并有相应的学习方法供自己选用。

④监控自己学习策略使用的情况，必要的时候可以对自己的学习策略进行调整。

⑤监控自己的自主学习过程，即对自己的学习进行准确地评估与改进。

当然，要让学生达到以上要求，也不是一蹴而就的事情，有许多要求需要落实，特别要进行自我控制的训练和策略的训练。应该指出的是，并不是没有达到以上要求之前，就不能进行自主学习，同样的道理，要从学游泳中学会游泳，自主学习也要在学习中逐步学会，所以，我们还是要大胆地实施自主学习，在自主学习的实践中学会学习。具体的我们要加强落实以下这几个环节的工作。

①明确学习内容，制订系统的学习计划。

②确定如何充分利用有限的学习时间，提高学习的效果。

③寻找适合的学习材料，确定有效利用这些材料的策略。

④学会如何评估自己的学习进展。

这四个环节就是自主学习的基本过程，掌握了这些基本的环节，再把传统学习方法中科学、高效的部分纳入到这一框架内，如：阅读教材（语文、英语等要安排朗读），理解摘记基础知识，再按照基础知识 + 训练 = 技能的模式，落实训练，达到基础扎实、技能熟练的目标。

另外我们可以参考《学习的革命》一书中介绍的“使学习效率提高五倍的 20 个起始步骤”。

①从体育给人的启示开始，即有梦想，有目标，有热情。

②敢于梦想，即敢于想象自己的未来。

③设立特定的目标并规定期限（在总目标的统筹下设定阶段目标，逐步实现）。

④找一个热情的私人教师。

⑤首先从概况开始（先了解概况，再化整为零，各个击破）。

⑥多问。

⑦找出主要原则（教育的主要原则：人们对喜欢的东西会学得最好；用所有的感官学，会学得更快）。

⑧找有实践经验的成功者撰写得最好的三本书。

⑨重新学习怎样高效地阅读——更快、更好、更轻松地读。

⑩用图像和声音强化学习。

⑪通过做来学习（运用多感官，“我做过了，我记住了”）。

⑫不要一行行地做记录，而画脑图。

⑬唤回学习内容的简单方法，用你储存用的同样的器官。

⑭学习放松性警觉的艺术（越放松，学习的效率越高）。

⑮实践，实践，再实践（实践出真知）。

⑯复习和记忆。

⑰将连接工具作为记忆钩（将新学的知识与原有知识联系起来）。

⑱尽情娱乐，多玩游戏。

⑲教别人（与人共享，大脑的联系皮层就能创造新的观点）。

⑳读一门快速学习课程。

这20个步骤基本上都是很有理论依据的，符合教育学、心理学的要求，也与传统学习中的好方法比较合拍。试试看吧，哪怕没有五倍的效率，只要没有害处，能提高一倍也值得我们去试一试。

六

# 坚持朗读，自觉日记

## （一）

# 坚持朗读

“分数名次有渊源，关键就在读、写、算”“细心阅读，规范写算”一章已经阐述了读、写、算的重要性，本章再突出朗读与写日记。因为作为父母应该明确这样的观念：要想孩子学习成绩稳步上升，就要孩子坚持早上朗读、有空看课外书、每天写日记。朗读、看书都可以叫阅读，这里把朗读突出出来是因为朗读的重要性、朗读的无可替代性。至少在朗读中可以获取知识，启发智慧，陶冶性情。写日记，看起来不甚要紧，其实它是培养孩子自我教育、独立学习的最基本手段。它既涉及智力因素又涉及非智力因素。所以，坚持朗读，自觉日记是发展孩子智力，培养情感，保证孩子智能持续发展的实施方案之一。心理咨询专家贺淑曼教授说过：“在智慧活动中，智力因素决定一个人能干不能干；非智力因素决定一个人肯干不肯干；至于干得好不好是由智力因素与非智力因素共同决定，对一般人来讲主要由非智力因素决定。”看来，我们要培养能干、肯干、干得好的孩子，教育孩子坚持朗读与写日记是一个切实可行的好措施。

人要成功学业，成就事业，必须坚持不解、持之以恒地努力。这个努力就是要坚持听、说、读、写、算、记、用、悟的“八字训练方针”，刻苦训练，练出成效。坚持不只是对一个人意志的考验，也是对一个人品质的检验。朗读，其中包含着听和说等的综合活动，因为众感官的参与，其效果非同一般。所以，它是中国古代最主要的学习方式，也是当代世界很重要的学习手段，特别是培养孩子独立学习能力的起始工程。把坚持与朗读放到一起作为培养孩子学习品质的措施，这是有很多考虑的。作为父母要培养孩子自我教育和自主学习的能力，就必须寻找一系列科学的载体。作为家庭教育要培养孩子的自我教育、自学能力的载体，一是坚持早上朗读；二是抽空看课外书；三是自觉写日记；四是阅读教材摘记基础知识；五是不断提升学习策略。“过五关，斩六将”，不断走向成功。应该说，坚持朗读是这系列载体中的第一个，也是在家庭实施起来最方便的一个。朗读是公开的有声阅读，父母布置下去由孩子自主朗读，只要稍作关注就能了解孩子的水平与效果。下面就坚持与朗读两方面展开论述。

## 1. 坚持的深远意义

能否坚持是对意志的考验，也是对品质的检验。杰·唐纳·华特士在其《生命教育》一书中说：“一个人为了要完整而有效地在这个世界上运作，必须在内心发展四项工具，以达到成熟的境界：①体能与身体的自我控制；②情绪冷静以及宽阔的情感；③活跃坚持的意志力，④识见清明，同时可以应世的智能。”从中可以知道，“活跃坚持的意志力”是人成熟的主要标志之一，也就是说能否坚持是关系到人能不能成熟的问题。成熟的人才可能成功，不成熟就别想成功。古今中外许多名人大多都是靠坚持走向成功的，所以他们都是非常看重坚持的意义。历代名人都是从坚持走过来的，所以他们对坚持都有很好的论述。

(1) 古圣贤的“坚持”

1）孔子坚持终成圣人

我国春秋时的孔子说：“吾十五有志于学，三十而立，四十而不惑，五十而知天命，六十而耳顺，七十而从心所欲，不逾矩。”从十五到七十，从有志于学到“从心所欲，不逾矩”，他虽没说到“坚持”二字，但字里行间透着五十多年的坚持。还有一段孔子自我介绍的话也透露着他的坚持，那就是叶公问子路孔子是怎样的人，子路不回答，孔子就对子路说道：“你为什么不说我，‘其为人也，发愤忘食，乐以忘忧，不知老之将至云尔？’”这段话中“发愤忘食，乐以忘忧，不知老之将至”，说明孔子一直在坚持，坚持到老了还不知道老的到来。这不仅说明孔子的坚持，而且还说明了他能坚持的原因——“发愤忘食，乐以忘忧”——乐。这也正像孔子说过的“好之者不如乐之者”。

2）孟子坚持终成亚圣

战国时期的大思想家、孔子学说的第四代传人、被后代儒家奉为亚圣的孟子，他之所以能成为亚圣，就因他的坚持，从孟母迁居，断机杼教子以后一直到老都坚持不懈。当有人向他请教怎样学习的时候，他作了一个很好的比喻说：“有为者譬若掘井。掘井九仞而不及泉犹为弃井也。”他说的意思是：学习就好比挖井，必须持续不断地努力才能见效。如果挖井挖下几丈不见水就放弃，那只能是一口废井。这是孟子坚持学习最终成材的最好经验总结，也是他劝人坚持学习最形象、生动的说教。孟子以上这段话说的与我们很亲近，他还有一段与他的足智多谋、能言善辩的亚圣角色特别符合的话：“故天将降大任与是人也，必先苦其心志，劳其筋骨，饿其体肤，空乏其身，行拂乱其所为，所以动心忍性，增益其所不能。”

孟子的这段名言，从古至今不知成为了多少仁人志士的座右铭，它还将激励更多的人树立远大的理想，调适自己的心理，磨炼顽强的意志，走向成材与成功。

3）苏秦坚持终成六国丞相

**名人链接**

苏秦也与孔子、孟子一样出身贫寒，他与这两位圣人不同的地方是，孔子3岁丧父，17岁丧母，孟子从小就没有了父亲，全靠母亲一人养育，而苏秦不仅父母健在，还有妻子、兄弟、妹妹、兄嫂等一家人。为了生计和读书，他时常卖自己的头发和帮人打工赚钱。后来，他离乡背井到齐国拜师求学，跟鬼谷子学纵横之术。学习了三年，苏秦自以为学业有成，便迫不及待地告别师友，游历天下，以谋取功名利禄。

苏秦

一年之后，不仅一无所获，而且“黄金百斤尽，狐皮之裘蔽”，盘缠用尽，衣衫褴褛，没办法再撑持下去。无奈之下，他穿着破衣草鞋踏上了回家之路。路上还被人给打了。回到家时，苏秦已是形容枯槁，骨瘦如柴，一身破衣，一头乱发，满脸灰尘，满身破烂肮脏不堪，与乞丐无异。一副丧魂落魄的景象，让人同情，让人鄙夷。妻子见了他这个样子，摇了摇头只顾自己继续织布；嫂子见了他这副样子扭头就走，不愿为他做饭；父母、兄弟、妹妹不但不理他，还讥笑他说："按照我们周人的传统，应该是安分于自己的产业，现在倒好，放弃这种最根本的职业，去卖弄口舌，落得如此下场，真是丢人现眼！"

正像俗话所说的"凤怕落毛，人怕落魄"。"落毛的凤凰不如鸡，落魄才子遭人欺。"面对此情此景，苏秦实在是无地自容，惭愧不已。他咬咬牙，关起房门，深刻反省："妻子不理丈夫，嫂子不理小叔子，父母不认儿子，都是因为自己不争气，学业未精就急于求成啊！"他先让妻子看看自己的舌头，当妻子说他的舌头还在时，苏秦振作起来说："舌头还在，就有希望。"从此以后，苏秦就闭门苦读，并且结合当时的形势研究纵横之术。读书有时实在困了就拿锥子刺自己的大腿。

就这样令人难于理解、难于忍受地发愤坚持了一年多，理论联系实际，把纵横术给揣摩透了，重整旗鼓的苏秦图谋东山再起。他又一次游历天下，以求实现自己的理想。终于功夫不负苦心人，这一次，苏秦凭着他的三寸不烂之舌，使六国达成联合抗秦的盟约，苏秦被委任为纵约长，并任六国宰相。

苏秦的故事成为了"锥刺股"的成语典故，他的经历坎坷，道路曲折，但是他有顽强的毅力，发愤图强的精神，并且能闭门思过，关门苦读，终于大获成功。

4）陶渊明自己坚持，也劝人坚持

**名人链接**

著名田园诗人陶渊明，也是一个身体力行坚持的人，他“不为五斗米折腰”，归隐桃花源，“种豆南山下”，就一直坚持读书写诗。他不仅自己坚持，还劝别人坚持。当一个读书少年向陶渊明求教学习之道时，他带少年来到田边，指着尺把长的禾苗问：“你仔细瞧瞧，它现在是否在长高呢？”少年蹲下身子看了半天，最后还是说：“没有啊。”陶渊明于是就反问道：“真的没有看到它的生长吗？那么秧苗又是怎么长到尺把高的呢？”少年只好摇摇头。看到孩子很想知道，陶渊明就开导他说：“其实这禾苗每时每刻都在生长，只是我们没有觉察到而已，读书也是这样。知识是靠在坚持中一点一点积累增长，只不过连我们自己也不一定知道。所以有人说：‘勤学如春起之苗，不见其增，日有所长。’”接着，陶渊明又带少年到了河边，他指着一块磨刀石说：“你看那磨石，它上面为什么会出现马鞍状的凹面呢？”少年说：“那是磨损的。”陶渊明又问道：“它是一天就被磨成这个样子的吗？”少年只摇了摇头。陶渊明进一步解释道：“这是农夫们天天在它上面磨刀、磨锄，久而久之就磨损成这个样子了。可想而知，‘辍学就如磨刀之石，不见其损，日有所亏’。学习一旦间

陶渊明

断，所学的知识就会不知不觉地慢慢忘掉。”

陶渊明循循善诱的开导，使少年悟出学习必须“持之以恒，循序渐进”和“勤学则进，辍学则退”的道理。这也可以说是诱导启发，劝人坚持做学问的绝好办法。

5）柏拉图从坚持做好平凡小事开始

**名人链接**

古希腊大哲学家苏格拉底很像中国的孔子，他广收门徒，办学施教。对于孩子的学习，他有自己的看法和做法。

苏格拉底

开学的第一天，苏格拉底对学生们说：“今天咱们只学最简单也最容易做的事情。之所以说它简单，就是每人把自己的胳膊尽量往前甩，然后再尽量往后甩；说它容易，就是只要求每天甩 300 下。”说着，苏格拉底示范了一遍，然后问大家：“同学们能做到吗？”大部分同学都干脆响亮地回答：“能做到！”也有几位同学却笑了，因为他们觉得这太简单了，还值得问吗？于是老师就很高兴地和同学们约定：每天甩 300 下，自觉坚持一年。

时间真像白驹过隙，一晃一个月就过去了，上课的时候，苏格拉底问同学们说："那件简单又容易的事情，即每天甩手300下，哪些同学在坚持？坚持的请举手。"唰的一下，教室里拳头如林，几十只右手举得理直气壮，胸有成竹。苏格拉底微笑着点了点头说了声："好，好！请放下。"

又过了一个月，苏格拉底又问有哪些同学坚持了，但这回举手的同学已经不到80%了。苏格拉底用平和的语气说了声："谢谢举手的同学们。"

第三个月的月底，苏格拉底又问起那件事，请在坚持的同学们举手，但举起的手的数已不到班里人数的一半了。

一年过后，苏格拉底在课堂上又一次问大家："请告诉我，这一年里，哪些同学都坚持着做那件简单又容易的事情？用举起的手来表示你的坚持吧。"这时教室里同学们除了面面相觑，同时还有的是偷偷寻找举起的右手。整个教室里只有一个学生的手举起来，而且举得那样坚定自若。他就是后来成为苏格拉底的传人、古希腊的另一位大哲学家——柏拉图。

"甩手300下"的故事，讲的事情的确很小，但告诉我们一个极其深刻的道理：天下大事先作于细，天下难事先作于易。但现实生活中却有很多人认为：做大事需要坚持，小事情哪有什么坚持意义呢？殊不知，没有坚持做小事的能耐，哪来的做大事的本领呢？所以，"不扫一屋，何以扫天下"的疑问和担忧是很有道理的。为此，我们还是先从做小事中积累知识，提高能力，为做大事积蓄能量，磨炼能耐吧。

(2) 人生价值在坚持中提升

1）坚持信念，提升自己

**名人链接**

罗杰·罗尔斯是纽约历史上第一位黑人州长，他在就职时的记者招待会上，只字未提自己的奋斗的历史，而只说到一个非常陌生的名字——皮尔·保罗。后来人们才知道这是他读小学时的一位校长。

因为罗尔斯上小学时，正值美国嬉皮士流行，这儿的穷学生比“迷惘的一代”还要无所事事，他们旷课、斗殴，甚至砸烂教室的黑板。当罗尔斯从窗台跳下，伸着小手走向讲台时，校长说，我一看你修长的小拇指就知道，将来你是纽约州的州长。当时罗尔斯大吃一惊，因为长这么大，只有奶奶让他振奋过一次，说他可以成为载 5 吨重的小船的船长。罗尔斯记下了校长的这句话，并且从心里相信了它。

从那天起，纽约州州长在他心中就像一面旗子，他的衣服不再沾满泥土，他的话语不再夹杂污言秽语，他开始挺直腰杆走路，不久他成了班长。在以后 40 多年间，他没有一天不按州长的身份来要求自己。51 岁那年，罗杰·罗尔斯真的成了纽约州的州长。

在他的就职演说中有这么一段话：“信念值多少钱？信念是不值钱的，它有时甚至是一个善意的欺骗，但是你能把这个信念坚持下去，它就会迅速大幅升值。”

信念这种东西，你说它不值钱，它就不值钱，因为它可以让任何人免费获得；说它值钱，它就值钱，因为世上所有的成功者都是从小小的信念走向成功的。作为父母，还是早日帮孩子树立信念，让他的人生在坚持信念中走向成功吧。

2）坚持不懈，战胜拒绝

经典故事

一个业务员要求一家公司董事长的秘书转交他的名片，但是董事长接到名片后却把它丢了出去。站在门外的业务员礼貌地说："没关系，我下次再来，请董事长留下我的名片。"说完他又把名片交给了董事长的秘书要求转交，秘书硬着头皮把名片送给董事长。董事长生气了，把名片撕成两半丢进了垃圾桶，并且拿了5块钱，赌气地说："5块钱买他一张名片，叫他走！"

秘书把5块钱交给业务员，业务员又拿出一张名片说："我的名片两块五毛钱一张，5块钱可以买两张，所以我还欠董事长一张名片。麻烦秘书，请你把这张名片交给董事长吧。"

过了一会儿，办公室里传出一阵笑声。接着，董事长满面笑容地走了出来，他热情地把业务员迎了进去。

社会就像一个大市场，世上的每一个人都在扮演着推销自己的业务员的角色。要顺利推销自己，一方面得在坚持不懈中提升自己的人生价值；另一方面要绝不退缩，战胜拒绝。

3）坚持需要忍耐和等待

经典故事

有两个幸运的人，在一个偶然的机会碰上了神仙，神仙传授给他们酿酒的方法。教他们选端阳那天饱满起来的稻米，与冰雪初融时的高山流泉调和，倒入千年紫砂土烧制成的陶瓮盖紧，密封七七四十九日，直到鸡叫三遍过后才可以启封。

像每一个传说中的英雄一样，他们历尽千难万险、千辛万苦，跋涉千山万水，好不容易找齐了所有的原料和材料，把美好的梦想也调和密封进去，然后就潜心等待那重要的时刻。越是等待，时间就过得越慢。七七四十九天终于到了，漫漫长路的终点终于触手可及。在第四十九天的夜里，这两个人整夜都不能睡觉，等着鸡叫的声音。好不容易，远远传来了第一声鸡叫。又过了很久，依稀响起了第二次鸡叫声，第三遍鸡叫声到底什么时候才会传来呢？

其中一位再也忍耐不住了，他迫不及待地打开了陶瓮，眼前的情景却使他惊呆了，里面的一汪浊水，像醋一样的酸，又仿佛中药一样的苦，但是他所有的后悔加起来也挽回不了自己的过失。他失望地把它洒在地上，心里却泛起酸不溜丢的滋味儿。而另一个人，虽然欲望像野火一样，一次又一次地在他心中燃起，但他的理智和意志一次又一次扑灭了那野火，在他按捺不住欲望要伸手时，他却硬是咬紧了牙关，不折不扣地坚持到了鸡叫三遍以后，终于让他如愿以偿，尝到了清冽、甘甜、香醇的美酒。

有人说：人生在世像酿酒，酸甜苦辣啥都有。如果能节制，能坚持，能忍耐，能等待，就可能酿出美酒来，如不能自制、自省、自控，那酿出来的可能就是苦酒，这些话很有道理。

### 4）放弃的遗憾

**经典故事**

在西方淘金热的年代，有一个人也一度对淘金着迷，他远赴美洲西部淘金，一心想发财。他圈到了一块土地，拿出锄，搬出铲，开始埋头工作。辛苦了几个星期后，他终于发现了金光闪闪的矿石。于是他不动声色地回到家，告诉了自己的家人、亲友，他们凑足了钱，买了所需的机器，回到矿区继续开矿。地越钻越深，他们的希望也越来越大。然而，情况却越来越不妙，矿脉一下就不见了。他们的美梦顿时成为泡影，受到的打击是那么的巨大。他们继续深挖，急于找到矿脉，但一切的努力终归于徒然，万般无奈之下，他们只好放弃。

他们将机器以极低的价钱卖给了一位旧货商，心灰意冷地搭上了回家的火车。旧货商请一位采矿的工程师来查看矿区，并进行了一番估算。工程师认为前矿主的采矿计划之所以失败，是由于他们不懂得“断层线”所造成的。据他的估计，矿脉就在距离他们放弃挖掘之处三尺远的地方。旧货商等一些人按照工程师所说的进行挖掘之后，矿脉的确重现于工程师所指的地方。旧货商他们从这个矿区赚取了数百万美元。

原矿主听到这个消息，后悔得捶胸顿足，只有悲叹：要是在放弃之前，先请专家评估一下就好了。

失败像个狡猾又极爱讽刺人的骗子，它最喜欢在成功即将到来之时把人绊倒。但许许多多的成功人士，他们之所以能成功就在于面临困难时，他们相信一切困难挫折都能过去，于是咬咬牙坚定地走下去。

5）坚持就有机会

**名人链接**

史泰龙

在美国，有一位穷困潦倒的青年人，他所有的钱加起来也买不到一件像样的西装，但他仍然全心全意地坚持着自己心中的梦想。他想做演员，拍电影，当明星。

当时美国的好莱坞共有 500 家电影公司，他逐一联系过，而且不止一遍。后来他又根据自己认真划定的路线与名单顺序，带着自己写好的量身定做的剧本前去拜访。但第一遍下来，500 家公司没有一家愿意聘用他。

面对这百分之百的拒绝，这位年轻人没有灰心，从最后一家被拒绝的电影公司出来以后，他又从第一家开始，进行他的第二轮的拜访与自我推荐。

在第二轮的逐一拜访中，500 家电影公司依然拒绝了他。

第三轮的拜访又如第二轮的结果相同。这位年轻人咬咬牙就又开始了第四轮的拜访，当拜访完第 349 家后第 350 家电影公司的老板感动了，他破天荒地答应愿意让他留下剧本先看看。几天后，年轻人得到通知，请他前去详细商谈。

就在这次商谈中，这家电影公司决定投资开拍这部电影，并请这位年轻人担任自己写的剧本的男主角。这部电影的名字叫《洛奇》。这位年轻人的名字就叫维斯·史泰龙。现在翻开电影史，这部叫《洛奇》的电影与这个日后红遍全世界的巨星皆榜上有名。

人们都希望自己的生活中能多一些快乐，少一些烦恼和痛苦；多一些顺利与惬意，少一些挫折和麻烦。可是命运却似乎总爱捉弄人，折磨人，总是先给人更多的失落、烦恼、痛苦。但是，此时只要相信自己，坚持下去，就会有成功的机会。

6）坚持，坚持，再坚持，直到成功

**典型案例**

金盏花是美国家庭爱种的观赏花卉，多为棕色或者金色。爱好标新立异的美国人善于突发奇想，能不能培育出白色的金盏花呢？园艺科研部门为此在一份报纸上刊登了一则启事：第一个培育出纯白金盏花种子者，奖励10万美金。这一启事立即引起轰动，人们争相培育纯白金盏花种子，以期获得高额奖金，丰富自己的生活。

金盏花

但是很多年过去了，却无一人成功，人们都淡忘了这件事。20年之后，那家刊登征收花种子启事的园艺部门却收到了一封信，信中寄来了100粒白色金盏花的种子。园艺专家们将这些种子种下去，一年后长出了雪白雪白的金盏花，一眼望去，满眼纯白的银色令人好不喜欢，真是太美了，简直不可思议。

寄来种子的是一位70多岁的老太太，她并不是什么花卉专家，只是一个爱花的家庭妇女。当初的那则广告吸引了她，她就下决心一定要培育出白色的金盏花，这成为她一生最大的愿望。

于是她不顾体弱多病和家人的反对，每年选出开得最淡的金盏花，待其自然枯萎，取得下一年的好种子。就这样，年复一年，金盏花的颜色一年比一年淡，她也一年比一年老，家境也一年不如一年：丈夫去世，儿女远走他乡，但是她就是不肯放弃种出白色金盏花的愿望。直到20年后的一天，在一片杂色金盏花中，她突然发现了一朵纯白如雪的金盏花。后来还收获了100粒白色金盏花的种子。她成功了，终于成功了！

人人都渴望成功，但成功之花总是迟迟不见开放。应该坚定信念：有花迟早是要开放的。天道酬勤，只有那些不怕困难、实干前行、坚持到底的人才能享受到它的芬芳与美丽。

### 2.朗读的基本含义

我国一直以来把学习叫做读书，而读书的主要方式是朗读。特别是学童的读书，不管在官学里还是在私塾里都以放声朗读为主要方式，而且要求读得很投入，甚至摇头晃脑，上身前仰后翻“拗过去，拗过去”。从教材上看，有专门给孩子们朗读用的一系列丛书，如《三字经》、《百家姓》、《千字文》、《弟子规》、《女儿经》、《启蒙图说》、《启蒙巧对》、《洞学十戒》、《小儿语》、《名贤集》、《增广贤文》、《历代蒙求》、《神童诗》、《小学诗》、《千家诗》……现在我国中小学教材里，特别是语文、英语学科规定了许多要求熟读、背诵的内容。以上这些都从某个侧面说明了朗读在学习中的重要性。

### (1) 中国古代的朗读观

流传至今的名言中，有不少是关于读书的。而关于读书的名言当中，尤以关于朗读的功能与效果的为出名，有的还常常被引用，如《三国志》作者陈寿说过的："读书百遍，其义自见。"西晋陈寿《三国志·魏志·董遇传》注引《魏略》曰："人有从学者，遇不肯收，而云必当先读百遍，言读书百遍而义自现。"《范文读本·吴晗谈读书》中说："'读书百遍，其义自见'，是有道理的。有的书必须多读，特别是学习古典文，那些范文最好是能够读到可以背诵的程度。"

唐代杜甫在《奉赠韦左丞丈二十二韵》中说："读书破万卷，下笔如有神。"破万卷即万卷书被翻破，说的是读书的多与勤。读书勤了，多了，吸收的才学就多，所以写起文章来也就如有神助。杜甫之所以被称为"诗圣"，一是因为他在唐代诗坛做诗与李白并驾齐驱，又因为他的诗法可学。曾有人把他与李白进行比较，说李白的诗是天才之作，可读而不可学；杜甫的诗是人才之诗，其法可学。看起来，这"破万卷"是杜甫的硬功夫，"下笔如有神"是他发自心底的感受，是他的切身体会，经验之谈。

还有如俗话说的："熟读唐诗三百首，不会做诗也会凑。"这听起来是大白话，但它的蕴意很深厚，包含的内容很丰富。"唐诗三百首"，是指清乾隆年间蘅塘退士孙洙编，六卷，或作八卷。实选三百一十首，后四藤吟社本又增补杜甫《咏怀古迹》三首。分体编排，以为家塾课本。唐诗数万首，只选其中三百来首，可见其精华所在。这句俗话的博大精深之处就在于，一是说明了熟读与写的关系，熟读是做诗的前提和必要的准备；二是告诉我们，读书就要读名著，三百首不仅是名家之作，而且还是名家精品，多读名著能丰富知识，提高能力，陶冶性情，传承技巧。

晋代陈寿的“读书百遍，其义自见”传达的是汉代的朗读观；杜甫的“读书破万卷，下笔如有神”传达的是唐代的朗读观，汉唐的文学、文化堪称两个高峰，这两个时代的治学精华深受青睐。我们应该从以上这些传统朗读观中得到启发，多读名著，日积月累，不断进步，不断提升。

（2）中国现代的朗读观

朱自清先生自己诵读成材，也主张诵读。大家知道，朱自清是现代著名的散文家、诗人、文学研究家。他的散文文笔缜密细致，娓娓动人，如《荷塘月色》、《背影》、《桨声灯影里的秦淮河》等，这些脍炙人口的名篇，形成了他简明委婉而又绮丽清新的独立风格。

朱自清自幼从父母那里接受了良好的启蒙教育，喜欢吟诵唐宋名家诗词，从小就打下了良好的古典文学基础。他曾在中学、大学长期从事国文教学，对学生读书方法的缺乏感受很深，因而十分重视读书方法的研究，也很重视对学生阅读方法的指导。

朱自清

朱自清关于读书方法的理论和方法的论述很丰富。他不仅重视读书的数量和质量，更注重读书的方法，在读书方法上极力主张通读的方法，强调“读”的功夫。在其《论朗读》一文中，他推崇清人姚鼐的“放声疾读，久之自悟”，也非常推崇曾国藩的“非高声朗读则不能得其雄伟大概，非密咏恬吟则不能探其深远之趣”的观点。读古文如此，读白话文也如此。他在《怎样学习国文》中认为：读书当然是为了理解，“读”字本作抽出意义解，“包含着了解的程度及欣赏的程度”。因此，必须注重读，“因为思想也就存在语汇、字句、篇章、声调里”。他指出：“熟读的工夫是不可少的。吟咏与了解极有关系，是欣赏必要的步骤。吟咏时，对于写在纸上死的语言可以从声音里得其意味，变成活的语气。”

朱自清还在《论百读不厌》一文中指出：“经典给人知识，教给人怎样做人，其中有许多语言的、历史的、修养的课题，有许多注解，此外还有许多相关的考证，读上百遍，也未必能处处贯通，叫人多读是有道理的。”

叶圣陶先生也曾说过：“原来国文和英文一样，是语文学科，不该只用心与眼来学习，须在心眼之外，加用口与耳才好。”由此可见，朗读无疑是提高孩子语文水平的有效手段。

吕叔湘先生指出：“语文教学的首要任务是培养学生各方面的语感能力。”如何使孩子具有敏锐的语感能力？最好的办法是：通过朗读、揣摩来培养。美学家朱光潜先生说：“把数量不多的好诗文熟读成诵，反复吟咏，仔细揣摩，不但要弄懂每字每句的确切意义，还要推敲出全篇的气势脉络和声音节奏，使它沉浸到自己的心胸和筋肉里，等到自己动笔时，于无意中支配自己的思路和气势。”这段精辟的论述，说的便是朗读、揣摩的实质。

这些行家里手的朗读观，不仅从深刻的道理上阐述了朗读的意义、规律，而且也是他们亲身实践的切身体会，或者是感同身受的他人经验与自己宝贵经验的共同结晶。无论是自己经验的总结，还是他人经验的升华，先贤的烛照光辉就像书山上的旗帜、学海里的灯塔，必将照耀后学者的攀登前行之路。

#### （3）外国人的朗读观

朗读是科学学习的一种基本方法，所以，无论是在有数千年文化传统的文明古国，还是在后来者居上的新生之邦，朗读这种最基本的学习手段都被充分地认识和运用。

以色列前驻联合国前大使阿瑟·内姆在他的著作《提升孩子智力的犹太教育》一书中这样说："犹太式教育非常注重背诵和反复学习。"同时他提出了犹太人培养优秀儿童的3大秘诀：①重视深度学习；②重视反复学习；③重视大声朗读。他还介绍："要从很小的时候开始教孩子读书。"

苏霍姆林斯基在《给教师的建议》中写道："在小学各年级，我们十分注意培养学生学习阅读、书写、推论、观察和表达思想的能力。如果能力在少年时期没有得到发展和提高，那么学生的学习就要感到困难了。""谁不善于阅读，他就不善于思维。""必须教会少年阅读。为什么有些学生在童年时期聪明伶俐、理解力强、勤学好问，而到了少年时期却变得智力下降，对知识的态度冷淡，头脑不灵活了呢？就因为他们不会阅读。"

美国国家阅读委员会把朗读描述为"孩子小学毕业之前都应该保持的一种习惯"。

1998年3月19日，《纽约时报》头版头条为：专家呼吁教授阅读应双法并用：发音教学法与语义教学法应混合使用。这篇文章引述了美国教育部国家研究委员所做的一份390页的报告。报告中认为最有效的是发音教学法与语义教学法交互使用，并呼吁尽快结束折腾了教育界25年的阅读战争。这是国家研究委员会耗时两年，分析过去几十年来的阅读研究报告后得出的结论。

美国吉姆·崔利斯在《朗读手册》中写道："大量研究证实，给孩子朗读是培养阅读习惯最重要的因素。每天朗读15分钟是美国教育的秘密。"他说这番话是有其根据的，因为他通过研究发现，朗读可以提高孩子的听、说、读、写的能力，更重要的是，它可以培养孩子对于阅读的兴趣。

### (4) 朗读的不同含义

朗读即用清朗响亮的声音诵读。朗读的几种不同含义，指的就是从听的对象上的不同，一种朗读的目的主要是让别人听，从读书的方式讲叫做“耳读法”。另一种就是我们平常所说的一般的朗读，即自己读，自己听，为了叙述方便，我们把它起一个与“耳读法”相对的名称叫“口读法”。

#### 1）耳读法

这种方法一般应用于以下几个方面，第一方面是听者没有认字读书的能力，只能由别人读给他听，让他在听中吸收、积累，提升其品质。这就是目前世界比较流行的早教做法，从孩子出生前后开始，成为朗读胎教法和朗读早教法。美国的吉姆•崔利斯在《朗读手册》中说：“大声地为孩子读书吧！”“大量的研究证明，给孩子朗读是培养阅读习惯最重要的因素。每天朗读 15 分钟是美国教育的秘密。”他还引用了阿默斯特学院汤姆•帕克的话说：“全世界最好的准备学力测验的方法就是，当孩子还小的时候，在床边读书给孩子听。”因为帕克曾面试过美国最优秀的学生，他曾表示过 SAT 词汇考试分数高的学生当中，个个都热爱阅读。这些做法的道理很简单，如果你使用优秀的儿童文学的作品搭配语音教学法来教育孩子，那么可以预期得到较好的结果。

第二方面是听者地位高或年龄大，请一些在朗读或学识方面造诣很深的人来为他朗读。如中国帝王之家，少有侍读，老有伴读。新中国的开国领袖毛泽东，一辈子爱读书如命，但到了晚年，视力不佳，也只好用耳读法来继续他的读书生涯。欧洲王室的王公贵族、太太少姐、少爷请人朗读来享受，德国著名诗人歌德就是这方面出名的人。

第三方面是因为听者文化程度不高，或者根本就不识字，但他的阅历很深很广，而工作、事业却很需要他知书识礼。这方面“杨大眼耳读法”可以称为一个典型。

**典型案例**

我国北魏时期有一个大将名叫杨大眼，他打仗很有本事，可以说久经沙场，百战百胜。于是他军功大，升官也快，做了大官，但是他出身贫寒，自小从未上过学，读过书。官大了，管的事务也多了，“为官一任，造福一方”需要他知书识礼先不说，单就发布文告、批阅文件就逼着他读书。从头开始学文化又来不及，怎么办？但聪明人办法是很多的，于是他就吩咐手下人一有空就读书给他听，听着听着，他不仅能懂书中的意思，还能自己口授让人起草一些文告、文件之类的文章。

读书不用眼，用耳朵听就行，这还是一种没办法的办法。

第四方面随着科技的发展，录音设备精致，随时随地都可以用耳朵读书的方法。用这种方法，就算是在行走，或躺在床上，甚至没有灯光，仍然可以读书。换句话说，只要利用录音设备，用耳朵读书就行。

**名人链接**

中国香港超人、华人首富李嘉诚就常用“随身听”进行读书。因为他只上过几年的正式学堂，他的事业的发展所需要的知识，基本上都来自于他勤奋的自学和业余时间的进修。但他的时间很宝贵，所以在开车的时候、行走的时候、吃早饭的时候，他常常让助手读报、读书给他听。而更多的时候，是他巧妙地挤时间听录音读书。这种耳读法还有更大的好处是，可以让眼睛得到休息，高度地集中注意力在听的上面，以便加深理解，有利记忆，高效而轻松愉快。

李嘉诚

2）口读法

这种读书的方法可以说是最传统的方法，要求就是用清朗响亮的声音读书。口读法，在发出声音这个前提下，还可以分为诵读法和吟咏法。诵读法，指的就是学生做功课的一般朗读。它的要求是读对、读准、读响。读对主要是字词的音不读错；读准主要是声调、节奏符合原作要求；读响主要是读者自己能听清楚。吟咏法与诵读法比较，不仅声音读得更响亮，还以肢体动作配合，进而全身心地投入。正因为投入大，所以体会也深。

朗读法还有很多的讲究，我们只作一般的了解就可以了，而更主要的还是要了解和理解一般的朗读法，把朗读这种最基本的学习方法娴熟掌握，自如地运用。

(5) 朗读的功能与意义

从历史的经验看，重视读、写、计算的国家和民族都取得了极大的成功。尤其是朗读，其意义的确深远。像欧阳修说的："立身以立学为先，立学以读书为本。"四大文明古国，特别是有五千年文明传承的中国，读书不仅使许多平民出身的人从修身、齐家步入治国的阶层。从让这些平步青云的人读过的书来看，如《蒙学大全》、《四书五经》中的一些文章，都是一些朗读的极好教材。从流传下来的一些谚语看，如“读书百遍，其义自见。”“读书破万卷，下笔如有神。”“熟读唐诗三百首，不会作诗也会吟。”都能说明朗读在让人成材、成功上所起到的作用和意义。

朗读不仅在我国有其深厚的历史渊源，在世界各国都有一定的贡献和影响。犹太人可以说是把朗读发挥到极致的民族。他们的国家被灭亡已经2000多年，但他们都保持了一个传统，犹太人都要求大声朗读背诵犹太教的经典。也正因为如此，才使得2000年后的他们，还能保持自己民族的特性。

“希伯莱学习法”也是很有名的。发掘特洛伊城遗址的德国人希伯莱，是一位杰出的语言天才。他在短短的时间内，学会了许多国家的语言。每学习一门外语，他仅用3～6个月的时间，采用的就是朗读的方法。希伯莱爱好朗读，即使朗读相同的文章，他也会一遍一遍地大声朗读，一直读到深夜。因为这个原因，他曾多次被房东赶出门外。朗读的功能和效果已被实验证明，特别是学外语时，大声朗读比默念的记忆率要高出34%。

《天才是怎样炼成的》的作者阴山英男是日本著名的教育家。他1989年4月起执教于日本兵库县朝来市立山口小学，和同事们一起致力于“读、写、计算”的研究与实践，抵制了“轻松教育”的潮流，通过反复练习朗读和百格计算。10多年一直坚持自己的教学方针，连续多年，使没有上过升学辅导班的乡村小学毕业生考入重点大学，在教育界被誉为“山口小学奇迹”。他在书中写道：“不断地重复朗读能够取得明显的学习效果。有句古话说：‘书读百遍，其意自见。’100遍只是夸张的说法，实际上朗读几遍后自然就背下来了，朗读30遍后就能声情并茂，感情自然流露出来。川岛教授的研究表明，在一切人类活动中，朗读最能活化脑细胞。这也是对一些教师随意加大学习难度所发出的警告。确实，经常朗读和背诵能使孩子的记忆力明显提高，对此我们也深有体会。”

日本的七田真在《七田式高速学习的秘密》一书中这样写道：“随着学习能力低下成为严重的教育问题，采取朗读学习法的学校正在不断增加。

“通过朗读可以记住很多东西，即使在日本这也是早在江户时代就已经有了的学习方法，其效果已经从许多研究中得到验证。

“即使从脑科学的角度来讲，也已经明确朗读可以激发左右脑的额叶、颞叶、枕叶等部位的机能，对背诵等形成好的影响。实际上，采取朗读法来提高学习能力的学校是很多的。”

朗读的功能已被几千年的实践和很多研究者的实验证明，是很有学习效果的。其中原因之一，就是朗读有起码使自己听得清声音，声音使整个身体震动，这种影响会留在记忆里。简单点儿说，由于朗读的视听双重效果，这样做的结果会使记忆力得到进一步的提升。

### (6) 朗读在学习中的效果

提到读书、写作几乎都会让人想到许多名言，其实这些名言都揭示了规律性的事实，说明了读书的效果。人们都相信这些话是真理，但是它们毕竟是历史的产物，与我们的时代似乎有点儿远。特别是对于中小学生，用历史上的语言来说事，他们会觉得有点儿陈旧，效果可能不如一些具体、生动、活泼的身边事来得好。下面先讲一个“狗能帮助你更好地阅读”的故事。

**经典故事**

美国犹他州盐湖城的图书馆开办了一个 READ 的项目。每周六，5 ~ 9 岁的孩子要大声朗读 30 分钟，给大小不同品种的狗以及管理人员听。结果这些孩子的阅读测试得分要比其他孩子至少高了两个等级。这个故事似乎有点儿荒唐，但这是事实，而且孩子提高等级也实实在在。分析起来就会相信，因为不管读给谁听，这些孩子们的确已经读了，读了身心都受到震动，视与听的双重效果就会发生。而且读给狗听，这个看起来是馊主意，实际上它能激起孩子的好奇心，增加孩子们的兴趣。这就好像，有个校长以往用尽了措施难以提高学生们的学业成绩，于是他就借着开学典礼讲话的机会说："这个学期学校里同学们的平均成绩如果在 80 分以上，我就在期末的大会上当着大家的面吻一只小猪。"于是，全校的同学们觉得校长好玩，一定要看看校长跟小猪接吻的场面。由于共同的努力，他们这学期中的成绩远远超过了校长的要求，当然也看到了校长在结束典礼上与小猪接吻的场面，更可喜的是，他们这一学期的学习生活一点儿也不觉得累。这两个故事相同的地方就是有点荒唐滑稽、出奇好玩，但年轻人就喜欢这个好玩，所以乐在其中，高效自然也就在其中了。

讲朗读学习法的效果，"疯狂英语学习法"的创始人李阳的故事是不能不讲的。在中国称为 liyang 的人中有两个是很出名的，一个是给唐老鸭、孙悟空配音的李扬；另一个就是"疯狂英语学习法"创始人李阳。李阳的名字大家不一定都很熟悉，但"疯狂英语"的广告却曾经风靡全国县级以上的城市。这是题外话，但"李阳疯狂学英语"的故事，对莘莘学子确有很大的借鉴意义。

**典型案例**

李阳虽说考上了一所重点大学，但到大二时他的英语还没有及格过，加上其他四门功课，他共有五门不及格。其他几门功课不及格，毕业时还可以补考，但英语考级如果不合格，拿不到英语四级的合格证书，也就意味着不能成为合格的大学毕业生。这就有点儿像俗话说的：大虫追到了脚后跟，不拼命跑就危险了。

李阳对英语真是又气又恨，怎么办？没有了退路，只好往前冲。于是，他就利用中午大家在食堂排队买饭的时间，一个人在教室里大喊大叫读英语。就这样喊呀喊，喊了一个多月，他也不知道自己有没有进步了。有一次上课时老师叫李阳回答问题后，顺便说了句"李阳的口语有很大的进步"。不料，课堂里不约而同地发出一阵笑声，因为李阳的英语一直没有及格过，大家以为老师在讽刺他。这刺痛自尊心的笑声，让李阳对英语更加"疯狂"地狂喊猛读。又过了一个多月，李阳到学校烈士亭的英语角与别人对话时，同学们也说李阳的口语的确进步了。同学们的话只是谈一点儿心里的感觉，但对李阳来说这是一股难逢的春风，吹散了他眼前的迷雾，拂醒了他心头的沉睡的雄狮。从此，李阳更加没日没夜地"疯狂朗读"英语，并且信心百倍浑身是劲。

李阳的"疯狂英语"

就这样，李阳疯狂地朗读，读熟了课本，读原著。在不到一年的时间里，他读完了12本英语原著。到了英语考级的时候，谁也没有想到李阳竟考出全校第二名。不仅英语成绩优秀了，而且“一点开花，全面突破”，其他几门功课也都考出了好成绩。毕业时，李阳就因为英语水平高人一筹，而在激烈的竞争中胜出，被广东人民广播电台优先录用。此时，他的英语口语能力已经超过了考同步翻译的水平。后来，他想现在还有很多处在像他当年学英语的困难境地，于是他开始办“疯狂英语学习班”，从而形成了“疯狂英语”席卷全国的浪潮。

像这样典型的朗读范例不会很多，但由于起劲地朗读而得益的人的确很多。这是因为朗读至少有这样一些好处。

①集中注意，正确发音，激活了思维。

②吸收了知识，增加阅读其他材料的背景知识，提高了阅读能力。

③增加词汇，提高说话、写作的能力。

④增强语感，提高了审题、应试的能力。

⑤练习自学，体验了进步，提高了自信力。

⑥众感官齐用，记忆深刻，效果好。

⑦朗读和背诵能改变记忆素质（帮助打开大脑内由表层脑到深层脑的记忆回路）。

⑧激奋左脑，开发右脑，提升了人的学习品质。

### (7) 一般的朗读法

一般的朗读法，就是我们通常讲的朗读。朗读就是放开声音去读，它最突出的特点就是发出声音，由发音器官、听觉器官等各种器官参与活动。朗读的主要功能就是把用文字记录下来的书面语言，再恢复为有声的语言，用声音再现出语言文字所蕴涵的思想感情，从而有助于更好地理解文章的内容。朗读一般用于欣赏文章或特殊需要，如播音、表演、家庭教育等。

有些文学作品，特别是诗歌，不仅蕴意深刻，而且富有音韵之美，不放声有表情地去朗读，就难以充分领略其中要义。正像苏东坡说的："别来十年学不厌，读破万卷诗愈美。"清代学者朱霞说的："积书须善读，隙土可深耕"。

朗读是一种阅读方法，同时也是一种表情达意、陶冶情操的表现手法和艺术技巧。在中小学生的学习中学习和训练正确的朗读，不仅有利于加深对教材的理解、感悟和领悟，而且有利于提高阅读能力、说话能力、写作能力，更高层次的欣赏、审美能力也都有可能有所提高。

具体地说，朗读训练应该注意如下要点。

#### 1）读对读响

读对，即发音要正确。用普通话朗读，形似字、形近字，音近字、意近字，多音字、多义字，这些似是而非的字要分辨清楚。读响，即起到表情达意的目的，如果是读给别人听的，就要让听者能够听清楚，至少不至于使听者不知所云。如果只是为了把握文章内容或作一般的阅读训练，只要读者自己能听清楚就可以了，注意力集中，在读快上多下工夫，以便多练脑袋的快速应对能力，提升脑袋的灵敏度。

2）读准读妥

读准与读妥可以说是同一回事，但也有一些细微的区别。读准就是按照文章所给字、词、句、篇，读出作者的用意与思想感情，即再现创作时确定的主题、中心思想和写作意图。读妥，还有进一层的意思，如有的文章，作者在写作所确立主题和中心思想与文句表达的距离，或者作者所料未及的后果，读者都能客观地予以改进。一般地说，读准读妥就是读出文章中停连、轻重、缓急、抑扬顿挫，讲究的是艺术性要求。

①停连，在朗读中指的是断句和连接。这方面有一句很好的警语语叫："该断不断，其意自乱；该连不连，语义难全。"朗读中在不该停的地方停了，叫做破句，把原文的句子、意义都给破坏了；在不该连的地方却把它连起来了，就显得拖泥带水，含混不清。具体的停连要根据文章整体所要表达的内容，以及作者遣词造句的特点具体决定。

②轻重，指的是朗读中字、词、句、段轻读和重读的处理。在汉语言文学中，轻重音的变化也是表达某种意义的一种手段。这在文字上无法看出来，只有通过具体的朗读才能表现出来。轻读的内容往往在文章中表示安静、轻微、沉稳的方面的内容。如朗读《军港之夜》的歌词："军港的夜啊，静悄悄，海浪把战舰轻轻地摇。年轻的水兵头枕着波涛，睡梦中露出甜美的微笑。海风你轻轻地吹，海浪你轻轻地摇。年轻的水兵多么辛劳，回到了祖国母亲的怀抱，让我们的水兵好好睡觉。"歌词内容所赋予的就是一个静谧放松、关怀疼爱的意境，如果大声重读那就破坏了作品所呈现的美好意境，让人倒胃口、煞风景。

重读在朗读中比较常用，如词语重读、意义重读、感情重读等。重读在表情达意上有很重要的作用，他同样一句话，重读的字、词不同，所表达的意思就不同。如同一句话：我是中学生。如果把重音放在“我”字上，强调的是中学生是我，不是别人；如果把重音放在“中”字上，强调的是中学生，说明我不是小学生或大学生；如果把重音放在“学生”上，强调的是我是学生，不是其他阶层的人。这一简单的例子说明，读好轻重音，不仅可以更好地表达文章的内容，而且还可以突出重点，使语气生动形象，活泼可感。

③缓急，指的是朗读中语速的快慢。对于朗读的速度虽然没有明确的标准，但也有约定俗成的一般要求。一般要根据文章的内容形式、思想感情，以及文中人物的性格特点来决定朗读的速度；同时必须要考虑，朗读是读给别人听的，所以，首先，一定要让人听清楚、明白。比如诗歌语言精练，内涵丰富，尤其是古典诗词，语言习惯上与今天有距离，都要稍缓一些。一句话，朗读是一种艺术的呈现，你的艺术要使人消受得了。其次，文章中的景物描写，是为了把人带进意境。能否让人进入意境的前提是理解，如果快得让人无法听清，难以理解，进入意境的愿望只得落空。特别是一些静态环境、伤感场面的描写，以及悲伤心情，低落情绪的勾画，读得速度都要放缓一些，与全文内容、气氛相一致，才能给听者以清晰生动的印象。

缓急中的急，指的是要表达一种激越的情绪，在表达那些紧张的场面、快速的动作、迅猛发展的局势、激动人心的情节，以及急切的呼唤、热烈的争辩、慷慨的陈词、铿锵的誓言等，都要读得快一点，这样才能重现作品的原型。总之，我们只要记住两个词：“哀缓、欢快”，就大体上抓住了缓急的要领了。

④抑扬顿挫，指的是朗读中声音高低起伏，停顿转折。具体地说就是下降、上升、停顿、转折，这里的停顿的停与停连的停有一

定的区别，停连的停主要是指断句，停顿的停主要是指音节的间歇。通过对声音下降、上升、停顿、转折的具体操作，表现出来的是语气和语调。预期和语调是朗读中表达思想感情的一种重要手段。由于声音的高低、轻重、缓急形成了具体的声调，即使一个简单的字，也有极其丰富的含义，再加上中国字的一字多音，一字多义，就显得更加纷繁复杂，如一个“好”字，试着去玩味一番，也会觉得意味无穷。

看来朗读的学问的确博大精深，我们只能说略知一二。还是让我们从实际需要出发，脚踏实地，一步一个脚印地从朗读的基本要求开始，先把该读的文章从读正确开始，在反复朗读的过程中循序渐进、逐步提高吧。

#### (8) 在坚持朗读中培养朗读能力

在游泳中学会游泳，在朗读中学会朗读，不仅强调了实践的重要性，而且强调了不可替代性。在坚持朗读中培养孩子的朗读能力，正是鉴于朗读的实践性和不可替代性。前面我们已经讲到了朗读的两种方式：耳读法和口读法。所以，在培养孩子的朗读能力中采用这两种方式，具体参考以下的方法进行训练。

##### 1) 床边开始就坚持给孩子朗读

出生不久的孩子，别看他这也不会，那也不会，其实他的耳朵早在他妈妈的肚子里就开始有听力了，出生后他的耳朵自然是可以听话的。而且语言是开发孩子脑袋的最好手段，父母跟孩子可说的话总是有限的，所以拿现成的接近口语的文章来读给孩子听，那是一个巧妙的方法。如果能够像美国人说的：“要从床边开始给他朗读，一直坚持到他小学毕业。”那对孩子来说的确是好处多多，如锻炼他的注意力、听力，积累词汇，吸收背景知识，提高情商，激发朗读动机都有好处。

### 2）帮助孩子认识朗读的好处

当孩子具备了朗读的初步条件时，就一边鼓励孩子朗读，一边向孩子宣讲朗读的好处。这方面我们至少可以向孩子宣传朗读明显的好处，如：①多朗读能容易听懂别人的讲话；②多朗读，可以帮助你把话说得更好；③多朗读能让你积累词汇、语汇，这对写作文会有很大的帮助；④朗读能增强语感能力，考试时读题目就能够一读就懂，对题目的理解错不了；⑤书中有许多激动人心的故事，读多了，我们的心跟书中人物的心就挨近了。坚持大声、快速地朗读能使脑袋越来越灵光。当然，父母最了解自己的孩子，还可以多用一些更能能打动他的说法。既掌握孩子的共性，又能把握自己孩子的个性，这样的教育、教学无疑都是最有效的。

### 3）提供孩子喜爱的读物

要提供孩子喜爱的读物，首先要了解孩子喜爱什么样的读物。这个问题既涉及心理学，也涉及教育学，我们还先看看吉姆·崔利斯在《朗读手册》一书里是怎么说的吧。

对婴儿和刚学会走路的孩子而言，好的朗读教材着重在读出来时的声音，也就是要富有节奏和韵律感，并且大量使用重复，很有色彩感，有戏剧性，刺激性强。

孩子2岁半至3岁半，他们开始喜欢一些有简单情节的故事，如走失的小狗、小猫，寂寞的小孩等。这时朗读故事的语调仍然很重要，并且也尽可能地使用重复的句子，但必须多加入一些叙述。

孩子4岁之后，故事情节变得更重要了，故事的开始说什么？接下来会发生什么事？孩子对此产生很大的好奇心。这时也可以读些诗歌和韵文，但其中应穿插一些表达强烈的叙述句，还可以读点儿精美散文。

当孩子到了八九岁，书的选择就更有挑战性了，因为这个阶段要读的主要是文学作品。它虽然高于生活，但它毕竟源于生活，所以必然会映照现实生活。孩子容易把书上写的当成真实的故事，以致会受到很大的影响。

好在现在做父母的大多都是有文化的人，在把握孩子喜爱的读物时，一般都能够根据孩子的年龄特点和利弊关系，作出理智而务实的选择的。

4）指导朗读的方法，进行正确的朗读训练

朗读训练基本上分三步进行：第一步：正确地朗读。要求读音正确，声音响亮，停顿得当，不错不漏，不重复。第二步：流畅地朗读。一是语句自如流利；二是音韵铿锵；三是语气语调把握准确。第三步：达意、传情、传神。熟练自如地运用语言、表情以及肢体动作，绘声绘色、形象生动地表达出文章的内涵与精神风采。训练初期要抓住缺陷点拨朗读方法，指导在实践中运用方法，最后要能够根据自己的朗读经验，总结出有个性特点的方法。

5）营造朗读氛围，自觉坚持朗读

“高效学习金三角，心态环境和技巧。”这话说的是：要做到高效率地学习，就得让心态、环境和技巧这三个基本要素有机地结合。“营造氛围”就是创造环境，“自觉”就是一种良好的心态，先创造环境再来朗读本身就是一种技巧。这里主要的是要解决如何营造氛围，创造怎样的一种环境？有专家对在儿童时代就很喜欢读书的人研究发现，几乎每个幼年读者的家庭有以下一些特点：①这些孩子都有定时听故事或听朗读的经历；②他们家中有各式各样随手可以拿到的读物；③纸和笔都已经准备好了，放在孩子容易拿到的地方；④和孩子共同生活的人，都会用各自的方式刺激和鼓励孩子读书和写作，对孩子的提问都会认真地去回答，他们的赞美和鼓励对读书都有积极的影响。

### 6）从保证一定的朗读量向习惯性发展

不管做什么，如果靠坚持，那肯定是苦差事。如果人的行为坚持到一定程度，变成了习惯性的行动，也就是说“行为成习惯，做事自动化”了，那是另一种境界了。朗读训练也是如此，开始须定时定量，甚至连地点也得定下来，这样便于坚持。开始是苦差事的感觉，坚持了一个阶段，尝到了朗读的甜头，接着就成为自觉行动。自觉的行动再坚持一阶段就成为了习惯，习惯发展下去就可能成为生活的一部分，到那时少了朗读还不行了。从另一方看，朗读量的积累也达到了一个可观的程度，这样“量变质变”的规律就容易在朗读者身上发挥更大的作用。

## （二）

# 自觉日记

少年写日记

自觉日记即自觉地写日记它之所以被人称为“道德长跑”“道德长征”“攀登道德的梯子”等，是因为它是一种很好的自我教育的方式。这里面不仅包含了道德上的自我修炼，也是学习、锻炼写文章的一种很好的途径。自觉又是一种良好的自我管理能力的表现，所以自觉日记应该说既包含了智力因素，又包含了非智力因素，是一种优良的学习品质。我们还是先从这种品质的中心内容——日记说起。

### 1. 了解日记，认识日记

要了解日记、认识日记，就得比较系统地了解日记的历史、日记的特点、日记的种类、写日记的方法、写日记的注意事项以及写日记的好处。下面我们就对这些问题逐一展开讨论。

(1) 日记的历史渊源

日记，顾名思义就是把自己一天中的所言、所行、所见、所闻、所思、所感，选择其中最有意义的内容记录下来。简而言之，日记就是一天生活重点的记录。

日记是一种文体，这种文体在我国已经有悠久的历史，它已经历时2000多年。据汉朝刘向的《新序·杂事一》记载："司君之过而书之，日有记也。"这可以说是我国关于日记的最早资料、证据。这里的"日有记也"或许不一定就是后来的"日记"，真正作为一种文体名称的日记，在南宋大诗人陆游的《老学庵笔记》有"黄鲁直（黄庭坚）有日记，为之家乘，至宜州犹不辍书"的记载。

日记，在我国古代是用来专门记事的。日记的核心就在"记"。古籍上曾明确指出："记者，纪事之文也。"宋朝人真德秀说："记以善叙事为主……后人作记未免杂以议论。"他对后人作记夹杂议论自有看法，坚持认为"记"就是"记事"，不宜兼有议论。而明代吴讷又自有看法，他却认为："叙事之后略作议论以结之，此为正体。而虽专尚议论，然其言足以垂世而立教，弗害其为体之变也。"他的观点就是说，某种以议论为主的日记，仍不失为"记"的变体。

从有关资料来看，宋朝的真德秀和明代的吴讷他们两个人，可以说是我国古代对日记历史颇有研究者。真德秀认为，记录我国古代地理资料的《禹贡》为"记之祖"。吴讷则引韩愈《画记》、柳宗元的游山诸记与欧阳修的《昼锦堂记》来论证"记"的正体和变体。

当然，他们在文章中所说的"记"，并不都是按日而记的"日记"，但就"记"的特性说，又包括日记在内。

日记的内容，随着社会的发展而发展，随着人们生活的需要而演进。按日而记，不会停留在记事上，它自然会发展到既可以记事，又可以说理，还可以夹叙夹议。凡是当日所看到、听到或者想到的事情，以及一些议论、感慨，都可以把它写进日记，都可以作为自己日记的内容。由此可见，发展到今天的日记，是一种容纳面很广，可以自由运用记叙、描写、说明、议论和抒情的多种表达方式的应用文体。

既然认定是一种应用文体，就不会包括日记体的文学作品。

### (2) 日记的特性

日记作为一种应用文体，它有以下一些特性。

#### 1）以第一人称来写

一篇日记无论事情多少，篇幅长短，都由"我"的思想和活动贯串起来。而且，为了方便、简洁，"我"字常被省略。

#### 2）每一天的内容都是发生在同一天的事情

因此，事情发生的时间、地点、人物、时间的过程都要交代清楚。当然，在叙述过程中，可以采取多种表达方式，像回忆、想象、插叙等，但总要以记当天所见、所闻、所思、所为之事为主。

#### 3）写作比较自由

这首先是选材自由，上至国家大事、天下事，下至家事、私事、心事；情出喜怒哀乐，意至经验教训，凡是自己觉得可写、想写、要写、须写的，都可以尽情发挥。但要注意适当与真实。要像鲁迅说的"写日记不要摆架子，因为是给自己看的，所以反而看出自己的真面目来，我想这是日记的正宗嫡派"。表现手法上更需自由，可叙可议，可诗可赋，可即兴抒怀，可浮想记事；篇幅长短不论，结构随心所欲。真可谓一方不小的自由天地，平日里不想说的话可以一概不用说，不愿想的事一点儿也不需去想。把不能对人说的话对自己说出来，这也算一种自由，一种放松。谁不爱这自由的天地间呢？

4）日记有其隐私性

日记是写给自己看的，目的是为了记录、备忘，使自己不轻易忘记曾经的过去，不忘记自己的初衷，让自己发扬光大优点、长处，克服缺点、弱点。所以，每一个人（包括父母）都应该理解，自个儿的东西自己看，别人想看必须得到自己许可才行。

总之，日记的内容应该记得生动活泼、丰富多彩。形式上要随机应变、灵活多样，这可谓不拘一格练文才的好事、快事。

（3）日记的种类

日记因为内容上丰富多彩、生动活泼，形式上随机应变、灵活多样，所以日记的形式也就多种多样。一般地说日记有纪实式、备忘式、随感式、研讨式等种类。

1）纪实式日记

纪实式日记比较具体，它是对自己在某一天生活的如实摘要记录，也可以是写某件感触较深的事情，简要地记叙事情的内容、起因、过程与结果。记载人生、生活中的大事，如朱自清的日记之一：

典型案例

十八日　星期五　晴午后有雷雨　在拒绝美援和美国面粉的宣言签字。这意味着每月的生活费要减少六百万法币。下午认真思索了一阵子，坚信我的签名之举是正确的。因为我们反对美国扶植日本的政策，要采取直接行动，就不应逃避个人的责任。

毛泽东在《别了，司徒雷登》一文中，曾对朱自清的这一行动给予了高度评价，而这则日记，把此举的时间、内容、后果，以及自己的决心和认识，都记述得具体明白。通过这则纪实式的日记，让我们看到了日记作者进步和爱国的高风亮节。

记录生活琐事，如叶圣陶的旅途日记之一。

典型案例

雾不浓，船以七点后开。略见小滩，水皆平稳。经蔺市、李沱，午到菩陵。青年人皆上岸游观，余未上。午后一时许复开船。棹夫停手休息时，青年人往替之。初不熟，历二三回，居然合拍，上下一致。傍晚歇于南沱，为一小市集，无甚可观。

这是一则1945年除夕，叶圣陶自重庆返上海江行途中的日记，它完整而扼要地记叙了一天里行船的进程：开船的时间，所经历的地方，一路景物的点染，以及趣事的叙述，都具体清晰。

纪实式日记是常用的。它的特点是注重记叙内容的具体、鲜明，语句也不乏情趣、韵味。这类日记的优劣在于观察、体验生活的深度和广度。

2）备忘式日记

备忘是日记的一种基本功能之一。备忘式日记就是为了防备遗忘而写的一种记事短文，它是日记最基本、最简单的形式之一。如《鲁迅日记·1925年5月29日》：

典型案例

昙（云彩密布）。上午往师大讲并收去年五月份薪水泉伍（泉，钱的别称；泉伍，即五元钱。）午后往北大讲。晚有麟来。赵荫棠来。长虹、钟吾来。夜作《阿Q正传序及自传略》讫。

这里面所记的有天气、教学、领薪、会客及写作等，备忘式日记的特点比较明显。具体地说，这种形式的日记有以下一些特点。

①文字简洁。整篇日记只用了48个字；主语“我”也被略去，甚至连讲课的“课”字也被省略去，还用了文言的“昙”和“讫”，这一切都说明了它的文字简洁。

②略去详细内容具体过程。“往师大讲”“往北大讲”，到底讲什么，均未提及。有四位客人来，是谁？也只能是作者清楚。至于谈话的情况、内容也都全部略去。

③如实笔录下来，不加任何议论、描写和抒情之类的内容。

这一种日记的好处，可以起到“录以备忘”的作用，但对年轻人或资历不深的人练习写作帮助不大。

3）随感式日记

这是记录自己所见、所闻、所做事情而产生的感想的日记。它有一个明显的特点就是，所写的事情和感想之间一定要有自然的连接、必然的联系，既不可脱节，也不可生硬地嫁接。如白求恩写于1938年8月21日的日记。

**典型案例**

今天动手术，我的确累了。一共做了10个，其中5个是重伤。……尽管我的确很累了，但我从来没有像今天这样高兴过。我十分满足，我尽了我的一份力量，我有什么理由不高兴呢？特别是看到自己的生活是如此充实，工作如此重要，以至于从早上5点半到晚上9点钟，没有一分钟的时间白白度过，这里需要我。

我没有钱，也不需要钱。能和这样一些以共产主义的生活方式（我指的不是谈吐方式和一般所谓理性思维方式）的同志们生活在一起，是我毕生最大的幸福。他们的共产主义是又简单、又深刻，像膝关节颤动一样反射动作，像肺呼吸一样不用思索，像心脏跳动一样完全出于自动。他们的仇恨是不共戴天的，他们的爱是能包容全世界的。

还说什么不懂感情的中国人！在这里我找到了最富于人性的同志们。他们遭遇过残酷，可是懂得什么是仁慈；他们尝受过苦痛，可是知道怎么笑；他们受过无穷苦难，可是依旧保持着他们的耐性、乐观精神和静谧的智慧。我已经爱上了他们；我知道，他们也爱我。

这则日记有叙、有议、有感、有想，简直就像一篇简短的论文，让人深省，让人震撼。读着它，不仅为白求恩崇高思想和国际主义精神所感动，也感谢白求恩的日记，它记录下了抗日烽火中灾难深重的中国人民的耐性、乐观精神和静谧的智慧。

4）研讨式日记

这种形式的日记，是对所遇到的有一定意义的现象、事件、问题，加以认识、分析、判断，把自己的见解和得出这一见解的认识过程写入日记。如《竺可桢科普创作选集·1962年6月13日日记》。

**典型案例**

接郭老函，询问毛主席忆秦娥词《娄山关》有“西风烈，长空雁叫霜晨月……”这是否阴历二月现象？……我查日记，知1941年3月2日过娄关山时见山顶有雪。1943年13日过娄关山遇雪。……可见二月间娄关山有霜雪，而风向在 1500 米高度也应是西风或西南风。

研讨式日记，注重事实的真切，数据确凿，论据严密，结论明确。当然，在研讨过程中，也可以记叙，也可以抒情，也可以描写，但不管怎样记，都是为了使所记的事物、现象等表述得更准确、更清晰。

日记的形式就举以上几种为例，除了所举以外还有很多，如航海日记、飞行日记、气象日记、实验日记等。

(4) 写日记的方法

日记与书信、报告等的作用是不同的，书信是向人表情达意的，报告是向听者、读者叙事说理的，日记则是写给自己看的，是为了日后回忆查考备用，是为自己服务的。由于读者即作者本人，行文多为备要式的，所以，写日记文字要简约。文字修养功底深的人，为使行文简练，就尽量省略去一些字、词，甚至用凝练的文言语句。日记中主人翁“我”常被省略，因为不可能由别人来为“我”代写日记。如上文中《鲁迅日记·1925 年 5 月 29 日》，用 48 个字，记的时间有：上午、午后、晚三个时间段；记的事有：两所学校的“讲”、收薪水、会客、写作四方的事；写到的人物有：三拨四人的来客。省略了：主语“我”、讲课的“课”，更省略了讲课的内容及会客的过程。用了文言词语：“昙”和“讫”。至于省略、凝练到何种程度，这完全由作者的文字修养功底和爱好决定。写日记原则上是自由的，但为了把日记写好，写的时候要注意以下几点。

1) 日记中的事情和思想活动必须真实

日记是写给自己看的，它应当真实地记录自己的言行和思想。

比如，今天思想上有什么想不通的问题，就可以先记下来，然后认真思考，争取逐步想通。言行上出了什么毛病，纠正了写下来，防止以后重犯老毛病；发现了觉得不对，但一时纠正不过来，先记下来，再设法纠正。听到了别人对自己的意见，觉得别人说得是对的，也记下来作为镜子，经常照照镜子提醒自己。看到、听到或联想到什么事情，如觉得对自己思想进步有帮助，也可以记下来促进自己。

2）日记要写得具体清楚，力求展现自己的文采

日记不仅能提高自己的道德修养，也能提高自己的文字修养，所以一定要抓住这个机会，施展一下自己的文学才能。如鲁迅的《马上支日记》。

**典型案例**

七月一日太阳很烈，几盆小草花的叶子有些垂下来了，浇了一点水。田妈告诉我，浇花的时候是每天一定的，不能乱；一乱，就有害。我觉有理，便踌躇起来；但又想，没有人在一定的时候浇花，我又没有一定的浇花时间，如果照她的学说，那些小花只好晒死罢了。即便乱浇，总胜于晒死吧。便继续浇下去，但心里自然不大踊跃。下午，叶子直起来了，似乎不甚有害，这才放心了。

3）要抓住重点、要领

我们每天获得的新印象、新感受、新经验及新教训都可能会不少，自己觉得有意义的部分就可以写入日记。但是日记不能面面俱到，把所有觉得有意义的事情都写进去，这就需要选择。怎么

选择？凭什么选择？这就要学会抓重点，选择那些感受最强烈、体会最深刻、对自己教育意义最大的事情来写。要舍得割爱，更要学会快刀斩乱麻，略去末节枝叶。正像一副对联说的："九章龙衮提一领神清气爽，万山虎仪仰一峰天高地远。"提起龙袍的领子，九条龙纹就会显得神清气爽；峰峦重叠中，选一最高峰景仰，就会觉得天高地远了，形容做事只要抓住要领，就会出现令人满意的好效果。

(5) 写日记的要求

综上所述，综合写日记的几点总要求。

1）写日记要坚持"六字诀"

即要抓住人、事、物、理、景、情六个字。当然在具体着手写的过程中，要根据内容和需要抓重点，进行合理的取舍，写出简要简练的日记。

2）贵在坚持

所谓日记就是每天写的文章，如果不能每天都坚持写，也就称不上日记。所以，日记就要坚持每天都写，逐渐成为习惯性的行为。写日记不要很多的时间，工余、饭后、睡前都可以作为写日记的好时间。最好是规定一个写日记的时间，甚至可以定时、定点来落实日记，"习惯成自然"，习惯了就会成为自觉的行动，不写也就会感到不自在。"行百里，半九十"，坚持吧，只有在坚持中才能形成写日记的习惯，只有在坚持中才能提高道德水平，也只有在坚持中才能提升文学修养。

3）写日记要保持高的质量

日记是建立在自觉自愿的基础上写的，所以写日记不能应付、交差了事。而要郑重其事，认真对待。写日记不能像记流水账，如几点钟起床，几点钟上学，早上吃什么，中午吃什么，晚上吃什么……这样的日记既没有价值也没有意思。要写有价值也有意思的日记，写一些对自己思想、学习、工作、成长有帮助的事情。写完了，也要像小学生做完作业后检查一两遍，以免出现谬误或错别字，这样才不至于脱离事实，贻笑将来。

4）经常翻阅

写日记主要是为了备用，所以不但要认真写，而且要学会用，就是说，首先要经常翻开看看，看看自己过去思想上的掠影，看看到今天的进步；看看以前的工作上的教训，看看今天的提高。这样看看能提高自己对自己的信任度，会越看越有劲儿；同时发扬光大过去的成绩和经验，对促进今后的学习与工作会有很大的帮助。总之，经常翻阅自己的日记，有利于不断提高自己的思想修养和各方面的能力。

5）写在专用的本子上

随着经济的发展，人们对写日记用的本子的要求也越来越高，超市里卖的日记本也丰富多彩，封面式样说不尽，有几种很符合日记的隐私特点，在封面上加了密码锁。日记写在专用的本子上，便于保管、保密，便于翻阅观看。

对于日记，要注意的事项还有一些，但不宜太多，特别是对初写日记者要以鼓励为主，先激励他动手写，再诱导他坚持写，直到养成自觉地写日记的习惯。

## 2.认识自觉日记的好处

自觉在这里的意思就是：自己有所认识而行为上能主动适应某种要求，这是自我管理的前提和基础。日记，是一种文体的名称，它主要有两类，一类是个人日记，这类比较普遍；另一类是作家根据需要，采取日记体的形式进行创作，如鲁迅先生的小说《狂人日记》等。本书说的日记是指个人日记，把它与自觉连接组成“自觉日记”，它的意思就是：自己认识到日记的意义，主动地写日记。这是一种既包含自我教育，又有自学意义的学习品质。人，特别是青少年学生，一旦能自觉日记，就意味着成熟或开始走向成熟，人生之路就可能有一串串发光的脚印。所以，作为父母应该及时地教导孩子认识日记的意义，学会并坚持写日记。

教育的目的应该是：引导成人，发展人性，培养人格，改善人生。自觉日记在落实这一教育目的方面，它能起到其他措施所不能的作用。

因为自觉包含了一个人从认识到行动意义的心理过程，这个过程可以叫做行动的渊源，即：认识到人生有限—要做有意义的事—确定目标—产生热情—增强动机—形成思想—付诸行动。有人把自觉日记称做“道德长跑”“道德长征”和“攀登道德梯子”等，这些比喻的说法是很有道理的。一个人能坚持写日记，这就意味着这个人已经具备了自我教育、自我管理的能力。所以说，写日记有利于青少年的健康发展；自觉日记是一种标志性的良好学习品质。

(1) 写日记有利于青少年的健康发展

我国著名的教育改革家魏书生先生，经常外出讲课、作报告，一有机会他就会不厌其烦地建议青少年写日记，并情真意切地罗列出写日记的好处。

1）日记能使我们记住自己做过的事情、见过的人、用过的物，记住自己的经验教训

人往往就是这样，许多过去的好经验、好做法常常会忘记，如果写成了日记经常去翻翻，人容易记住自己，不失去自己，更不会背叛

自己，而能够忠实于自己真善美的一面。

2）写日记有利于改变自我，超越自我

很少有人劝自己狭隘、损人、消极、懒惰。写日记的人一般都在劝自己，鼓励自己要宽厚，要助人，要积极，要勤奋。来自自己内心的劝说要比来自外界的劝说作用更大。

3）写日记能磨炼人格毅力

写一篇日记容易，坚持下去每天都写就难。特别是时间紧，任务重，坚持写日记就更难。而一旦坚持住了，便会产生心理惯性，形成习惯就好办了。或者横下一条心，“一不做，二不休”，“不管千难万险，也要坚持到底”，日久天长练出了毅力。

4）写日记能提高分析和认识社会问题的水平

日记内容很大部分是对社会的观察和分析，写出来，认识更清楚。

5）写日记可以积累材料，提高写作水平

这一点对青少年学生来说尤其有好处，把自己在平日里读到的好书、美文、好句、好词、好方法记到日记里；把自己在生活中，很有感触，深有启发的事情记到日记里；把自己观察或实验中的发现和偶得记入日记，这不仅能提高我们的写作能力，还能对提升人的品格都有很大的好处。

6）日记可以成为“道德长跑”或“道德长征”

这是指净化人的心灵，提升人格品质而言。如果人的心灵得到了净化，人格品质得到提升，那么他的全面发展就有了保障。

魏书生老师曾经在劝人写日记时风趣地说过：“我常想，人这一辈子如果不背叛自己童年、少年时心灵深处真善美的一面，坚持自己那时勤奋上进的好习惯，那么每个人都会成为杰出的人。遗憾的是，人常常善良一阵子之后，又觉得恶人常有好报，于是便也学着作恶，但终于狠不下心来像恶人那样无耻，于是又回到自己的善良；人都有过勤奋的时刻，但又经受不住懒惰者的诱惑，向往无所事事，又觉得问心有愧，于是又回归勤奋。生命便在这善与恶、勤与懒的犹豫中过去了一大半。写了日记，常翻一翻，人容易记住自己，不失去自己，忠实于自己真善美的一面。”

写日记的确有利于青少年的健康发展，聪明的父母会想办法鼓励孩子自觉地写日记。

### (2) 自觉日记是一种标志性的良好学习品质

要说“自觉日记”是一种良好的学习品质，得从“自觉”的含义说起。自觉：自己有所认识，而行为上主动适应。认识产生思想，思想付诸行动，应该说“自觉”是在严密的逻辑规律支配下的行为，绝非一时冲动，偶然而为。所以说“自觉”是一种成熟或标志着走向成熟的良好的心理品质。联系到孩子的“八大学习品质培养”，如果孩子们都能做到“自己有所认识，而行为上主动适应”，那么就会出现令人满意的自我教育、自主学习的好景象，把良好学习品质的培养作为自我要求，成为自觉行动。一旦孩子认识到学习品质培养的重要性，自觉地把学习当做提升品质的历练过程，他就会在学习上表现出良好的学习品质。

之所以说自觉日记是一种标志性的良好学习品质，这是因为自觉日记不只包含了自觉的含义，更深层地分析这里面还有一种良好的心理品质。人一旦把自觉与毅力结合起来，那么他的力量就有可能发生惊人的变化。毅力不是说出来的，它是在不声不响中，一小步一小步，不间断前进以致实现跨越中表现出来的。水点滴石的力量微不足道，它却能最终把石头滴穿；龟兔赛跑中，兔子跳跃轻快，行动迅速；乌龟爬行前进，行动缓慢，但夺取冠军的不是兔子，而是有耐心和毅力的兔子。这些看来是不可思议的事情就这样发生了，这里面的道理就是因为毅力支撑了才能，才使本来的不可能变成了可能，进而成为现实。这些事情告诉我们一个深刻的道理：一个人的力量本来很小，但只要你拥有了锲而不舍的毅力，便没有不可征服的高峰；也许你觉得自己智力愚钝，但只要你拥有了坚韧不拔的毅力，便没有不可跨越的鸿沟。"行百里者半九十"，只有坚持到最后才能取得胜利，这说明坚持的可贵，毅力的重要。

**名人链接**

人们大多都看过电视连续剧《西游记》，唐僧西天取经，经历了九九八十一难，终于取回真经。他们的团队合作得不错，师徒四人个性鲜明，但各司其职，尽心尽力，特别是能上天入地，会七十二变的孙悟空，神通广大，为取经的成功立下了汗马功劳。但《西游记》里唐僧的原型玄奘远远没有电视剧里的优越条件：上有佛祖光照，观音菩萨护佑，神通天宫；下有大徒弟孙悟空排除万难，二徒弟猪八戒陪着说话办事，三徒弟沙僧埋头苦干，任劳任怨，而玄奘本人却坐骑白龙马。

玄奘和尚25岁离开长安西游。进入沙漠后不幸迷了路，随身携带的一罐水也不慎洒掉了。四五天中曾多次因缺水昏倒在地，可是他只要一醒过来就继续前进。哪里还有什么白龙马？他一路越戈壁、翻峻岭，经碎叶城，渡阿姆河，登帕米尔高原，闯铁门关天险，经历了近一年时间，终于到达天竺国，成为第一个周游古印度的中国旅行家。

玄奘在印度学习了14年，游历了70多个城市。他常常白天游历调查，晚上攻读佛教经典，成为第一流的佛教学者。44岁时，他又步行回到长安，同时带回了657部经书，并做了大量的翻译工作。

写日记的难度看来不大，它与玄奘西天取经不可同日而语，但一步一步，一天一天，都需要坚持的道理是相同的。我们之所以说，自觉记日记是标志性的良好学习品质，就是因为从自觉日记的坚持中，让人看到了坚强毅力和脚踏实地的成功者的素质。

### 3. 及时培养孩子写日记的习惯

写日记不难，但坚持写日记就难。这里的难包含了两方面的意思：一是坚持几年、十几年、几十年甚至一辈子的确是一件难事；二是如果只靠毅力坚持，费神费力，而且要长此以往，实在难以想象。所以，需要长期照办的事，还是从培养习惯上考虑比较合适。问题是如何培养写日记的习惯？下面就这一问题提几点建议。

#### （1）播种行动，收获习惯

在读书过程中发现了一个有趣的现象，有些很好的“名言”却有好多的创作者。特别是关于人生的命运揭秘的话：“播种思想，收获行动；播种行动，收获习惯；播种习惯，收获性格；播种性格，收获命运。”这段话的确很好，揭开了人生命运的秘密。但真正的作者是谁，也难以搞清楚。有的说是美国威廉·詹姆斯的名言，有的说是塞内加尔普德吉的名言，有的说是美国查尔斯·里德的名言，还有的说是印度的谚语……但这种现象中得到了一个可靠的信息，这段话很好。好的东西，才有这么多人喜欢把它和自己联系在一起。我们之所以说这段话好，不仅因为它揭示事物间联系的规律，同时也启发我们：培养习惯，要从引导行动入手。有了良好的习惯，好个性、好命运就会自在其中。世界第一个太空人加加林的故事很能说明这个问题。

**名人链接**

20世纪60年代，苏联宇航员加加林乘坐“东方”号宇宙飞船进入太空，遨游了108分钟，成为世界上第一位进入太空的人。当时的苏联政府总共培训了几十个宇航员，为什么加加林能脱颖而出呢？起决定因素的是一个偶然的事件。

原来，在确定人选前的一个星期，主设计师科罗缪夫发现，在进入飞船参观前，只有加加林一个人把鞋子脱了下来，只穿袜子进入座舱。就这一个细节，一下子赢得了主设计师的好感。他感动地说：“只有把飞船交给一个懂得爱惜它的人，我才放心。”

可以说，让加加林脱颖而出的是他的好习惯，而好习惯改变了他的命运。所以说，加加林的故事正是这段“揭示命运规律名言”的一个最好佐证。

习惯是靠播种才收获到的，我们要收获孩子写日记的习惯，就要及时播种写日记的行为。

(2)“少成若天性，习惯如自然”

这句古语的意思是说：小时候养成的习惯就会像人的天性一样自然、稳固，甚至就会成为人的天性。所以，心理学家们研究以后说：人一生取得的成功、创造的奇迹，很多都是在小的时候形成的习惯的支撑下成就的。读读“苦学的习惯”或许能给我们一些启发。

**名人链接**

颜真卿开始练习书法时，慕名到大书法家张旭那里学习，张旭的草书在当时可谓一绝。

颜真卿很希望得到名师的指点，可投师半年多，很少得到张旭的直接指教，只是把前代名帖和老师写的字交给他，叫他反复临摹，还要他多观察大千世界，领悟自然万象，并从中寻求艺术上的启示。对这样的教学颜真卿感到失望，于是请求张旭尽快传授秘诀给他。

张旭耐着性子开导颜真卿，并告诉他除了养成苦学的习惯，没有什么诀窍。颜真卿听了老师的话，经过思考明白了为学之道。从此，他不再枉求成功的捷径，勤学苦练，终于成为一代书法大家。

关于习惯的培养，许多教育家都有过深刻的论述。陶行知先生说："教人要从小教起。幼儿比如幼苗，必须培养得宜，方能发荣滋长。否则幼年受了损伤，即使不夭折，也难成才。所以小学教育是建国的根本；幼稚教育尤为根本之根本。"教育实践家陈鹤琴先生深有感触地说："我们知道幼稚期（自出生至7岁）是人生最重要的一个时期，什么习惯、语言、技能、思想、态度、情绪都要在此时期打了一个基础，若基础打得不稳固，那健全的人格就不容易建造了。"中国有句古话："教妇在刚来，教子在养孩。"

以上这些来自古今中外的名言，不约而同地都在说明同一个道理，培养习惯要在人生的孩提时代，也只有在孩子小的时候培养的习惯，才有可能成为他的天性，才能使他的行动显得自如、自然。

这些道理同时也告诉我们，培养孩子写日记的习惯，就要趁孩子小的时候，当然是孩子会写字以后，至少是能够把文字和拼音并用的时候，也只有在这个时候开始培养他写日记的习惯，才有可能到达“少成若天性，习惯成自然”的境界。

### (3) 精心激励，耐心鼓励

以上讲了培养写日记的习惯要从引导写日记开始，写日记要从少年时开始，只有这样才能达到“少成若天性，习惯成自然”的境界。但问题的终结是，如何让孩子高兴地写日记？要让孩子的行为像他的天性，而且又成为自然而然的东西，就要了解孩子的天性。

要了解孩子的天性，得从人性的本真说起，因为孩子是人的一个特殊群体。论人性，自古至今流派不同，理论各异，比较公认的是马斯洛的人性观。他认为：“人是不断需要的动物”，人有：生理、安全、爱、尊重、自我实现五个层面上的要求。对于儿童天性，印度诗人、教育家泰戈尔有很好的论述，他说：“渴望爱、渴望与人和自然交流、具有自我表现的冲动。”拿破仑说过：“只要将士们想升官发财我就有办法。”同样的道理，只要我们懂得了人性和孩子的天性，对孩子的教育、培养也就会有办法。

培养孩子写日记的习惯，只要把握好孩子“具有自我表现的冲动”的天性，并做到精心激励，耐心鼓励，细心扶持，就可能出现令人满意的效果。

#### 1）精心激励

这里的所谓精心，就是按孩子的天性规律办事，在制订激励措施方面不违背孩子的天性，也不超越孩子的能力水平。孩子上学了，认得了一些字，也能写一些字，不会写的字能用拼音代替了。这个时候就可以鼓动孩子写日记，多跟孩子聊聊天、谈谈话，问问他：

今天看到、听到哪些最有趣的东西？最想做的是什么事？最想得到的是什么？想用怎样办法得到它？当孩子说出自己的心里话后，再问问他，要不要把它记下来？

就这样，在亲切的交谈之中，一步步地把孩子引导到写日记上去。这样做的理论依据就是儿童的天性：渴望与人和自然交流、具有自我表现的冲动。当然，人心如人面，各人不一样。孩子有儿童的共性，还有每个孩子各自的性格特点，所以在激励自己的孩子时，一定要抓住孩子的个性，才能达到有像鼓敲到点上、锣敲到眼上的效果。

2）耐心鼓励

教孩子难，特别是启蒙更难。但是，只要我们懂得孩子的生理发育和心理发展的规律，并且像教孩子学说话、学走路那样有信心和耐心，是一定能够达到预定目标的。在培养孩子写日记的习惯上，主张耐心鼓励，这是有理论依据的。无论是教育孩子，或者是教育学生，都要保持爱心、信心和耐心。爱心是无条件的，有了爱心就会有信心和耐心；如果没有信心，就不会有耐心；如果没有耐心，爱心、信心也会变成空心。教育孩子需要耐心，这是由孩子的生理、心理规律决定的，是不以人的意志为转移的。

鼓励，这是教育孩子的最好手段。有教育家说过："如果教育只用两个字来表达，它就是'鼓励'。"英国前首相丘吉尔在这方面有一句很好的话："你要别人具有怎样的优点，你就要怎样地去赞美他。"还有许多家庭教育的实践家都有类似的体会："你想孩子向哪方面发展，你就朝哪方面表扬。"

鼓励、表扬，我们的许多家长都在用，但往往都用反了。如小学生小明在第二次考试中，数学成绩两次都考了 98 分，均为全班第一名；语文成绩只有 86 分，在全班排名 15 名，但比上一次提高了

14分。小明妈妈特地买了蛋糕，庆贺小明的数学成绩。这嘉奖用反了，她是希望小明的成绩齐头并进，还是让他的语文成绩永远落在数学的后面？

从以上这件小事中，我们应该记住：对孩子的成绩不能只看眼前，要看发展。同样的道理，指导孩子写日记，开始的时候，很可能写得不成样子，甚至让你难以接受，这个时候你特别要记住“你想孩子向哪方面发展，你就朝哪方面表扬”，细心、耐心地在他不成样子的日记里寻找闪光点，实事求是地、巧妙地表扬他。正因为他在这方面有困难，你在这方面表扬他，就像把温暖的火炉送给受冻的人，把香甜的面包送给了饥饿的人，这种及时的支持就容易产生雪中送炭的效果。

3）细心扶持

孩子毕竟是孩子，不仅生理不成熟，心理稚嫩，许多事情还是第一次，所以特别需要父母的理解和谅解。像写日记这样对孩子心智都有很大帮助的事情的开头，尤其需要父母的细心扶持。看看“哈佛女孩刘亦婷”的母亲刘卫华写的《每天一两句，学着写日记》：

典型案例

二年级一开始，婷儿就告诉我，班主任建议同学们每个星期写两篇日记，她愿意为他们批改，但这不是家庭作业，不写也可以。我没有问婷儿“你写不写？”而是有意表现得很兴奋，还特地让她查看了《小学生用功术》上“写日记有助于学习”的条目，把婷儿的情绪也调动得兴奋起来。

我的做法既是为了让婷儿养成听家长安排的习惯，也是为了激发她对写日记的兴趣。大人的态度对这个年龄的孩子具有很强的暗示和感染力，我和张欣武都经常用富有感情色彩的方式引导婷儿积极地去做需要付出较多努力的事，以免思想和眼光远没有成熟的孩子屈从于身上的惰性，去作出错误选择。

婷儿很快就“进入状态”了，就是着急不知道写什么才好。我建议她把暑假的事儿用几篇日记写下来，可是暑假的事儿那么多，婷儿想来想去，都像是“狗咬刺猬，没处下嘴”。我便趁机教了她一个“选材绝招”——只选你觉得“最怎样的事情”来写，并正式给她提了几条写日记的规定。

①最好能写成有趣的小故事，不要写成乏味的“流水账”(否则就起不到培养写作能力的作用)。

②可以只写一两句话，但必须要让人看得懂（提高理解力和表达力的要求都含在其中)。

③一天写不完，就分成几天写成一组（为日后的长篇大论做准备)。

④不会写的字就留个空格注上拼音，以后会写了再填上字(因为忙，有好多拼音至今都未填写)。

⑤写一行，空一行，以便改正错别字和想修改一下的时候有地方可以下笔（让婷儿学习解决技术性问题)。

就这样，婷儿高高兴兴地写出了第一组日记。

细心扶持孩子学会写日记，就像扶正一棵稚嫩的幼苗茁壮成长，这比教孩子做作业、解题目更有意义，所以，开头虽然困难重重，但作为父母一定要从长远利益考虑，拿出像教孩子学说话、学走路一样的耐心和方法激发其写日记的兴趣，学会写日记。

另外，父母要做好服务，帮助树立样板，提供拐杖。这方面的工作就是找一些孩子同龄人、名人的日记读物，让孩子自己看、模仿，让他无师自通。这样，孩子得到空间就更大，他的聪明才智就可得到进一步的发挥。

七

# 注重能力，主动复习

## （一）

# 注重能力

复习，即再次学习已经学过的知识，但不是简单的重复。复习需要依据内容的性质特点，采取相应的措施。特别是学期考试和升学考试，首先要树立必胜的信心；其次是要确立注重能力的指导思想；再次要落实主动复习的一系列措施，步步为营，稳扎稳打，直到最后的胜利。但心理上却要按照“放松警觉增强脑力”的规律办事，保持“平和心态”。为了放松氛围，增强能力，提高效果，我先建议记住这样一首“复习应试歌”：

知识体系先构建，技能熟练成关键；

基础扎实能力强，应试玩于股掌间。

这首“复习应试歌”告诉我们，只要按教育规律和学习规律办事，搞好复习应对考试是不需要发愁的。我们说，学习有三个层面上的要求，即“三个境界”——求知、习术、悟道。求知，即学习知识。习术的习，在简化汉字中已看不出它的本义了，其繁体字：上面的“羽”字代表小鸟的两只翅膀，下面的“曰”字代表鸟窝，意思是小鸟在窝里反复地振翅、练习起飞，其中的术就是方法，习与术连起来就是反复练习方法，把知识变成技能；悟道，即悟出规律，也就是说按方法练习多了，到了融会贯通、举一反三的地步，发现、掌握了规律，把技能变成技巧。把学习知识放在第一个层面，这不是人为的安排，这是认知规律及其内容间的联系所决定的。知识的积累是技能的基础与前提，所以称之为基础知识。有了厚实的知识基础，再加上科学的训练就能内化为技能；有了一定的技能，再加上一些探求规律的训练，就可以练出发现问题、分析问题、解决问题的综合能力。

学习已经学过的知识，不能只搞简单的重复，而是要有机地安排，周密地计划，按符合目标、切合内容、遵守原则、遵循规律的方法办事。做事要先明确目标，复习的目标就是建构好知识、技能的体系，只要知识、技能体系建构好了，能力自然就强，那么应对考试就会游刃有余，就好像越国大夫文种“玩吴国于股掌之间”（见《国语·越语》）——他学了七个计策，仅用了三个就灭掉了吴国。那就让我们消除顾虑，全身心投人高效的复习吧。

注重能力，这是教育方针赋予学校的教育、教学工作指导思想的核心内容之一，也是学生学习中应该明确的指导思想。注重能力是学习者不可忽略的学习品质之一，关系到培养什么样的人才——是书柜、书呆子，还是有发现问题、分析问题、解决问题能力的有用人才。

## 更新观念，落实注重能力的理念

“学好数理化，走遍天下都不怕。”同样一句谚语，但由于观念不同，学习的指导思想不同，理解起来就不一样，对人的影响也不一样。有的人由于片面地理解了培根的“知识就是力量”，认为只要掌握了知识，自己就可以应对学习、就业、创造财富。殊不知，结果却是考试成绩意外，就业不理想，收入低微，财富是望尘莫及；有的人准确理解了培根的名言，知道怎样把知识化成力量——能力，学习成绩是突飞猛进，就业能挑自己最喜欢的工作，财富不招自来，生活像芝麻开花。要达到理想的境界，还是先从提高自己的学习品质做起。

(1) 把“注重能力”的理念化为行动

每年寒假或上半年学期的开学初，总有许多家长带着孩子，要张老师为其子女作升考指导。张老师因为工作太忙，只能为孩子们作一次性辅导，自然只能择其要而讲解。题为“把握规律学会学习”，时间一般控制在40分钟至1个小时。因为是亲友间帮忙，所以形式随便，态度亲切。因为要用“放松警觉提高效果”的策略，鼓励孩子们爱怎么坐就怎么坐，也不要求记笔记，要求尽量放松记到脑袋里。因为张老师觉得：只有装进脑袋的知识，才能运用，才能成为力量。讲解的方式也很简单，她先与孩子们约法三章：一共讲五点，每听讲一点后要表态能否做到，如果讲到那点已经做不到了，指导也就到此结束。约法三章如同形成了口头协议，然后就照章办事。

指导讲话的提纲是：明确一个目标；用好两股力量；抓住三个特点；把握四个规律；落实五个措施。

张老师"自主复习五要点"

①明确一个目标，即：培养学习品质，学会自学。正确的教育价值观应该承认：最好的教育是教孩子学会自我教育；最好的教学是教孩子学会学习。所以，培养学习品质是手段，学会学习才是目的。

②用好两股力量，即："用好自己人生增值，用好别人天下无敌"，尽自己最大的努力把事情做到最好；如果还有困难，就用好同学、老师、父母、家人及身边一切可以请教的人，解决困难问题。

③抓住三个特点，即：人性特点、少年儿童特点、学段特点。关于学段的特点，有一首"学段重点歌"：各段教育抓重点：学前习惯攒本钱，小学兴趣促全面，初中方法成关键，高中勤奋炼意志，步步为营求发展。教育教学工作首先要明确所处学段的重点任务，其次是抓住人的特点、儿童的特性用好相应的措施，犹如赞扬、鼓励等。

④把握四个规律，即："学喜欢的效果好、多感官学效率高、放松警觉脑力强、乐观自信抗疲劳。"孔子说过："知之者不如好之者，好之者不如乐之者。"俗话说：想知道可以学会；喜欢就能学好；痴迷可以学精。多感官参加学习犹如"众人拾柴火焰高"，所以阅读不如朗读，朗读不如狂读。放松警觉注意力集中，投入就快；去除杂念，排除干扰，用心专一，脑力就强。乐观自信，无所畏惧一往无前，再苦再累其乐无穷，成功自在其中。

⑤落实五项措施，即："独立学习五要点"：

1）按时睡觉，及时起床

要求：保证 8 小时的睡眠时间。

①为第二天的学习打好体力基础，做好学习的精神准备。

②养成良好的生活习惯。

③培养自我管理的能力。

2）坚持晨读语文、英语一课时的时间（语文、英语各读20分钟）

大声、口齿清楚（自己能听清，别人能听明白）。节假日照常。其好处有以下这些。

①增加词汇、语汇，提高说话、写作能力。

②增强语感，增强应试解题能力。

③提升学习力，体验进步，增强自信。

④“眼到、口到、心到”，众感官参与，效果好。

⑤激奋左脑，开发右脑，提升学习者品质。

⑥合理分配、利用课外时间（早晨读了语文、英语，白天、晚上的课余时间都可以用在数学、物理、化学、生物等学科上）。

讲解了理论依据和好处后，再举一些很能说明朗读效果，而且大家都知道的案例，让孩子觉得坚持晨读确实利在眼前，功在学会独立学习。如把“李阳疯狂英语奇迹”讲得活灵活现；把“俞敏洪从因为英语两次落榜到成为‘留学之父’讲得悲壮慷慨；把“丰子恺学外文”讲得切实、可仿；把许国璋对学英语的要求讲得清晰明白。这些典型案例对孩子不仅有鼓励性，也有很大的启发性。

3）汇编改错题，设立改错本

步骤与要求：

①把考试做错的题目，先听老师讲评，在原试卷上改错、订正。

②分析错误所在，知其所以然。

③对于文科的试卷就按时间顺序整理成册，对于理科的题目则在专门的“改错本”上，再作一题多解的训练，通过改错吃透知识。

④每到考试之前，把相关部分阅读一遍，以确保自己“不在同一个地方跌倒”。

4）循序阅读理科教材，系统摘记知识

要求：

①对于数学和科学（为物理、化学、生物的综合）各科，利用自修课的时间，对已学过的教材内容作自主复习。即认真阅读教材，把重要的基础知识分别摘记到笔记本上。这一过程，可称之为：把知识系统化。

②每到考试之前，复习摘记本上的基础知识，为考试打好扎实的知识基础。

③把摘记的基础知识装进脑袋以后，再做一些技能训练，为熟练应试做好准备。

“基本技能是关键”，关键就是钥匙，通过系统训练而得到的基本技能就是“钥匙串”，到了考场上，就可以凭这些熟知的“钥匙”，自如地打开出题者设计的一只只门锁，让你跨过一道道门槛，顺利走进更高的知识殿堂。

5）坚持上述四点，并不断总结、改进

艾伯特说过："这片土地永远垂青那些从不气馁、从不言败、永不放弃，坚持到底的人。"陶渊明曾对学生说过："勤学如春起之苗，不见其增，日有所长；辍学如磨刀之石，不见其减，日有所损。"人性人格在不断总结、改进中提升，学习品质在不断总结、改进中升华。

"真理伟大而平凡，规律宝贵而简单。"真理常在少数人手里，规律就在我们身边。学习就是这样，对于一些看似简单的规律，你坚持了你就如春起之苗；如果节假日你都能坚持，那你就能在莘莘学子中胜出。

(2) 提高能力的关键在落实训练

典型案例

2009年上半年学期初的一个星期天，有两个家长先后带着孩子到张老师家请教复习迎考，一个叫谷阳，一个叫章西。因为张老师了解到他们的孩子水平相当，也都处于与升重点差100左右的名次。于是，几乎用同样的五点内容、同样的讲法给他们作了指导。但跟踪调查，从他们一个月后的模拟考试和三个月后的中考成绩看，效果却大不一样。下面就分别说说他们的情况。

1）成绩直线上升的谷阳

谷阳，小学毕业上了市里数一的初中，有信心、踏实、愿吃苦，但在20个平行班中处于中上水平。家庭条件不怎么好，母亲辞掉工作跟着服务，感到一定的压力。于是他就像运动场上参加3000米赛跑的运动员，曾一次又一次地自发冲锋，但好不容易冲上四五名，稍缓口气却又掉下三四名。

接受指导的时候，谷阳跟张老师互动，谈了他同老师与“自主复习五要点”部分相同的做法，态度很诚恳，在答应执行每一点要求时显得很恳切。在一个月后的全市第一次模拟考试中，成绩进步很大，比原来提高了 143 个名次，从原来中上水平跃入了优秀的行列。后来的中考成绩很让他高兴、父母满意，升入了市重点高中。

2）成绩螺旋上升的章西

章西跟谷阳小学、初中都是同班同学，接受指导前的成绩稍胜谷阳，家庭条件也基本相同。章西他人聪明，能体贴人，也很想进步，就是有点怕吃苦。

在接受指导的时候，答应“会做到”很爽直。但在一个月后的模拟考试和以后的升考中，成绩虽然有进步，但还是不够理想。张老师为了总结经验，想方设法从多方面了解他们的情况，最后终于找到了主要原因。

章西对执行“自主复习五要点”还算认真，但落实不够。他基本上能按时睡觉，及时起床；能坚持晨读，但时间不到 20 分钟，内容安排上缺乏计划性；改错也都订正了，但没有进一步地反思，更没有搞一题多解；阅读教材，摘记基础知识也做到了，但自觉做练习很少，跟谷阳比，还不到 1/3。

谷阳与章西接受同样的指导，效果却相差甚大，这让张老师深深感到：提高能力的关键是落实训练。

## （二）主动复习

无论是学期复习还是升考复习，都有时间紧、任务重的特点，所以必须求高效。高效既包括效果好，也包括效率高。复习要做到高效率，我们就要找出教育的主要规律——“只有自主才能主动”“喜欢的东西会学得最好”“运用众感官会学得最快”“放松警觉就会加深理解、记得牢”“交替学习内容能争取时间又防止脑疲劳”等，并自觉地把这些规律运用到复习的具体实践当中，让复习的过程变成按规律办事的活动。寻求高效的途径，按规律办事这是前提，还有许多的事情需要做好。下面谈谈需要做好的一些工作。

### 1. 处理好自主复习与老师教课复习的关系

人容易走极端，青少年学生更容易“剑走偏锋”。考察、分析不同学习成绩的学生，有一点很容易发现：学习成绩优异的往往就是主动学习者，他们一边紧跟老师学习，一边自主学习，永远是时间的主人，是自己的主人。学习成绩差、学习困难的学生往往是被动学习者，他们一旦离开老师就像机械玩具没人上发条、电动玩具断了电不能动了，心理上还像断了线的风筝失去了方向，处于无助的状态。主动学习的人，可以成为很有能力的人。他之所以很有能力，不是他本领特别大，而是他能够很好地利用了别人的智慧和力量。就像武术大师，他们并不是什么超人，而是他巧妙地运用了“四两拨千斤——将力就力”。

将力就力，这应该给我们更大的启发。处于复习中的学生，不少人心余力绌，很想从心底里发出“赐给我力量吧”的呼喊。但力量就在身边，不少人就不知道借用外力。先看看，有哪些外力可以借用？老师的经验与智慧、同学的友情与帮助、父母的亲情与支持、高质量的复习资料等等都可以借用。特别是老师的经验与智慧，因为老师毕竟是专业的教学人员，对教学大纲、教材与学生的特点的把握有特殊的经验，对考纲和命题思路、规律有独到的研究与见解。跟着老师的讲课复习，不知不觉就升到知识和思想方法的殿堂，而且在与老师的一颦一笑交流中愉悦心情，让自己走上一条最有效的复习之路。

但老师的教课复习必须按照落实基础、训练技能、培养能力的部署，步步为营地复习。这让心急的学生就耐不住性子，很不情愿地跟着老师复习。这时如果一提自主学习、主动复习，他们就很可能不想听课，甚至游离于老师的复习指导以外。这样就很可能成为孤军作战，势单力薄，难以取胜。所以，在提出自主复习的时候，先强调处理好与老师教课复习的关系，这是为了使急性、粗心的考生明白：提出主动复习的要求，是为了把只跟老师学习的一条腿走路，变成既紧跟老师学习，又加上自主学习、主动复习的两条腿前进。总之，主动复习与老师的教课复习应该是相辅相成、互为补充的良好关系。

## 2. 自觉规范复习过程

复习可以分为听课后作业前的复习，为落实功课的当日复习、周复习、阶段复习，为应对考试的学期复习、升考复习等许多种。但都有一个共同的特点，那就是任务重、时间紧迫。对待时间紧迫须有一定的规范，否则就会陷入混乱的局面，结果就难以预料。应对学期考试和升学考试的复习，都要在配合老师复习计划的同时，至少要落实两方面的工作，一是要制订自己的复习计划，规范复习过程；二是选定复习方法，优化知识结构。

### (1) 自主制订复习计划

为了规范复习过程，提高复习效果，复习之前必须制订适合自己的复习计划。复习计划应该因人而宜，但许多人都是第一次制订复习计划，所以需要一定的帮助。下面提出一些原则性意见，供制订复习计划时参考，具体如下。

#### 1）确定自己的目标

升考复习需要策略，策略的第一步应该明确自己的目标，有目标才会有动力。当你疲惫难以坚持的时候，目标会告诉你咬咬牙就会坚持下去；当你遇到困难想逃避的时候，目标会告诉你应该坚守；当你获得小成功的时候，目标会告诉你笑到最后才是赢家。对于目标，还要做到以下几点。

①大目标要细化成小目标。在一个小目标面前，我们就往往会信心倍增、干劲儿十足。

②学习计划有一定的针对性，针对自己的实际情况，切合

自己的实际。

③制订计划是为了坚持、实现目标。

2）明确复习的指导思想

无论是中考还是高考，复习迎考的指导思想都在“考试说明”中有所表述，一般都离不开“着眼基础，能力立意”的大概意思。还是好好读读“考试说明”，复习的指导思想就会更加明确。而且，“考试说明”中对每个考点的阐释和点拨，如：考点指要、考题例析、方法点拨和仿考练习等，对复习都会有一定的帮助。

3）确定复习策略

关于复习策略，因为人的学习水平不同，所以要用不一样的复习策略。对于基础扎实、技能娴熟、综合能力强的人应该发扬自己的优势，争取更好的成绩；对处于中上水平的人，往往同时存在这样两种情况，一是有的学科强，有的学科弱；二是同一学科中有的内容是强项，有的却是弱项。处于这样状况的，就应该巩固强项，并争取让强项更强；而把主要精力放到弥补弱项的基础上，从阅读教材开始，把缺漏的基础知识补上去，并把知识点连成知识网。对学习水平低、能力弱的人，就应该割爱放弃高难度的内容，从实际出发依纲据本，补上阅读教材的功夫，把基础知识落到实处。为了帮助记忆，可以用一首“复习策略歌”来概括：

水平不一上中下，复习策略不一样；
强者扬强强更强，弱者基础用力量。

记住它，加深理解，并把它落实到指导自己复习的过程中。

4）根据复习内容和复习时间来确定复习目标

复习内容包括两个方面，一是教材的容量；二是考纲的要求。

复习时间要先计算到上课的天数，在考虑每天可供自主复习的时间有多少，然后将复习内容与可用时间结合起来作安排。

5）参考老师的复习计划安排自己的复习进度

在校的学生的复习都要实行“两条腿走路的方针”，即一方面紧跟老师的复习教学，不打折扣地完成任务；另一方面自主制订独立复习的计划，密切配合老师的复习进度有序地学习。

6）根据学科的特点安排每天的自主复习活动

学科特点不同，复习的方法也相应地有所不同。如：语文、英语等相关学科要以诵读为基础，就要安排在早上起床以后来朗读；数学、物理、化学等相关学科放在白天的空余时间和晚上来复习。这样把一天的课余时间也分成了两块，一块是早晨用做朗读语文、英语；一块是白天课余时间和晚上用做数理化的复习。

7）根据自身学科水平的差异采取相应的措施

各学科的成绩应该齐头并进，这是“全面发展”的要求决定的，也是升学看总分的制度决定的。但由于各种各样的原因造成了各学科成绩的不平衡，这是一个不容忽视的问题，所以在自主制订复习计划的时候不能忘记了这一问题。要改变这一不利的局面，就要按照查漏补缺的原则，在时间、精力等资源上向自己的弱科倾斜，力争各科成绩齐头并进。

8）根据自己的学习经验和特点选定复习的方法

但在选取复习方法时要记住：“世界上没有最好的方法，只有最适宜自己的方法。”这正像普劳图斯说的“有价值的东西只有对懂得的人才有意义”。对于学习方法，不仅仅要懂得，而且要符合自己的实际情况，善于发挥自己的特长才有真正的意义。选用复习方法的标准是：符合自己的特点，能发挥自己的特长，会显现自己的特色，提高复习的效果。

以上只是关于制订复习计划的一些原则意见，每人应该根据自己的实际，制订一个既简明扼要又高效的复习计划，为规范复习过程、提高复习效率、提高复习效果做好准备工作。

（2）着眼能力，选定复习方法

复习的方法很多，如：①以消化、简化、系统化为主题词的“三化”复习法；②把复习分成系统复习、查漏补缺、运用知识自测等三个步骤的“三步复习法”；③以做关于重点的练习题、做关于难点的练习题、做关于疑点的练习题的“三练习复习法”；④以延伸学力为目的，三四个同学一起以讨论式学习为基础，轮流模拟出卷、自觉测试、互换批改的“团体复习法”；⑤以尝试回忆、精读课本、整理笔记、勤问解疑为四环节的“四步复习法”；⑥集复习 9 种方法（复习时间、内容安排要适当；复习时要认真阅读教材和课堂笔记，认真做作业，在理解上下工夫；要以自己复习为主，要进场过电影，检查复习效果；总复习要制订复习计划，高度集中注意力，以免顾此失彼；围绕中心，及时复习，巩固深化知识；查漏补缺，保证知识的完整性；先回忆后看书，增强复习效果；阅读参考书，适当拓宽知识面；整理笔记，使知识条理化、系统化）于一体的“高效复习法”；⑦把复习分成四轮（第一轮，通读——进行系统复习；第二轮，精读——进行重点复习；第三轮，演练——进行解题复习；第四轮，回忆）的四轮复习法。林林总总，不能一一罗列，仅供选取方法时参考。但我要着重推荐的是：四轮复习法。下面作一些具体的介绍。

学习、复习同样要用好“统分的学习技巧”，对知识的把握和积累要做“分而治之，统而领之”。首先要用好分的技巧，内容上分学科、章节；知识的积累上要分类别；学习方法上按时段、内容分别对待；用时间要分课时与间歇；用脑要在时段内分学习内容与方式，即在分别掌握的基础上统领知识。“四轮复习法”把整个复习过程分成四轮，包含了这一“统分”的学习思想。

第一轮：通读教材，系统复习。

“万丈高楼平地起，稳固先靠打地基。”第一轮复习是整个复习的基础工程。根据打基础的要求，第一轮复习有三个目的，一是通过通读教材梳理知识点；二是检查对知识理解上的障碍；三是按教材目录顺序标记整理出知识点。通过本轮复习，达到熟悉教材、网罗知识、全面理解的目的，具体有三方面的工作需要落实。

1）按照教材目录顺序通读教材

不管你的学习水平如何，也不管你的复习目标有多高，最基础的工作总在熟悉教材。各科教材是老师的教学之本，也是命题者出题目之本，所以更是学习者学习之本。教学者、命题者、学习者都“据纲依本”围绕教材做文章，应考者只要精通教材，那就抓住了根本，所以说，万变不离其宗，掌握了教材就能以不变应万变。

2）拉网式检查知识点

通读教材是为了熟悉教材，但不能只为熟悉而读教材，而且熟悉教材的要点之一就是掌握知识点。反过来说，如果漏了知识点就谈不上熟悉教材。所以，复习者在通读教材的时候，一定要带着老师反复讲的“基础知识”的概念，逐一梳理出基础知识点。因为知识点就像造房子的每一块砖，少了必要的一块到时候都可能会出现漏洞。

3）透彻理解知识

就像建房子要彻底知道建筑材料的质量一样，如果不知道建筑材料的质量，就难以保证房子的质量。在理解知识这个环节上，我们要记住古人的教诲：“知之为知之，不知为不知，是知也。”对于一时还不知道的知识，一定要有“打破砂锅问（璺）到底”的求知精神，在第一轮复习中做一次大清仓，不留死角。只有把所有要求掌握的知识都掌握了，基础打扎实了，智能的房子才能结实稳固。

4）标记、摘记出知识点

通过通读教材，拉网式的梳理知识点，并理解了所有的知识，这就自然地为记忆打下了基础，也为第二轮的复习做好了准备。

第二轮：精读教材，抓重点复习。

老师在上新课时常会说，这是要记住的知识点，那是解决什么问题的难点。到了迎考复习阶段，老师会说，这是考点，那是重点。其实老师说的知识点、难点、关键点、考点对考试来说都是重点。所谓的重点，首先是指在知识网络中处于交叉联系点上，在知识应用中使用价值大、次数多，而且又属于新的基础知识、基本理论知识点。这也就是教学大纲、考纲要求“熟练掌握”的知识。这些称得上是重点和难点的基础知识，往往就是考试命题中的侧重点。为了在第二轮的复习中落实重点，就要做好以下工作。

1）搞清楚哪些是重点、难点

2）落实重点、难点，不放过任何疑点

把认为是重点、难点部分的基础知识所在的教材，再作精心的阅读，加深对知识的理解，尽力搞清所以然，多问几个问题：是什么？为什么？怎么样？怎么办？争取做到能理解、能识记、能表达、能解答书写。对于重点、难点各个击破，最后拉网检查，不放过任何一点。

蔡群峰先生在《学习复习考试的诀窍》一书中对“什么是学习复习考试的诀窍”一连解答了三次，三个答案如下。

# 蔡群峰学习方法

蔡群峰先生“学习复习考试的诀窍”

答案一（共10点）：

①要有正确的世界观和人生观，学习态度端正，有理想，有目标，有兴趣，好心态，好性格，自信，自强，主动学习。

②要有坚强的意志，不怕困难，不怕挫折和失败，勤奋好学。

③高标准，严要求，追求完美，不达自己能够达到的标准和目的不罢休。

④智力水平高，感知力强，记忆力好，思维力强。

⑤做好计划，减少不必要的重复，提高学习效率；及时总结经验教训，发现问题，不断改进。

⑥按照学习程序，一步一个脚印，全面深入掌握所学知识；

特别要做好各种练习。

⑦明白是什么，深入理解为什么，记住该记的知识。

⑧深入思考，真正理解，全面掌握所学知识，发现问题，解决问题，不放过任何疑问。

⑨完整系统地归纳总结知识点，复习时，高质量地回答所有知识点。

⑩高标准严格标记未达标的知识点、习题和学习中遇到的所有问题，重点学习它们，直到完全熟练掌握为止，不留任何盲点。

答案二（共 3 点）：

①想学，好学。

②标准高，要求严。

③全面熟练掌握，深入理解，发现问题，解决问题，不放过任何疑问。

答案三（一点，一句话，7 个字）：

不放过任何一点。

三个答案虽然表述不同，各有千秋，但实质内容却归结为相通的一点，即“不放过任何一点”。可见，“不放过任何一点”的要求是何等的重要。

3）优化知识，稳固记忆

第二轮的复习是为第三轮复习演练做准备，所以知识要优化，记忆要稳固。所谓知识优化，就是要将知识系统化或叫有序化。打个比方，如果把知识比作钥匙，那么系统化了的知识就是钥匙串中编上号码的钥匙。稳固记忆，就是比较稳定、牢固的记忆，也就到了要用到时能够自动地浮现，不至于忘却。

第三轮：演练解题，化知识为能力。

有一首学习歌："听课先预习，作业先复习；知识化能力，全靠巧练习。"学习歌言语不多，只有20个字，但它不仅道出了学习的深奥道理，而且还揭示了听课效率高、作业顺利、知识变成能力的奥妙所在。复习的第三轮的重点就是要将知识转化为能力，这里面有两个概念必须深刻理解，准确把握。知识的概念，我们已经在老师的讲课中已经理解与把握，对于能力的概念再作一番讲述。

所谓能力，各学科之间有一些基本相同的要求，如理解能力、思维能力、运用知识分析问题和解决问题的能力等。另一方面各学科又有各自的能力要求，如语文、英语的说与写的能力，数理化的思维和运算的能力，理化的实验能力等。能力的基础在于掌握知识，掌握知识的目的就在于应用，会应用知识去解决问题才是能力。第一、第二轮的阅读教材，梳理知识、理解知识，其实也是对能力的培养和训练的过程。能力的提高是通过反复训练才能完成的，但又是靠整体素质和综合能力逐步提高的。

"知识化能力，要靠巧练习。"练习用什么作材料呢？当然是根据教学大纲和考纲要求编撰的习题。习题，出题者会把它分成两类：一类是简单的知识应用题，它只是检查知识的简单迁移，命题的形式也比较直观、简单，内容往往与课本十分接近；另一类是灵活运用，它往往以课本某种知识的变式出现，对思维和语言方面的要求比较高，命题形式比较复杂，内容具有综合性。习题对于复习者也可以分为两类，一类是会解的；另一类是暂时不会的。对于会解的，要主攻基本技能，即用回忆检验解题精度和速度，达到熟练的程度，以防止考场丢分。对于暂时还不会的习题，先要主攻基础知识，回到课本查漏补缺，扫清基础知识理解、记忆的死角，补上“能理解、能识记、能表达、能解答书写”这一课，只有立脚的基础夯实了，才能稳操胜券。这些认识问题、方法问题解决了，第三轮复习就很简单了，我们就按下面的步骤和公式做吧。

第一阶段：知识 + 训练（运用知识解题）= 技能

第二阶段：技能 + 训练（解题中寻找发现规律）= 技巧

第三阶段：技能（解题的能力）+ 技巧（把握解题的规律）= 能力、智慧

技能只有在熟悉教材、掌握知识点的基础上，通过科学的训练，把知识变成技能，再通过寻求规律性的训练，让技能变成技巧，从而达到融会贯通、举一反三的程度，最后从解题能力迁移的其他问题上，成为发现问题、观察问题、分析问题、解决问题的处世办事能力，这才是教育的目的。

第四轮：自测，熟练提取

通过第一、第二轮复习，使知识更加落实，并且进一步系统化，在第三轮复习中通过系统的解题训练，一方面能力得到提升；另一方面从中学会发现问题、解决问题，从而锻炼了综合解题能力。第四轮的复习的目的有两个方面，一方面是通过系统、有序的自测，发现知识漏洞和能力缺陷，以便及时弥补，以免造成考场遗憾；另一方面，根据自己的水平进行仿真模拟演练，提升自己的解题能力和解题技巧。按照读书的方法，第一轮复习通读教材，梳理知识点，是先把书读厚；第二轮复习重点阅读，落实重点知识，是把书读薄，即把知识装进脑袋；第三轮复习，通过科学训练把知识转化成能力，即把知识变成了功夫；第四轮复习，就像你练好功夫，但师傅还不能放心，而设计了“打出山门”的严酷检验，如果能顺利打出山门，

你就可以登坛比武。如果不能打出去，就请你静下心来，再练功夫，直至能打出“仿真模拟考试”的那道山门。具体可以作如下安排。

①按照教材目录的顺序，用尝试回忆的办法，把各章节的知识像放电影一样过一遍。

②把前三轮的复习过的内容想出来，通过回忆，强化记忆，出现卡壳及时疏理。

③知识落实了以后，请人指导选几套质量高的模拟试卷，严格按照升考要求进行自考，一方面巩固记忆效果；另一方面熟练技能、技巧。

如果四轮复习都一步一个脚印走过来了，至此就可以轻松地对自己说“万事俱备只待东风——考场好心态”了。

# 八

# 科学调适，自如应试

## （一）

# 科学调适

调适的确切意思是调整使适应。本章在应试之前讲“调适”，目的为调适心神，强体健身，为应对考试打下坚实的身体、心理基础，并把精神情绪调适到最佳状态，让自己的智能畅通无阻、尽情发挥。“自如应试”中“自如”有两方面的意思：①保持常态，镇定自若；②活动或操作灵活顺畅，不受阻碍。这不就是应对考试应有的状态吗？科学调适是为了自如应试，自如应试要靠科学调适，两者相互依存，缺一不可。只要把两者的关系处理好，落实相关的要求，考试就能圆满成功。

考出好成绩，是一项综合工程，起作用的因素很多，涉及面很广，首先要树立必胜的信心；其次要树立注重能力的指导思想；再次要落实自主复习的一系列措施，须步步为营，稳扎稳打，直到最后的胜利。因为影响考试的因素很多，所以调适的内容也相应地丰富，具体的有这样一些方面：生活中的睡眠与饮食需要调适，活动与休息需要调适，注意力的分配需要调适，用脑的时间与方式需要调适，过度的学习需要调适，过分的紧张、松弛的情绪都需要调适等。

调适的内容涉及身体、心理、精力、时间、方式、生活、劳逸等，可谓线长面广，再列举也会显得不一而足。我们只有遵循“科学生活，聪明用脑，自觉调适，高效学习”的总方针，随机调整，适应环境，才能收到理想的效果。

## 1.科学生活，聪明用脑

陆游说的“写诗的功夫在诗外”，这话很有见地，我们应该联想到“应考的功夫在考试外”。考试的功夫在哪里？人活着，而且要活得精神、精彩，自然会想到生活。考试是对学生学习能力的检查，除了做好复习的工作以外，自然应该想到如何生活、如何用脑。

### （1）科学生活，强健体魄

古人说：“智者以财发身，愚者以身发财。”我们要说：聪明人以生活图体魄，愚蠢人以体魄图生活。生活的范畴很广泛，可以说吃、喝、拉、撒、睡无所不包，喜、怒、悲、欢、忧、愁无所不有。作为人，有一个比任何动物都聪明的脑袋，就凭着这聪明的头脑总结出了“科学生活，强健体魄”八个字，用它来以不变应万变，而永远立于不败之地。这自然也让我们明白，只要坚持“科学生活，强健体魄”这八个字去做，自然就会对学习和考试有很大的好处。科学生活的内容也很丰富，我们只能选几点来讲解。

#### 1）保证大脑必要的睡眠时间

科学家认为，睡眠能使人的精力恢复和补充，能消除神经系统内积累的杂质和毒素。充足的睡眠能使人精神饱满，精力充沛，头脑清醒，思维敏捷，智力活跃。还有一个神奇的作用：睡眠可以帮助我们整理所学的知识，还可以增强我们的记忆力。所以，应该说，睡眠是一种主动保护生理的过程，是每一个人不可缺少的生存、生活环节，我们都应该自觉保证大脑必要的睡眠时间。

有科学家做过这样的实验：把几只小白鼠分成两组，第一组的白鼠给它喂食、饮水，但不让它睡觉；第二组的白鼠组不给喂食，也不让喝水，但让它睡觉。这样的实验持续了 7 天，结果发现：第一组的白鼠死了，而第二组的白鼠却还活着。得出的结论是白鼠忍饿的极限高于忍无睡眠的极限。于是人们通俗地讲：睡眠要比饮食更重要。

其实，关于睡眠的重要，即使没有白鼠的实验，我们自身也可以体会到，如果熬夜到半夜以后，而且总的睡眠时间又少于年龄段的相应要求，第二天，人就会委靡不振，头脑发涨，别说高效学习，人也会觉得脚酸手软，浑身没劲，很是难受。所以，我们一定要保证睡眠的时间，以保持健康的身体和充沛的精力。但事物也总是“物极必反”，睡觉多过了头，人就会昏昏欲睡，甚至出现嗜睡的坏习惯。有人说“睡懒觉是形成懒惰的主要原因之一”，好多人都认为这是不争的事实。

没有睡眠，生命难保，睡眠过多也会昏昏欲睡，人也变懒，所以正确的睡眠是“保证必要的睡眠时间”。那么必要的睡眠时间是多少呢？答案是因人的年龄而宜。大家都知道，新生儿是吃饱了就睡，每天要睡 15 小时以上；婴儿都要睡上午觉、下午觉，一天要睡 12 小时以上；幼儿须睡午觉，每天要睡 10 小时以上；成年人需要的睡眠时间约为一天 1/3 的时间。可以看出，人类需要的睡眠时间，从每天的 2/3 ~ 1/3，即随年龄增加逐渐减少，但不能少于 1/3 太多。每个学龄段的学生，也随年级升高、学业繁重而逐渐减少，但是一定要保障最低睡眠时间。小学生须睡足 9 小时 30 分钟到 8 小时 30 分钟，初中生须睡足 8 小时 30 分钟到 8 个小时，高中生要睡足 8 小时，复习迎考的最后阶段的非常时期，则因人而宜，那只能另当别论了。

但必须提醒的是，绝不能认为复习迎考时间短、任务紧，而以减少睡眠来争取时间，如果一开始这样做的话，结果肯定是得不偿失，代价太大，教训惨重。因为人对睡眠的要求不能太少，也不需太多，也不能储存，更不能作阶段调剂。如果长期睡眠不足，不但影响精力和记忆力，而且会使人烦躁、委靡或意志脆弱，甚至阻碍神经系统畅通运行，后果不堪设想。为此，所以把保障必要的睡眠放在科学生活内容之首。

学习越紧张，越要保证必要的睡眠时间，这是较有生活经验的表现。严格地说，睡眠不仅要有充足的时间，而且还要有一定的规律，即养成按时就寝、及时起床与生物钟同步的良好的睡眠习惯。养成良好的睡眠习惯，需要做好以下几点。

①严守生活节律，按时就寝及时起床。

②放松心情，安心休息。

③创造良好的睡眠环境。

④做好该做的事情，为理所当然的睡觉做好准备。

⑤制服失眠——学生也有睡不着的时候，脑筋神游造成疲劳，影响第二天的学习。失眠令人讨厌，制服失眠，成年人用做最简单的办法是，数数、注意呼气与吸气；学生则应与本职联系起来，把神思用在某一样最简单的学习上，如背英语单词、思考一个多次考虑而没有结果的问题等。只要坚持做同一件简单明了、枯燥乏味的事，并坚持一条道做到底，脑袋自会觉得无聊，它也会说：算了吧，再神游下去也没意思，还是睡吧。

“养成好习惯，行为自动化。”一旦养成了睡眠的良好习惯，睡眠的质量也就会随习惯程度的提高而提高。

2）大脑必需的营养

古人早就总结出了“病从口入，祸从口出”的箴言，这话言简意赅，意义深刻，它告诫我们：饮食要小心，说话要谨慎。生活经验告诉我们，要小心的首先是身体健康。饮食影响健康已经成为不争的共识。而且，现代营养学制订出了营养供给标准。

人类大脑的重量，虽然只占体重的2%左右，可是每天要消耗掉全身热量的20%。脑营养不足会造成很多问题，轻则眩晕，重则压抑。学生一方面正是长身体、长智力的人；另一方面又是用脑最多的阶层之一。所以，要想让孩子取得学习的好成绩，保证其身体必需的营养非常重要。根据我国营养学会推荐的能量供给标准，中学生每天的能量供给量应在2200～2800千卡之间。为了保证必需的热量供给，应将总热量按蛋白质、脂肪和糖类三大营养素的适当比例安排每天的饮食。蛋白质应占总热量的12%～14%，脂肪占总热量的25%，碳水化合物应占50%～60%。

专家还建议，为了确保考试期间中枢神经的能量供给，最好也要遵循“少吃多餐”的原则，将一天的能量分配在五餐中。建议早餐占总热量的20%，上午点心占总热量的10%，午餐和晚餐各占总热量的30%，晚上点心占总热量的10%。下面，我们把大脑的需要与各类能量的关系作一些必要的说明。

①糖类。糖类又称碳水化合物，人类对谷物食品消化以后可以得到葡萄糖，高级神经系统的主要能量来源，依靠葡萄糖的氧化功能。脑内储存的葡萄糖和糖原仅够维持几分钟的活动，所以人每天必须按时摄入足够数量的糖类，并保证脑内的葡萄糖水平，使其能源充足。为此，我们在组织膳食、安排饮食的时候就要考虑到，总热量中糖类的比例不能少。只有足够的糖类，才能使血糖保持在合适的水平，提供脑内糖原的需要。

俗话说：“日靠三餐，夜靠一宿。”我们平日习惯的饮食糖类主要来自米、面等，约占糖类总量的80%左右。在考试期间，中学生的饮食安排，一天谷物食品的摄入量500克，女生要比男生少150克左右。其余可以从马铃薯、番薯等根类和红豆、黑豆等豆类食物中获得一部分糖类。

②蛋白质。神经系统和神经活动对蛋白质的要求都比较高。学生在学习中处于记忆、分析、运算等思维活动时，脑内脱氧核酸和核糖核酸的合成也加快了，蛋白质的合成量也大大增加。因此，学生考试之前应多吃鸡蛋、牛奶、鱼类等蛋白质丰富的食品，蛋白质的质量既要好，又要易于消化。

蛋白质多的食品，首选的应该是鸡蛋。据专家研究甜鸡蛋汤吃了以后，15分钟内被吸收，部分可以进入脑袋。鸡蛋的蛋白质不仅质量高，而且利用率也高，最高可达94%。其次是奶蛋白，含量高达85%。再次是鱼类蛋白，占83%。还有牛肉、猪肉、大豆、大米等蛋白质含量都在50%以上。所以，学生在考试以前要适当多吃富含蛋白质的食品，如蛋类、奶类、鱼类、禽畜肉类，以及大豆制品。

③脂肪。中枢神经系统脂肪的含量很丰富，占干重的51%～54%为脂质，而且类脂含量也很高，尤其是磷脂，占中枢神经系统脂肪总量的半数以上，其他还有胆固醇和糖脂。神经系统的磷脂种类特别多，磷脂中所含不饱和脂肪酸也较多，因此在为青少年学生选配食品时，要注意选择含不饱和脂肪酸较多的食品。

脂肪也有好有坏。饮食中的脂肪有四种形式：胆固醇、饱和脂肪、单不饱和脂肪和多不饱和脂肪。不饱和脂肪酸含量较高的食品，大多为植物性油脂与植物性食品，如麻油、豆油、菜籽油、棉籽油等。动物脂肪也是人类油类食品的来源，但动物脂肪含不饱和脂肪酸较少。

通常被认为好脂肪来源于水果、叶菜类蔬菜、坚果、鱼、鱼油、橄榄油、麻油、菜籽油等食物。通常被认为是“坏脂肪”的脂肪，一般来源于肉类和其他动物制品。含这类脂肪的常见食物包括红肉、全脂奶、奶酪、人造黄油、蛋黄酱、大部分加工食品、油炸食品等。

安排中小学生的饮食时，建议供应脂肪要占总热量的20%～25%，折算成需要的脂肪的量为每天62～78克。

④维生素。大脑只使用葡萄糖释放的能量。要想使葡萄糖发挥应有的作用，就需要有足够的B族维生素。B族维生素对于产生细胞——特别是脑细胞非常重要。缺乏B族维生素将导致记忆力下降、注意力不集中、学习能力低下，因此孩子应该多吃一些含B族维生素的食物，补充大脑营养。富含B族维生素的事物，适合学生食用的有鱼、鸡肉、大豆、燕麦片、马铃薯等。富含碳水化合物的食物中B族维生素也较丰富，红糖中也含有少量的B族维生素。

维生素C在脑内能使脑细胞敏锐地发挥功能，使大脑机敏灵活。如果维生素C供应不足，会导致脑细胞的结构松弛或紧缩，使脑细胞活动能力降低，脑功能降低影响智商和注意力。富含维生素C的食物有西红柿、土豆、芹菜、菠菜等。

当然，人类特别是青少年长身体的时候，又是频繁用脑筋的人生阶段，对营养的要求很高，还有许多营养素、微量元素等说不尽的名堂。但万变不离其宗，只要我们抓住一日三餐和适当零食、点心就能保证必需的营养。

营养专家研究发现，日常生活中有一些食品廉价却有助于补脑益智。以下是几种对大脑十分有益的食品：鸡蛋、牛奶、鱼类、豆制品、水果、玉米、花生、核桃、芝麻、大米等。

### 3）安排好每天的饮食，保障必需的营养

吃是智力的基础，安排好吃是智慧的表现。大脑正常功能的发挥依赖于人体吸收的营养。如果营养缺乏，最先出现的反应就是大脑。如果发现孩子反应迟钝，我们首先就应该考虑是否缺乏营养。为了保证孩子身体必需的营养，平日要教育孩子不偏食，有心培养他科学的饮食习惯，更要紧的是要安排好其饮食。下面就谈谈一日三餐以及零食、点心的几点建议。

①营养早餐要吃饱。早餐离前一餐间隔12小时以上，肚子内的营养食物已不再存在，需要及时补充，所以早餐就显得非常重要。所以早餐一定要吃饱，但以有营养、易消化的食物为主。可以选择含糖、碳水化合物和蛋白质较多的食品，稀饭、馒头、包子、牛奶、鸡蛋等，还可以适当吃一些蔬菜和水果。

许多为中学生复习应考写的书中对早餐非常讲究，下面摘自《高考必备成功心理学》一书中的早餐方案。

第一，奶类。

早餐：牛奶（或豆浆）+蜂蜜+面包

或：牛奶（或豆浆）+蜂蜜+馒头

牛奶（豆浆）+蜂蜜+全麦饼干

因为，脑细胞对血糖的波动量最为敏感。而蜂蜜含有大量的单一葡萄糖、果糖，这些糖能够快速地被人体吸收。它所产生的能量是牛奶的5倍，能够在短的时间内补充人体的能量，消除人体疲劳和饥饿。

第二，天麻粥类。

天麻瘦肉粥+面包

天麻瘦肉粥+馒头

天麻瘦肉粥+全麦饼干

《本草纲目》记载天麻的功效，可以治疗脑神经痛，有镇静、安眠等作用。

第三，百合粥类。

百合瘦肉粥 + 面包

百合瘦肉粥 + 馒头

百合瘦肉粥 + 全麦饼干

百合具有清心安神的作用。能缓解心烦、失眠、神思恍惚等。

第四，黑芝麻粥类

黑芝麻粥 + 面包

黑芝麻粥 + 馒头

黑芝麻粥 + 全麦饼干

黑芝麻有多种人体必需的氨基酸和维生素，能加速人体的新陈代谢，有健脑益智的作用。

第五，蔬菜。

早餐可以适当搭配一些蔬菜，这样有利于孩子的营养合理搭配。

对于“饱”的理解也应该科学一点儿，“饥为兵家大忌，饱为学生大忌。”士兵受饥挨饿浑身乏力无法打仗，学生如果吃得太饱，血液都跑到消化系统去帮助消化，脑袋就会缺氧，所以有了“吃呆了”的说法。育儿教育中提创“八分暖，七分饱”。很有好处，八分暖便于孩子活动，有利锻炼；七分饱为少吃多餐打下基础，有利大脑发育，并能使孩子有吃的欲望，有求于大人，能乖乖听话。作为中小学生的“饱”应定位在“八分饱”，以保证学习的最佳状态。

②中午大餐要吃饱。上午和下午是学生活动的两个主要时段，脑袋消耗的营养最多，作为连接上下午的午餐，其重要意义不言而

喻。所谓吃好，可以吃一些肉类、鸡蛋含热量高的食品，对上午营养消耗的补充，更为下午的用脑做好营养先行的准备。另外，午餐还应该考虑做成多种营养的综合大餐，要“有粮有肉也有菜，蒸煮干稀巧搭配”。

③晚餐只吃八分饱。在不能温饱的年代，特别是农村流传着“要饱早餐饱，要熬晚餐熬”。意思是白天要干活，早饭须吃饱，不然干活会没劲；晚饭可以节省一点，睡觉了饿着点也关系不大。但到了温饱有余的年代，反过来想想，这不仅能节约粮食，还很科学。人体到了晚上，对营养的需要比较少，如果晚饭吃得太多，人睡着了，营养留在胃里吸收不完，便会浪费，所以有人提出了“晚餐只吃八分饱”的建议，很快得到许多人的响应。还有人从“马无夜草不肥”的话中得到启发，认为晚餐吃多了容易肥胖。

④零食点心吃得巧。零食、点心在有的地方叫做“接力”。这个名字很地道，饿了，乏力了，吃点儿东西补充一下，让体力接上去。“人民网”“中国网”曾载文说：国家领导人饮食很绿色，每天吃25种食品。认为吃粗粮，越杂越好。也提到了：零食选择：越是健康的食品越好。据报道，领导们的零食多为酸奶、坚果、水果、银耳莲子羹或麦麸等，因为这些食物可以健脑养心。领导们除正餐吃到七分饱外，还会在上午10点左右，下午3点左右各补充一次零食。这是专家确定的饮食方案，值得我们参考。但作为青少年学生的零食，为了操作方便，还是吃点儿富含蛋白质、葡萄糖的点心比较符合实际。

#### 4）遵循作息原则

曾经有专家对智力和身体条件相当，而成绩相差很大的两组学生进行比较研究，结果发现：优秀生组的学习时间和睡眠、休息的时间都有一定的规律。疲劳度测定表明，他们当天的疲劳可以从当天的睡眠和休息中消除。而差生组情况正好相反，他们生活缺乏规律性，学习容易产生疲劳，睡眠和休息的质量也都不高，疲劳接着疲劳，直到考试都处于昏昏欲睡的状态。

别的先不讲，差生之所以成绩差，首先输在遵守作息原则和作息制度上。根据相关研究，青少年连续用脑 30 分钟，血糖浓度在 120 毫克以上，这时大脑的反应快，记忆力强；连续用脑 90 分钟，血糖降至 80 毫克左右，大脑功能还正常；连续用脑 120 分钟，血糖降至 60 毫克左右，这时大脑反应迟钝，思维能力也差。“世界没有永动机，人类脑袋须休息”，连续学习的时间不能太长，应该遵循一定的作息原则。所以，我们应该主动地根据作息原则制订科学合理的作息制度。所谓科学合理的作息制度，一般要遵循以下一些原则。

①切合自己的体能情况。“身体是革命的本钱”，做一切事情首先要考虑自己的体能情况，脱离这一最大的实际，不仅达不到目标，还可能造成遗憾。

②根据“生物钟”制定作息时间表。“世界上没有两片相同的树叶”，更没有相同的两个人。由于人的遗传、经历、体能等的不同，不仅个性各异，而且人的“生物钟”也不一样。有的人是画眉鸟，天发亮它就早唱；有的人却像夜莺，喜欢晚唱。有人研究得出结论说：白天学习 1 小时，等于晚上 1 个半小时。而熬夜学习的最后 2 小时，不如白天 20 分钟的效果好。

③每一学习时段不要超过 1 小时。“顶叶皮层专注功，临界就在 30 分钟”，顶叶皮层的功能时限告诉我们，学习同一样内容时间不能超过 30 分钟，即使轮换学习内容，时间也不要太长，否则，不仅脑袋的血糖降低影响效果，而且也影响脑力的恢复，所以连续的学习时间不要超过 1 小时，任务紧的时候也不要忘记中途的歇息。

④安排学习要给自己留点休息的余地。过去的日子说到计划用

粮，有一句很形象的话叫“捏袋口，不要捏袋后（尾巴）”。作为中小学生安排学习时间也可借鉴这句话，先紧后松，给自己留有余地，以便机动或留点儿玩的时间。

⑤考虑零碎时间的利用。古语中有许多关于积累的好词语，如：积少成多、积水成渊、积土成山、积沙成塔、集腋成裘……同样的道理，如果能够在时间的利用上也能这样去积，那是一个很可观的数字。爱因斯坦说：“人的差异是业余造成的。”业余零碎时间的利用就可能创造出自己胜出的奇迹。北京四中之所以能在考北大、清华人数上夺魁，其中的原因之一就是它的学生善于利用零碎的时间。食堂买饭排队时放在前面同学的背上做题，区运动会上歇息时坐到树阴下看书等。

### （2）聪明用脑，提高效率

“蚓无爪牙之利，上食埃土，下饮黄泉；用心一也”。人无爪牙之利、筋骨之强，而统治万物，靠什么呢？靠脑袋的聪明。人类能够在万物中胜出，全靠脑袋聪明；一个人要在人群中胜出，就得靠聪明用脑。聪明用脑，首先是在学习上的科学用脑。学习上的用脑主要是：调适用脑，增强记忆。

记忆，又可分为记和忆。“记”是通过强化刺激，在大脑中留下痕迹。“忆”是把大脑里形成的知识系统进行灵活的运用。记是手段，忆是目的。通过回忆、思考、联想、实际应用等来熟悉并强化运用知识的能力。心理学大师卡尔·荣格说：“人类的所有思想不过是人类的集体回忆而已，人类历史也是如此。”从大师的话中我们可以看出，记忆是何等的重要。为了更好地发挥大脑的记忆功能，必须先做好下面的工作。

#### 1）了解大脑的生理规律和记忆的高峰期

学习是一项科学的脑力劳动，要想提高学习效果，就必须遵循大脑的生理规律、科学地使用大脑。要做到这一点，就得了解最佳用脑时间和记忆的高峰期。

①最佳用脑时间。一般来说，头脑运作的最快的时间是在10点～15点，因为这一时间是人的机体运作最活跃的时段。一般的人，起床的时间大多在7点钟左右，起床以后的2～3小时开始，大脑随着机体的活跃也开始兴奋。

②大脑的记忆高峰期。人的大脑每天有五个记忆高峰期。

第一个高峰期：早晨起床以后。大脑在睡眠过程中并未停止工作，而是继续对前一天输入的信息进行编码整理。早晨起床后没有新信息的干扰，这时记忆会印象清晰。

第二个高峰期：上午8～10点。这个时段，大脑随着身体活动的展开，人的精力上升到旺盛期，识记效率高，回忆效果好，记忆量也大。

第三个高峰期：下午2～3点。一个上午用脑之后，通过中午的营养补充和适当休息（最好能睡30分钟左右），这使得大脑又开始新的兴奋，形成新的高峰。

第四个高峰期：晚上8～9点。通过下午的课外活动、晚餐的营养补充和晚饭后的散步活动，大脑得到了很大程度上的休息，到了8～9点又形成了新的高峰期。

第五个高峰期：睡觉前1小时左右。确切地讲，这是一个最佳期。一方面，人因为基本完成了一天的工作，心情轻松，警觉放松，大脑的记忆效果就增强；另一方面，接下去就要睡觉，没有后摄制的记忆效果就会倍增。

### 2）了解记忆的规律

提起记忆规律，不得不提起德国著名心理学家艾宾浩斯，他是发现记忆规律的第一人。艾宾浩斯做过这样的试验，他拿自己作为测验的对象，选用一些根本没有意义的音节，也就是那些拼出单词来的众多字母。他经过测试，得到了如下的一些数据。

刚刚记忆完毕——记住 100%；
20 分钟后——记住 58.2%；
1 小时后——记住 44.2%；
8 ~ 9 小时后——记住 35.8%；
1 天后——记住 33.7%；
2 天后——记住 27.8%；
6 天后——记住 25.4%；
1 个月后——记住 21.1%。

然后，艾宾浩斯又根据这些数据在坐标图上描绘出了一条曲线，这就是非常有名的“艾宾浩斯遗忘曲线”，也称记忆规律曲线图。这条曲线揭示出遗忘的规律是：遗忘在识记后马上产生，而且先快而后慢。这一曲线图形象可感地揭示了记忆规律，为科学地学习，特别是为高效复习找到理论依据。

3）按大脑活动高峰及其特点安排学习

有一句农谚说：“正月栽竹，二月栽木。”它的深刻含义是“在对的时候，做对的事情”。学习是科学也是艺术，道理也是如此。笼统地讲就是按照认知规律、记忆规律、大脑活动规律综合考虑安排学习。具体地讲，就是按照大脑活动高峰及其特点结合记忆规律安排学习内容。另外，细心的人感觉，研究的人发现：上午 8 ~ 10 点大脑的思考能力强，具有严谨周密的特点，用来记忆、理解，效果都会很好；下午 2 ~ 3 点，思考能力最敏捷，用来理解难度较大的知识比较好；晚上，大脑处于活跃状态，用来复习功课最好不过。

根据这些规律性的特点，也为了帮助记忆，我们将其编成这样的一首“科学学习歌”：

大小事情分主次，适当时做适当事；
早晨初醒宜启智，大声诵读神飞驰；
上午八九点钟时，擅长理解学新知；
下午两三点钟时，破解难题炼意志；
晚上八九点钟时，复习预习自为师；
培养科学好习惯，高效轻松乐滋滋。

这首科学学习歌，强调要抓住大脑活动高峰以及它的特点，精心安排学习内容，也揭示了按规律安排学习能取得既轻松又高效的结果。我们应该相信，按规律办事一定能取得高效并能持续地发展，不妨试试吧。

4）按记忆规律安排复习

根据艾宾浩斯的遗忘曲线，我们可以总结出记忆规律的特点：一是一次学习和记忆不可能把所有的学习过的内容都记住，但也不会全部忘记。“劳动就会有收获”“付出总会有回报”等谚语在这里照样适用。二是记忆中遗忘率在学习记忆后的第三天达到最低。无论何时何事，发展到最低之前就应该拿出措施拿出行动。三是在适当的时候，及时地进行复习，效果会更好。为此，我们就遵循记忆规律，按照当天、3 天、7 天、30 天、一学期这些时间段与记忆规律的关系安排复习。也为了方便记忆，我们就把它编成“按记忆规律复习歌”：

头遍复习在当天，回忆再认就寝前；
二遍复习第三天，士别三日另相看；
三遍复习一周前，零散宝珠穿成串；
四遍复习一月内，形成单元知识链；

五遍复习学期末，夯实基础再训练；
技能娴熟成关键，应试自如操胜券。

在学校的实际教学过程中，老师的操作一般不会少于五遍，而其方式往往以作业、效果测试、周考、单元考、月考、学期考等形式来落实。复习歌中的五遍复习安排，是为了独立学习者按记忆规律落实应有的复习，并且把识记基础知识与技能训练密切结合起来，各遍有各遍的不同目的和方式，以期达到科学高效复习、巩固知识、熟练技能的目的。

## 2.科学调适，保障效果

人是有感情的动物，大人小孩都有七情六欲，对于不高兴的或意外的事情，或多或少都会受到一些影响，产生一定的情绪，这就需要及时科学地调适，才能保证把心继续放在实现目标的努力上，从而达到保持最佳的学习状态、保证最好的学习效果的目的。

### （1）保持最佳的学习状态

做事要有目标，但不能只把眼睛盯住目标，而是要重视做事的过程——制订计划、确定措施、分步实施、逐步落实、渐近目标、实现目标。这就好像爬山，如果眼睛老盯着山顶，那肯定要跌跤。只有心里装着爬上那个山顶的目标，而眼睛要看清脚下的路，一步一步踏踏实实往上爬，最后的成功登顶也就在过程中实现。同样，复习迎考中保证高效的目的，也在科学调适、保持最佳的学习状态中实现。

怎样保持最佳学习状态？“什么样的水养出什么样的鱼”，“一方水土养一方人”这些谚语都说明环境对于生物与人的影响。所以，要保证良好的学习效果，得从家庭环境和保持最佳的学习状态两方面来考虑。

1）营造良好的家庭环境

良好的学习效果，既归功于孩子主观的努力，也归功于学校和家庭良好的环境。对于影响孩子进步的社区、学校、社会环境，作为父母只能放在心里，但对于家庭环境，父母就有能够左右它的力量。但首先要搞清楚，什么样的环境才是良好的家庭环境？怎样才能营造出良好的家庭环境？

良好的家庭环境有三个要素：一是充满爱心，二是民主平等；三是积极上进。家庭的主体首先是父母，所以良好的家庭环境的关键人物是父母，营造良好的家庭环境是父母的天职。父母要营造良好的家庭环境，首先要充满爱心和有“平常百姓的平常心”。有爱心和保持着平常心，才能保持爱心，对孩子不提过高的要求，不拿自己的孩子去横比。其次是不把孩子当私有财产，而应该当成朋友、伙伴，并与他平等地交流沟通。再次是家庭成员都有上进心，并能防止把孩子当成出气筒，每天回家时都把快乐带回家，将不良情绪丢在门外，让家里充满轻松快乐的氛围。有了充满爱心、民主平等、积极上进和轻松快乐的家庭环境，保持最佳的学习状态就有了前提、基础。

2）遵循规律，保持最佳的学习状态

月有阴晴圆缺，人有悲欢离合；海有潮涨潮落，心情也有高涨低落的波动。人的心情与学习效率有着紧密的联系，如果能够有效地控制自己的心情，保持平和与喜悦，大脑就能处于最佳的学习状态，学习的效率就会大大地提高。学习状态与学习效果的关系，从“巧用规律歌”中也可以略知一二。

喜欢乐学效果好，感官共力效率高；
放松警觉强脑力，间隔替换防疲劳。

“巧用规律歌”中四句话揭示了四个学习规律，第一个规律是：学习成效的基础是喜欢的态度与心情，越是喜欢学习就越有成效；

第二个规律是：高效率的希望寄托在众多感官的共同参与，即参与学习的感觉器官越多效率就越高；第三个规律是：放松了紧张情绪和放开了患得患失的功利心，大脑活力就会增强，记忆效果就好；第四个规律是根据大脑顶叶皮层专注 25 分钟左右的时限，所以，连续的学习必须在 30 分钟内轮换学科内容，这样才能保持新鲜感又可提高效率，也可以持续相对较长的时间。

所谓最佳学习状态，一是平和喜悦的好心态；二是既保持自然放松又能集中注意力的精神状态；三是自觉遵循学习规律进行学习的科学态度。即学习要处在“乐观自信有劲头，轻松自如感自由”的理想境界。所以，要保持最佳学习状态，就得遵循规律，也只有按规律办事才能获得良好的学习效果。

### (2) 保障良好的学习效果

最佳的学习状态是获得良好的学习效果前提与基础，但最佳的学习状态不是固定不变的，它会受各种因素的影响和干扰，所以，要想学习有良好的效果，就要排除干扰保护最好的学习状态，以保障良好的学习效果。就中小学生而言，干扰学习的主要因素有不健康的情绪、不科学的学习安排等。要想保障良好的学习效果，就要做好以下的工作。

#### 1）克服不健康的情绪

美国当代的生物学家哈特·莱茵说：“良好的情绪可以激发脑肽的释放，是增强记忆学习的关键动力。”他的话告诉我们，一个人在充分休息、保证营养、适度锻炼等措施保养大脑的基础上，科学用脑，防止疲劳，保持积极快乐的情绪，能大幅度增强脑力，提高学习、记忆的效率。反之，不良情绪则会干扰注意，严重影响人的记忆力。要克服不良情绪，须做好以下工作。

①了解过度紧张的生理危害。当人的身体或精神上遭受重大打

击，或目睹灾难，或感觉大出意外，人处于过度紧张的状态，脑袋会出现一片空白。这是因为极度紧张状态下，人的大脑发生了生理上的变化，即血液中的皮质醇会增加。皮质醇是一种激素，如果含量太高就会对人体产生不良影响。这些皮质醇在整个身体系统中循环，进入大脑破坏葡萄糖，把钙变为自由基，由内向外损害大脑细胞。葡萄糖是维持大脑运作的主要营养源，一旦葡萄糖这一营养源缺乏，大脑就无法进行正常工作，记忆困难，学习效率降低也就可想而知。

②了解不良情绪的具体来源。不良情绪属于一种心理疾病，对于治病，中国自古就有一个极好的对策叫做“对症下药”。对于不良情绪用不用药另当别论，但搞清不良情绪的来源和种类是很有必要的。引起不良情绪的因素一般有：环境因素、社会因素、生理因素、心理因素、习惯因素等。

③排解不良情绪。我们已经说过，“人类是有感情的动物，人都有七情六欲”，所以当出现不良情绪时，应以平和的心态对待它。

当然，对不良的情绪的出现，我们应该有正确的态度和适当方法。当不良情绪出现的时候，强迫自己不紧张，去压制它，那就犹如抱薪救火，只能造成更大的紧张，因为“情绪如潮，越堵越高”。对于这话，看过钱塘潮的人容易理解，钱塘江口像个喇叭口，潮水刚涌进来时江面宽阔，潮头不高，但到了海宁段，江面骤然狭窄，就潮涌冲天，蔚为壮观，如果这是不良情绪的震荡，那是何等的可怕。所以一定要正确对待，合理处置。首先要坦然面对，并接受自己的紧张。正如哲人所说的：当不可改变的事情来临时，你就平静地接受，好好地享受它。其次是分析它的来源与性质。如果能够冷静地分析一下它的来源、种类，这本身就是一种缓和矛盾、消除冲突的好方法。再次是尽快掌控局面。我们感到紧张不安大多是不熟悉环境，不能掌控局面，但一旦正视并接受了眼前的意外，就可以坦然从容地应对，沉着自如地做自己应该做的事情了。一旦进入了做事的状态，问题就会得到最好的解决，因为行动是排解不良情绪的最好办法。

### 2）防止过度学习

过度学习包含了两方面的含义，一方面的意思是学习超过了负担的能力，造成人的疲乏与困倦；另一方面的意思是缺乏效率概念，进行过量、无效劳动。无论是哪一种类型的过度学习，都毫无好处。我国古代儒家早就提出了中庸之道，中庸就是坚持折中调和，处世无过无不及。过度学习就不合中庸之道，读书人做事如果不符合儒家哲学，古代叫做有违师祖。用现代科学的理论去分析，一个人的精力是有限的，精神集中的时间也是有限的，过度学习根本不符合劳逸结合的原则，它只能造成大脑的疲劳和兴趣的消退。从中小学生的实际学习现象看，那些成绩优秀的学生并不是靠长时间的无度学习，而是能够科学地管理自己，学得专心，玩得开心，劳逸结合，高效学习。关于这方面的研究，有学者做过这样的实验。

**典型案例**

组织者找来一些身体素质很好的年轻搬运工人，工作是往仓库里搬运铁锭，铁锭很重。第一天，年轻的搬运工们连续搬运了4个小时，个个汗流浃背，筋疲力尽，结果一共搬了12.5吨的铁锭。第二天，还是这群搬运工，原班人马继续搬运铁锭，但工作方式作了调整，即每搬25分钟就休息5分钟，同样搬了4个小时，结果却搬了47吨。而且这帮年轻人在搬的过程中兴趣盎然，事后还谈笑风生。

聪明的父母还会从故事里得到启发，不再要求孩子长时间超负荷地学习。中小学生也能从故事中领悟该怎么学习了。

## （二）

# 自如应试

应试，顾名思义就是应对考试。考试，这是一个令人喜又令人忧的字眼。人们不会忘记，当拨乱反正后恢复高考的消息传来时，犹如春天里的一声惊雷，喜从天降，多少人热泪盈眶、奔走相告、激动不已。但到了30多年后的今天，一到升考的日子，孩子考试前夜的惶恐、考场之中的紧张不说，单说考场之外父母、家人的惶惑不安，以及考后对待孩子分数的态度，确实令人担忧。

对于令人紧张的话题，我们还是挑轻松的事来说吧。

**经典故事**

“黔无驴，有好事者船以载入。”“虎见之，庞然大物也，以为神。蔽林间窥之，稍出近之，慭慭然莫相知。”“他日，驴一鸣，虎大骇，远遁，以为且噬己也，甚恐。然往来视之，觉无异能者。益习其声，又近出前后，终不敢搏。稍近，益狎，荡倚冲冒。驴不胜怒，蹄之。虎因喜，计之曰：‘技止此耳！’因跳踉大㘎，断其喉，尽其肉，乃去。”

其实我们对于考试就好像老虎对于新来的驴，“以为神”“大骇远遁”“甚恐”。这些恐惧都是来自“莫相知”；后来的“断其喉，尽其肉”就因为摸清了驴的“技止此耳”的底细。如果我们对考试这一黔之驴也能够摸清它的底细，尽管我们不想“断其喉，尽其肉”，至少可以驾驭考试这头驴。那就不至于“谈考色变”，进而能够对考试稳操胜券，并借着考试的机遇，虽不求“金榜题名，平步青云”，但我们也可以为自己的人生争取更多的机会。要争取到这一实实在在的好处，就必须要学会应对考试。

## 1.做好考试的准备工作

一次考试定终身，这的确有点不合理。考生认为某次考试决定自己的前途和命运，这样认识不仅有失偏颇，而且还会影响水平的正常发挥。但用考试制度来决定人的前途命运，这是“没有办法中的最好办法”。对于这样沉重的问题，还是以故事来说事显得轻松点儿。

《资治通鉴》中的“赤壁之战”，是我国历史上以少胜多、以弱胜强、协同作战、联合制胜的一次著名战役。战后，当时的中国就形成了三国鼎立的局面，并持续了 50 多年。这真可谓是决定三个国家前途命运的大战。中小学生在应对考试上需要借鉴的并不是“赤壁之战”的军事技术、战争经验，而是作者对“赤壁之战”的写法。文章详写了战前的决策等备战，而略写了战争的过程，这主要是为了体现作者的写作意图。在作者看来，正是战前如何决策这些“往事”，才是“有资于治道”的。“赤壁之战”“有资于”我们考试之道的就是“做好准备”。当然，考试该准备的工作很多，下面只择其要而言之。

### (1) 了解考试的历史与发展趋势

要驾驭考试，就得了解考试。以考试取士的科举制度的出现，是中国贡举之法的重大变革，反映了社会的进步与发展。考试制度始于隋朝，当时称为科举。所谓“科举”，就是“分科举人”。隋炀帝大业三年（607年），为“选贤与能”“众善毕举”以及“不必求备”地选拔人才，诏谕“十科举人”，“始建进士科”，“以策论试士”，从而开创了“以文取士”的科举制度。

到了唐朝，“取士之科，多因隋旧”，“其科之目，有秀才，有明经，有俊士，有进士，有明法”等。但也有所创新，中国古代科举制度中的“殿试”始于武则天当政年间，后被宋、元、明、清等朝沿袭。殿试所用的文体——问策，也有所创新。“问策”，也称对策，统称制策。《说文解字》解释：策，谋也。刘勰解释说：射策者，探事而献说也。

宋朝继承唐代制度，其科目“有进士，有著科，有武举。常选之外，又有制科，有童子举”等。宋代沿袭唐代的科举制度，初时以诗赋取士。到了熙宁三年十二月，王安石当了宰相，他立即着手全面改革学校贡举之法：“罢诗赋及明经诸科，代以经义、论、策试士。”王安石“经义取士”的改革，被长期的历史所证明：它符合中国封建社会的基本国情，符合科举考试本身的客观需要。

“制义始于宋，而盛于明”，“八股文章，美备于明”。“制义”即用于科考的八股文，它开创于宋代，盛行于明代。平民皇帝朱元璋，鉴于他本人的经历与经验，深知决定国家命运前途的是选拔人才。他为吴王时，就“设文武三科取士”，当了皇帝后，于洪武三年就发布“特设科举”诏书。逐步形成了明朝“非科举毋得与官”，“宦途非由进士出身不贵，而进士一科非得元者不荣”的文化氛围。

“有清科目取士，承明制用八股文。”清朝继承了明代的科举制度，一度将科举制度推向巅峰，但是科场舞弊泛滥，剽窃蹈袭之风盛行，科举考试制度风雨飘摇。所以，有识之士认为“积弊日深，侥幸日众”，提出了“应将条款改移更张，别思所以遴选拔真才实学之道”。到光绪戊戌变法，发布《明定国是》诏，“立大小学堂”，“改八股为策论”，废止了用过500年的八股文科考取士制度。晚清至民国演进了考试制度，新中国对考试制度进行了不断的改革与创新，逐渐发展到现行的考试制度。

叙述考试制度的演进与发展，目的在于了解考试的历史与发展趋势，正确认识考试，端正对待考试的态度。同时，让须要参加考试的人以及他们的父母理解考试：考试是历史发展进步的产物，为历代的选拔人才作出巨大的贡献，虽然存在这样那样不尽如人意的地方，但它毕竟是“没有办法中的最好办法”。考试还大有“盛行”的趋势，就目前而论，考试的名目正在不断增多。

面对这么多令人头疼的考试，逃避是没有出路的。只有迎难而上，抱着积极的态度，了解它，理解它，喜欢它，研究它，勇敢地去做考试的弄潮儿，在考试中学会考试。只有这样，才能在“无考不上”的现代社会中立于不败之地。当然，首先是要练出自如应试的本领。

### （2）了解考试的现状与变化

《孙子兵法》说：“知彼知己，百战不殆。”考试如作战，备考如备战，复习迎考中的学生对于考试也要做到“知彼知己”，才能“百战不殆”。面对考试，我们不仅要敢于应对，更要知道考什么、怎么考，即须了解以下一些内容。

#### 1）了解考试的内容

在认知维度方面，知识被分为事实性知识、概念性知识、程序性知识和元认知知识四种类型。在认知过程维度方面，认知过程由低级到高级被分为记忆、理解、运用、分析、评价和创造六种水平。这也就是回答考什么问题的理论依据，概括地说这六个层级的内容，也就是中考、高考要求的：考基础、考技能、考能力。考基础，就是检查、评估教学大纲所要求的基础知识程度。考技能，就是考对于运用基础知识解题的能力。考技能与考能力又有什么区别呢？我们还是先从这两个概念上去区分一下。

技能是通过练习而形成的顺利完成某种任务所必需的活动方式，或心智活动方式。它是完成动作的初级水平，是在知识的基础上或由于模仿而发生的。技能表现为知识的应用，如写字，是对笔画、笔顺、笔法基本知识的应用，从而形成书写的技能。能力是观察力、记忆力、想象力、思维力、注意力综合应用的一种智力，所以往往就把它看成发现问题、分析问题、解决问题的综合能力。能力已经从技能升华为智力、智慧，成为了一种高级的心理智能。

**2）了解考试的出题原则**

基础、技能、能力这三个层面上的内容反映在试卷上又是另一个面目，即以考识记、理解、运用、分析、评价、创造的能力。所以，如果要用最简单的语言概括命题的原则，就是：能力立意，考出差异。具体地说可以分为以下几个方面。

①考出差异。一般来说，高考75%是基本题，只要平时认真学习，都能做得出来。15%是中等难度的题，平时基本都做过这一类的题，只要平时学习踏踏实实，考试时也不会成为困难。最后的10%是高难度的题，比较优秀的学生有把握做好它。如果我们算一下历年高校的录取分，就可以发现：如果能得分80%，就考上了重点高校了。中考因为高中招生的不断扩大，难度相对比高考更低。所以，作为考生首先应该从战略上看到：升考并不难。这是有依据的、科学的，也有利于提高升考必胜的信心。

②广度。内容上，包括教学大纲规定的所有知识；形式上，包括以前出现过的各种题型，或许会有一点儿新题型，但因为首创一种新题型，是一种尝试，即使有也不会多，更不会成为难题。而且考试改革的基调是“迈小步，不停步”，所以无需担心变化太大。总之，只要基础扎实、训练落实，无论内容和形式的广度如何，都在你的罗网之中，所以担心也是不必要的。

③深度。主要表现在变化多、转折多、步骤多，相似大、假象多、综合性强。这就要看我们平时在做练习，特别是做综合练习的踏实程度，如果已经在平日中练就了过硬的功夫，那考纲规定了的有限深度也不在话下。

④正确度。考正确度，就是比谁的出错少。如果在学习、复习中都记住了“上学要圆大学梦，下笔不误小数点”的名言，并坚持把它落实到行动中，那么在考正确度上肯定输不了。

⑤规范度。这对考生来说，是考过去，也是考未来。所谓考过去，就是考你的学习规范、学习习惯；所谓考未来，从你的学习规范中看出潜在的学习力。

了解考试出题原则是为了知彼知己，使自己心里更踏实。即使了解到了一些难度较大的内容，也要相信自己“只要精神不滑坡，办法总比困难多”，及时发现是好事，一定能更早地解决它。

### （3）拟定检查方案，把备考工作落到实处

我们对“考试的历史与发展趋势”作了初步的了解，也对“考试的现状与变化”作了简单的分析，也可以说有一定的“知根知底”与“知彼知己”了。但是备考如备战，只了解到形势还是远远不够的，更重要的是，首先要拟定检查方案，再逐一对照检查，把备考的工作都落到实处。

在跟随老师复习和自主四轮复习的最后，两条复习线应该“九九

归一”到拟定检查方案上以便逐项检查，把备考工作落到实处。一般来说，老师会留出半个月到一周的时间给学生自主安排，利用好这段时间往往会收到事半功倍的效果。检查方案包括以下几点。

1）坚持既定的复习策略

“主动复习”一节有一首“复习策略歌”：

水平不一上中下，复习策略不一样；
强项扬强强更强，弱项基础用力量。

这是说，每个人的知识水平不一样，即使同一个人他的各科强弱也不一样，所以各人的复习策略应该不一样，而且同一个人对各科的策略也应该不一样；凡是有强项的都要争取发挥优势，争取多得分，对于弱项不言放弃，力所能及地从基础知识入手，逐步提高，争取少失分。到了复习的最后阶段，检查一下自己的复习策略落实的程度，发现漏洞须突击弥补。

2）检查知识网

四轮复习的过程中，应该在每轮目标的指引下通读教材几遍了，基础知识梳理得基本不漏了，但不能保险一个不漏。到了最后阶段，为了保险起见，就对照教材目录回顾知识点，检查知识网，对于回顾不上来的“漏网之鱼”，要想法及时抓回来。

3）检查基本技能

到了复习的最后，应该说习题的确做了不少，基础知识都用过多遍了，各种题型也练过几遍了，最后几天就多看一些高质量试题吧，看到肯定会做的就放过，对于很生疏、根本不会做的也放过，对于那些似会非会的题就要攻下它。

4）跳出试卷找命题思路

老师的一般复习方式，最后阶段都是搞模拟仿真考试，有的甚至布置了每天做一套试卷的任务。做了那么多的试题，如果最后还是停留在做完试卷上，那收获就不会太大。更好的办法是通过历届真题试卷查看题型、知识考点如何串联以及难易程度，进而从这些信息中分析和揣摩命题人的思路，总结出题型的解题方法、技巧。

## 2.踏实、落实地应试

在应对升考时，却提出踏实、落实的要求，这与许多考试指导说的灵活应试大相径庭、截然不同。其理由是能不能灵活，这一方面是由基础、能力决定的，不是一时能改变的；另一方面这也是人会自觉要求、尽力而为的，如果他达不到灵活的境界，再怎么要求也会意义不大。所以，还是提踏实、落实的要求比较符合应考的实际，也比较实在。踏实有两方面的含义：①态度实在；不浮躁。②情绪安定。这两方面的也正是应考所必需的态度、情绪。落实，也有两方面的含义：①落到实处，得到实现；②使落实。这两方面也正是考生应努力去做的自觉要求。下面我们就踏实地去谈应试的具体要求吧。

### (1) 情绪安定，不浮躁

如果把考试比喻成一个战役，那么考生就是指挥作战的将军，就应该发挥好自己手下的知识、技能、基本思想方法等的各路兵力的战斗作用。既然为将，就要借鉴一下苏洵在《心术》一文中说的“为将之道”。苏洵说：“为将之道，当先治心，泰山崩于前而色不变、麋鹿兴（突然出现）于左而目不瞬（眨眼），然后可以制厉害，可以待敌。”当然，应对一场考试没有像率领千军万马打仗那样雄壮激烈，年轻的考生也不可能有那种“山崩色不变、鹿兴目不瞬”的气魄和胆略，但心智稳定、情绪安定还是应该争取做到的。

#### 1）调整应考心态

中国科学院的研究人员，曾对考上北京大学的几十位高考状元进行过调查，结果发现：在影响高考成绩的20个因素中，考场心态的重要性居第一位，考前心态的重要性居第二位，学习方法的重要性居第三位，学习基础的重要性居第四位。这说明：不论是高考还是平时的学习，既要打好基础，又要有良好的学习方法，更要有良好的考前、考试心态。考前心态会连锁反应到考试心态，所以在说考场心态的同时先说考前心态。

考生的考前心态与考试成绩联系紧密、影响很大，因而必须学会自我调控。考前心态因人而异，但一般可分为四种类型：一是过度兴奋型，容易产生紧张、焦虑、急躁等情绪；二是适度兴奋型，处于应急状态，对考试充满信心，精神愉快，情绪稳定；三是消沉压抑型，表现为情绪低落，缺失自信，使考试难以保持应急状态；四是无奈型，缺乏应急的积极性，似乎是为别人而考，甚至有“逃考”的念头。最需要调整的是第一种，这种心态的调整最有价值，考生适当自我调整就可以见效。第二种只需要保持。第三、第四种需要综合治理才能解决。

根据许多考场过来人的经验，考前心态应该调整到以下几方面的状态。

①乐观自信。乐观自信不仅是复习迎考、试场应考的精神支柱、制胜法宝，也是考生所希望得到的精神营养。考上北大的一位状元生在介绍应考的经验时说：“作为一个经历了高考洗礼的过来人，我很能体会到面临高考的学弟学妹此时的心情，当时我也一样，渴望着能有一个人和自己促膝而谈，解开我心中的迷惑，安慰我不安的心，让我镇定自信地走进考场。”

②平静愉悦。生活需要平静愉悦，学习需要平静愉悦，考前特别需要平静愉悦。其实平静愉悦是最好的状态，在这种状态下，人能够健康成长，心情能轻松，大脑思维力强。要保持这种良好的状

态，须有意识地保持平常心、调整生活节奏，先要保证充足的睡眠，保障必需的营养，再要坚持适当运动，保持强健的体魄。千万别做得不偿失熬夜的傻事。

③适度的紧张。我们已经了解了考试的历史与发展趋势，也了解了考试的现状与变化，学习踏实，复习落实，可以说已经是胸有成竹了，对于考试根本没有必要如临大敌，过分紧张。如果我们平时已经“把作业当成考试”，那么考试就应如同作业。当然也不能过分松弛。根据考试过来人的经验：复习迎考保持适度紧张是非常必要的，它有利于保持激情应试的状态。

2）保持身体健康和饱满的精神状态

阅历广、富有经验的人，往往是越到紧张的时候就越注重保养身体，因为他们深深体会到了“身体是革命的本钱”，将饱满的精神寄寓于健康的身体。只有精神饱满，才能做好该做的事情。所以，为了考试如意，我们不妨不厌其烦地再强调：保证睡眠、保障营养、适度运动、放松心情，精神饱满地投入考试。

(2) 自如应试，落实每个环节

考场不容私情，不允许假设，不承认“如果”。只相信科学，只承认事实，来不得半点虚伪和马虎。所以对应试要提出“自如”和“落实”的要求。自如应试，有两方面的要求：一是保持常态，镇定自若；二是活动或操作灵活顺畅，不受阻碍。落实每个环节，即把应试答题须遵循的和须落实的每一个环节落到实处。

1）端正答题态度，坚持解题原则

每一人对人对己对事物都会有一个态度，对答题同样会有一个态度。如果由于水平实力不够答不好，自己不会后悔也没有遗憾，别人也不会指责和埋怨；如果由于态度不端正而造成不应有的失误，那就可能一失足成千古恨，对人对己都不好交待。所以，对答题的事要特别强调：态度端正，小题大题一视同仁，防止厚此薄彼意外失分。

提出这一许多人不够注意的问题，是因为人有虚荣心，一些考生觉得做出试卷后面的大题就特有成就感，思想上很重视，时间、精力上愿投资；而对一些基础题掉以轻心，往往因失分造成遗憾。因此，要强调解题必须坚持如下原则：先把自己有把握的题做完，再做自己可以做出来的题，然后检查已经完成的题，最后做自己感到困难的题。

总之要记住一句话：坚持原则，端正态度，多挣一分是一分。

2）掌握好答题技巧

俗话说："掌握技巧，更快更好。"考试要掌握以下一些技巧。

①有序进入考试状态。考试时，监考员会根据考试的规定提前发卷，考生在拿到试卷5分钟后才能开始答题。此时你就应该充分利用这5分钟来填写试卷、浏览试卷，把握试卷全貌，做到心中有数。如果发现试卷较难，也不要乱了阵脚，最好默诵一遍："我难人也难，再难心别乱"；如果发现试卷浅易，你也别太高兴，也在心里诵一遍："我易人也易，越易心越细。"千万别急着做题，要争取有序、顺利地进入状态。

②先易后难，稳步推进。遵循"先把自己有把握的题做完，再做自己可以做出来的题，然后检查已经完成的题，最后做自己感到困难的题"的解题原则，根据在浏览试卷时捕捉到的信息，先易后难，稳步推进。先拿简单的题进行热身，不仅可以增加做后面题的信心，也能让大脑更趋兴奋，更有利于做那些难度更大、分值更高的题。

③合理利用时间，提高答题效率。一场考试两个小时，这对每一个人来说都是公平的，但关键是看你有效使用了多少时间。科学地统筹时间可以提高做题效率，节约出更多时间把该做的事做得更

加落实。只有把时间安排与解题原则结合起来，才能达到合理利用时间、提高效率的要求。对人生来说，时间就是生命；对于考试来说，时间就是分数。强调答题时间的安排，目的为了多挣分，防止实力过硬却因时间安排不当留下遗憾。

④认真审题，搞清题意。试场上考生就是率领知识、技能、思想方法等千军万马叱咤风云、克敌制胜的将军，“为将之道，先当治心”，所以要控制好心情，泰然自若，虽然紧张，但要控制在紧而不张、张而不慌的程度。这就需要给自己定一个审题原则：“准中求快”；再给自己提几点审题要求：抓住题眼、找全信息、弄清题意、构建思路。

还要预防一种意外的审题结果：强项审错，弱项却审对。出现这种结果是最令人痛心的。究其原因，这完全是轻视心理造成的。自恃是自己的强项，一是思想上不够重视；二是容易会按自己的习惯思维去审题，却未料出题者设计的小小陷阱——细微的变化，陷进去了，一失足成烦恼。也未料，出题者不仅要考你的智力因素，同时还在考你有无细心的学习品质。所以，对弱科题目小心翼翼，审题特别认真的态度是对的，对于强项的题目也应有同样的态度。这时，有必要再强调一下：大题、小题、易题、难题，一视同仁，绝不厚此薄彼。

⑤紧扣题意，规范答题。审题到位，这就给答题创造了水到渠成的条件，只要紧扣题意，认真答题就可以得到满意的分数了。但是，不少考生都有这样的感觉：特别是文科类试卷，感觉答到了要点，但得分不高。其中主要的原因：一是还没有完全理解题意；二是心里明白，但不知道怎样用语言表达，有点儿茶壶里煮饺子的感觉；三是没有用学科术语回答问题；四是不够规范。对于前三个问题，可以说功夫在平时，考试中只能尽力做得好点。但对于第四点，

则是完全可以当场改进的。所以，下面就着重讲讲几方面的规范要求，还是从最容易做到的讲起吧。

a. 字迹清楚，卷面整洁。字迹清楚包括“大方”，可以作文格子为例，“大”到 4/5 格，“方”要横平竖直，显出方块字的基本特点。如果字迹模糊，字体又小，评卷时紧张、辛苦的阅卷老师见了会心烦，不利得分。

b. 语言规范，多用学科术语。人有三才，首先是口才，能讲；其次是笔才，会写；三是发现问题、分析问题、解决问题的综合之才，能办事。语言规范，多用学科术语，不仅显出学科水平，而且让人看到你的多方面的才能。印象好，阅卷老师给分就会大方。

c. 格式正确，图表规范。根据平时老师的规范要求，从解题步骤、书写格式到有关图表都要按规范落到实处。

d. 紧扣要求，简明扼要。答题首先是针对要求，并紧扣要求，简明扼要，显得干练。

e. 不留空白，尽力而为。试场上难免会碰到解不出或不会解的题。对于解不出的题，尽管得不到结果数，但能解几步是几步，评卷时按步给分，你也会得到劳动的报酬；对于不会解的题，如果已经检查好了试卷，也要搜肠刮肚写上一些解题的文字意思意思，也许对上了，或许可以意外地得几分。

3）细心核对，认真检查

试卷虽然做完了，但考试还没有结束，这时你在庆贺自己游刃有余的时候千万别掉以轻心，而且一定要细心核对，认真检查。说到细心，别忘了“细节与命运歌”：

“少枚铁钉掉马掌，掉了马掌战马伤；

伤了战马输战役，输了战役家国亡。”

虽然我们的考试不像英格兰王室查理三世与亨利伯爵为争王位

英格兰查理三世骑马

的殊死战役。因为马夫钉马掌时少了一枚铁钉，结果掉了马掌、伤了战马、输了战役、亡了国家。但做事的道理总是相通的，只有细心才不会遗憾。

考场上的核对，指的是将抄到答卷上的答案与草稿纸上的计算结果核对。如果抄错了一题就一题不得分，如果张冠李戴了，就可能两题不得分，如果出现这种情况，将遗憾到何时？认真检查，就是踏踏实实用具体的方法去检查。检查方法，可从根据题目的特点和剩余的时间，从以下几种中选一种：①代入检查法。②逐步检查法。③重做检查法。④对照草稿检查法等。

请相信：真理伟大而平凡，规律宝贵而简单，能按伟大的真理、平凡的规律去做就一定能够取得圆满成功。同时请记住：“有价值的东西只有对懂得的人才有意义。”